大学赤本シリーズ

180

防衛医科大学校

看護学科

教学社

はしがき

おかげさまで，大学入試の「赤本」は，今年で創刊 70 周年を迎えました。

これまで，入試問題や資料をご提供いただいた大学関係者各位，掲載許可をいただいた著作権者の皆様，各科目の解答や対策の執筆にあたられた先生方，そして，赤本を使用してくださったすべての読者の皆様に，厚く御礼を申し上げます。

以下に，創刊初期の「赤本」のはしがきを引用します。これからも引き続き，受験生の目標の達成や，夢の実現を応援してまいります。

本書を活用して，入試本番では持てる力を存分に発揮されることを心より願っています。

編者しるす

＊　＊　＊

学問の塔にあこがれのまなざしをもって，それぞれの志望する大学の門をたたかんとしている受験生諸君！　人間として生まれてきた私たちは，自己の欲するままに，美しく，強く，そして何よりも人間らしく生きることをねがっている。しかし，一朝一夕にして，この純粋なのぞみが達せられることはない。私たちの行く手には，絶えずさまざまな試練がまちかまえている。この試練を克服していくところに，私たちのねがう真に人間的な世界がはじめて開かれてくるのである。

人生最初の最大の試練として，諸君の眼前に大学入試がある。この大学入試は，精神的にも身体的にも，大きな苦痛を感ぜしめるであろう。あるスポーツに熟達するには，たゆみなき，はげしい練習を積み重ねることが必要であるように，私たちは，計画的・持続的な努力を払うことによって，この試練を克服し，次の一歩を踏みだすことができる。厳しい試練を経たのちに，はじめて満足すべき成果を獲得できるのである。

本書は最近の入学試験の問題に，それぞれ解答を付し，さらに問題をふかく分析することによって，その大学独特の傾向や対策をさぐろうとした。本書を一般の参考書とあわせて使用し，まとはずれのない，効果的な受験勉強をされるよう期待したい。

（昭和 35 年版「赤本」はしがきより）

挑む人の、いちばんの味方

赤本創刊70周年

　1954年に大学入試の過去問題集を刊行してから70年。赤本は大学に入りたいと思う受験生を応援しつづけてきました。これからも，苦しいとき落ち込むときにそばで支える存在でいたいと思います。

　そして，勉強をすること，自分で道を決めること，努力が実ること，これらの喜びを読者の皆さんが感じることができるよう，伴走をつづけます。

そもそも赤本とは…

受験生のための大学入試の過去問題集！

70年の歴史を誇る赤本は，500点を超える刊行点数で全都道府県の370大学以上を網羅しており，過去問の代名詞として受験生の必須アイテムとなっています。

…………… なぜ受験に過去問が必要なのか？ ……………

大学入試は大学によって問題形式や頻出分野が大きく異なるからです。

赤本の掲載内容

傾向と対策

これまでの出題内容から，問題の「**傾向**」を分析し，来年度の入試に向けて具体的な「**対策**」の方法を紹介しています。

問題編・解答編

- 年度ごとに問題とその解答を掲載しています。
- 「**問題編**」ではその年度の試験概要を確認したうえで，実際に出題された過去問に取り組むことができます。
- 「**解答編**」には高校・予備校の先生方による解答が載っています。

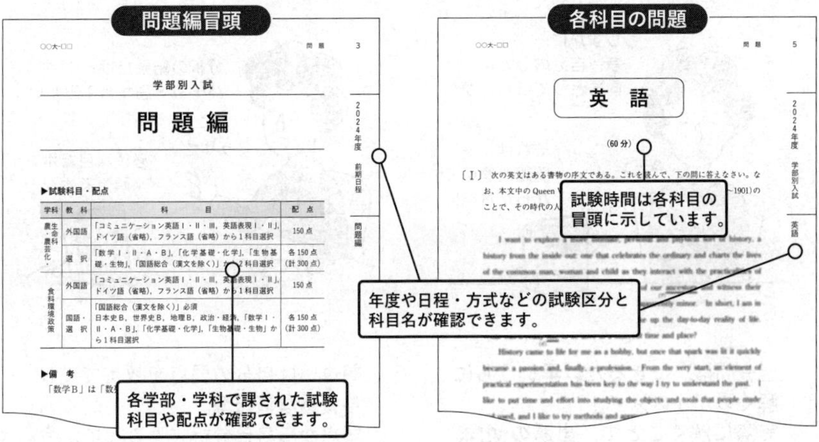

他にも，大学の基本情報や，先輩受験生の合格体験記，在学生からのメッセージなどが載っていることがあります。

2024年度から見やすいデザインに！

掲載内容について

著作権上の理由やその他編集上の都合により問題や解答の一部を割愛している場合があります。なお，指定校推薦入試，社会人入試，編入学試験，帰国生入試などの特別入試，英語以外の外国語科目，商業・工業科目は，原則として掲載しておりません。また試験科目は変更される場合がありますので，あらかじめご了承ください。

受験勉強は

過去問に始まり，

STEP 1

なにはともあれ

まずは解いてみる

しずかに…
今，自分の心と
向き合ってるんだから
ムーン
それは
問題を解いて
からだホン!

過去問は，**できるだけ早いうちに解く**のがオススメ！
実際に解くことで，**出題の傾向，問題のレベル，今の自分の実力**がつかめます。

STEP 2

じっくり具体的に

弱点を分析する

分析の結果だけど
英・数・国が苦手みたい
スリー
必須科目だホン
頑張るホン

間違いは自分の弱点を教えてくれる**貴重な情報源**。
弱点から自己分析することで，**今の自分に足りない力や苦手な分野**が見えてくるはず！

合格者があかす 赤本の使い方

傾向と対策を熟読

（Fさん／国立大合格）

大学の出題傾向を調べるために，赤本に載っている「傾向と対策」を熟読しました。

繰り返し解く

（Tさん／国立大合格）

１周目は問題のレベル確認，２周目は苦手や頻出分野の確認に，３周目は合格点を目指して，と過去問は繰り返し解くことが大切です。

赤本の使い方 解説

過去問に終わる。

STEP 3

志望校にあわせて

苦手分野の重点対策

明日からはみんなで頑張るよ！
参考書も！ 問題集も！
よろしくね！
呼んだ？
なにを!? どこから!?
グッ
グッ

参考書や問題集を活用して，苦手分野の**重点対策**をしていきます。**過去問を指針**に，合格へ向けた具体的な学習計画を立てましょう！

STEP 1▶2▶3

サイクルが大事！

実践を繰り返す

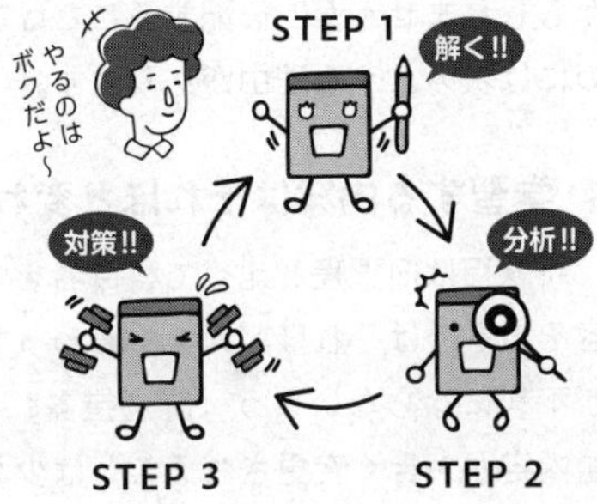
やるのはボクだよ～
STEP 1
解く!!
分析!!
STEP 2
対策!!
STEP 3

STEP 1～3を繰り返し，実力アップにつなげましょう！**出題形式に慣れること**や，**時間配分を考えること**も大切です。

目標点を決める

(Yさん／私立大合格)

赤本によっては合格者最低点が載っているので，それを見て目標点を決めるのもよいです。

時間配分を確認

(Kさん／私立大学合格)

赤本は時間配分や解く順番を決めるために使いました。

添削してもらう

(Sさん／私立大学合格)

記述式の問題は先生に添削してもらうことで自分の弱点に気づけると思います。

新課程入試 Q&A

2022 年度から新しい学習指導要領（新課程）での授業が始まり，2025 年度の入試は，新課程に基づいて行われる最初の入試となります。ここでは，赤本での新課程入試の対策について，よくある疑問にお答えします。

Q1. 赤本は新課程入試の対策に使えますか？

A. もちろん使えます！

旧課程入試の過去問が新課程入試の対策に役に立つのか疑問に思う人もいるかもしれませんが，心配することはありません。旧課程入試の過去問が役立つのには次のような理由があります。

● 学習する内容はそれほど変わらない

新課程は旧課程と比べて科目名を中心とした変更はありますが，学習する内容そのものはそれほど大きく変わっていません。また，多くの大学で，既卒生が不利にならないよう「経過措置」がとられます（Q３参照）。したがって，出題内容が大きく変更されることは少ないとみられます。

● 大学ごとに出題の特徴がある

これまでに課程が変わったときも，各大学の出題の特徴は大きく変わらないことがほとんどでした。入試問題は各大学のアドミッション・ポリシーに沿って出題されており，過去問にはその特徴がよく表れています。過去問を研究してその大学に特有の傾向をつかめば，最適な対策をとることができます。

出題の特徴の例	・英作文問題の出題の有無 ・論述問題の出題（字数制限の有無や長さ） ・計算過程の記述の有無

新課程入試の対策も，赤本で過去問に取り組むところから始めましょう。

Q2. 赤本を使う上での注意点はありますか？

A. 志望大学の入試科目を確認しましょう。

過去問を解く前に，過去の出題科目（問題編冒頭の表）と 2025 年度の募集要項とを比べて，課される内容に変更がないかを確認しましょう。ポイントは以下のとおりです。科目名が変わっていても，実際は旧課程の内容とほとんど同様のものもあります。

英語・国語	科目名は変更されているが，実質的には変更なし。 ▶▶ **ただし，リスニングや古文・漢文の有無は要確認。**
地歴	科目名が変更され，「歴史総合」「地理総合」が新設。 ▶▶ **新設科目の有無に注意。ただし，「経過措置」（Q3参照）により内容は大きく変わらないことも多い。**
公民	「現代社会」が廃止され，「公共」が新設。 ▶▶ **「公共」は実質的には「現代社会」と大きく変わらない。**
数学	科目が再編され，「数学 C」が新設。 ▶▶ **「数学」全体としての内容は大きく変わらないが，出題科目と単元の変更に注意。**
理科	科目名も学習内容も大きな変更なし。

数学については，科目名だけでなく，どの単元が含まれているかも確認が必要です。例えば，出題科目が次のように変わったとします。

旧課程	「数学Ⅰ・数学Ⅱ・数学 A・数学 B（数列・ベクトル）」
新課程	「数学Ⅰ・数学Ⅱ・数学 A・**数学 B（数列）**・**数学 C（ベクトル）**」

この場合，新課程では「数学C」が増えていますが，単元は「ベクトル」のみのため，実質的には旧課程とほぼ同じであり，過去問をそのまま役立てることができます。

Q3. 「経過措置」とは何ですか？

A. 既卒の旧課程履修者への対応です。

多くの大学では，既卒の旧課程履修者が不利にならないように，出題において「経過措置」が実施されます。措置の有無や内容は大学によって異なるので，募集要項や大学のウェブサイトなどで確認しておきましょう。

○旧課程履修者への経過措置の例

- 旧課程履修者にも配慮した出題を行う。
- 新・旧課程の共通の範囲から出題する。
- 新課程と旧課程の共通の内容を出題し，共通範囲のみでの出題が困難な場合は，旧課程の範囲からの問題を用意し，選択解答とする。

例えば，地歴の出題科目が次のように変わったとします。

旧課程	「日本史 B」「世界史 B」から１科目選択
新課程	「**歴史総合**，日本史探究」「**歴史総合**，世界史探究」から１科目選択※ ※旧課程履修者に不利益が生じることのないように配慮する。

「歴史総合」は新課程で新設された科目で，旧課程履修者には見慣れないものですが，上記のような経過措置がとられた場合，新課程入試でも旧課程と同様の学習内容で受験することができます。

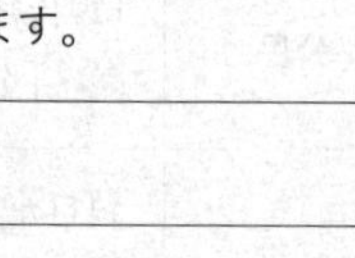

要チェックだホン

新課程の情報は WEB もチェック！
より詳しい解説が赤本ウェブサイトで見られます。
https://akahon.net/shinkatei/

科目名が変更される教科・科目

	旧課程	新課程
国語	国語総合 国語表現 現代文A 現代文B 古典A 古典B	現代の国語 言語文化 論理国語 文学国語 国語表現 古典探究
地歴	日本史A 日本史B 世界史A 世界史B 地理A 地理B	歴史総合 日本史探究 世界史探究 地理総合 地理探究
公民	現代社会 倫理 政治・経済	公共 倫理 政治・経済
数学	数学Ⅰ 数学Ⅱ 数学Ⅲ 数学A 数学B 数学活用	数学Ⅰ 数学Ⅱ 数学Ⅲ 数学A 数学B 数学C
外国語	コミュニケーション英語基礎 コミュニケーション英語Ⅰ コミュニケーション英語Ⅱ コミュニケーション英語Ⅲ 英語表現Ⅰ 英語表現Ⅱ 英語会話	英語コミュニケーションⅠ 英語コミュニケーションⅡ 英語コミュニケーションⅢ 論理・表現Ⅰ 論理・表現Ⅱ 論理・表現Ⅲ
情報	社会と情報 情報の科学	情報Ⅰ 情報Ⅱ

目 次

2022年度 問題と解答

●学生採用試験

JASRAC 出 2402013-401

UNIVERSITY GUIDE

大学情報

基本情報

学部・学科の構成

●医学科
●看護学科（自衛官コース，技官コース）
●医学研究科

所在地

防衛医科大学校

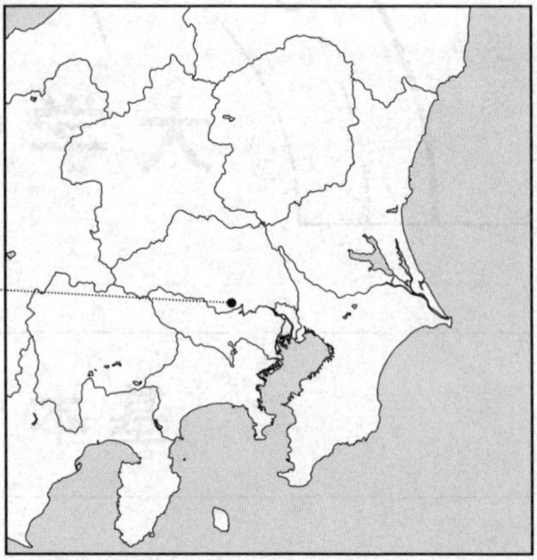

〒359-8513　埼玉県所沢市並木 3 丁目 2 番地

入試データ

入試状況（志願者数・競争率など）

○競争率は受験者数÷合格者数で算出。

医学科

（　）内は女子内数

年度	募集人員	志願者数	受験者数	合格者数	競争率
2024	85	5,933(2,019)	5,616(1,916)	322(68)	17.4
2023	85	6,006(2,057)	5,684(1,904)	324(68)	17.5
2022	85	5,704(1,948)	5,391(1,847)	330(85)	16.3
2021	85	5,287(1,771)	4,883(1,635)	329(82)	14.8
2020	85	5,800(1,774)	5,199(1,587)	322(67)	16.1
2019	85	6,113(1,911)	5,516(1,719)	283(71)	19.5

看護学科

●自衛官候補看護学生

（　）内は女子内数

年度	募集人員	志願者数	受験者数	合格者数	競争率
2024	75	1,245(952)	1,165(913)	131(99)	8.9
2023	75	1,484(1,121)	1,386(1,059)	130(109)	10.7
2022	75	1,719(1,323)	1,632(1,270)	130(96)	12.6

●技官候補看護学生

（　）内は女子内数

年度	募集人員	志願者数	受験者数	合格者数	競争率
2024	45	372(343)	357(330)	78(75)	4.6
2023	45	452(399)	430(382)	77(70)	5.6
2022	45	487(429)	463(409)	77(70)	6.0

募集要項（出願書類）の入手方法

●医学科・看護学科（自衛官候補看護学生）の応募書類請求方法

応募書類は，各都道府県に所在する自衛隊地方協力本部において取り扱っています。送付希望者は，宛先を明記した返信用封筒（A 4 判）に切手（140 円）を貼って同封し，最寄りの自衛隊地方協力本部に請求してください。その際，「防衛医科大学校医学教育部医学科学生応募書類」または「防衛医科大学校医学教育部看護学科学生（自衛官候補看護学生）応募書類」の請求であることを明記してください。また，自衛官募集ホームページ（https://www.mod.go.jp/gsdf/jieikanbosyu/）から応募書類を請求またはダウンロードすることもできます。

＜応募書類の請求・提出先（受付機関）＞

地方協力本部	郵便番号	所　在　地	電話番号
札　幌	060-8542	札幌市中央区北 4 条西 15 丁目 1	011（631）5472
函　館	042-0934	函館市広野町 6-25	0138（53）6241
旭　川	070-0902	旭川市春光町国有無番地	0166（51）6055
帯　広	080-0024	帯広市西 14 条南 14 丁目 4	0155（23）5882
青　森	030-0861	青森市長島 1 丁目 3-5　青森第 2 合同庁舎 2 F	017（776）1594
岩　手	020-0023	盛岡市内丸 7-25　盛岡合同庁舎 2 F	019（623）3236
宮　城	983-0842	仙台市宮城野区五輪 1 丁目 3-15 仙台第 3 合同庁舎 1 F	022（295）2612
秋　田	010-0951	秋田市山王 4 丁目 3-34	018（823）5404
山　形	990-0041	山形市緑町 1-5-48　山形地方合同庁舎 1・2 F	023（622）0712
福　島	960-8112	福島市花園町 5-46 福島第 2 地方合同庁舎 2 F	024（531）2351
茨　城	310-0061	水戸市北見町 1-11　水戸地方合同庁舎 4 F	029（231）3315
栃　木	320-0043	宇都宮市桜 5 丁目 1-13 宇都宮地方合同庁舎 2 F	028（634）3385
群　馬	371-0805	前橋市南町 3 丁目 64-12	027（221）4471
埼　玉	330-0061	さいたま市浦和区常盤 4 丁目 11-15 浦和地方合同庁舎 3 F	048（831）6043
千　葉	263-0021	千葉市稲毛区轟町 1 丁目 1-17	043（251）7151
東　京	162-8850	新宿区市谷本村町 10 番 1 号	03（3260）0543
神奈川	231-0023	横浜市中区山下町 253-2	045（662）9429

（表つづく）

地方協力本部	郵便番号	所在地	電話番号
新潟	950-0954	新潟市中央区美咲町1丁目1-1 新潟美咲合同庁舎1号館7F	025(285)0515
山梨	400-0031	甲府市丸の内1丁目1番18号 甲府合同庁舎2F	055(253)1591
長野	380-0846	長野市旭町1108　長野第2合同庁舎1F	026(233)2108
静岡	420-0821	静岡市葵区柚木366	054(261)3151
富山	930-0856	富山市牛島新町6-24	076(441)3271
石川	921-8506	金沢市新神田4丁目3-10 金沢新神田合同庁舎3F	076(291)6250
福井	910-0019	福井市春山1丁目1-54　福井春山合同庁舎10F	0776(23)1910
岐阜	502-0817	岐阜市長良福光2675-3	058(232)3127
愛知	454-0003	名古屋市中川区松重町3-41	052(331)6266
三重	514-0003	津市桜橋1丁目91	059(225)0531
滋賀	520-0044	大津市京町3-1-1　大津びわ湖合同庁舎5F	077(524)6446
京都	604-8482	京都市中京区西ノ京笠殿町38 京都地方合同庁舎3F	075(803)0820
大阪	540-0008	大阪市中央区大手前4-1-67 大阪合同庁舎第2号館3F	06(6942)0715
兵庫	651-0073	神戸市中央区脇浜海岸通1-4-3 神戸防災合同庁舎4F	078(261)8600
奈良	630-8301	奈良市高畑町552　奈良第2地方合同庁舎1F	0742(23)7001
和歌山	640-8287	和歌山市築港1丁目14-6	073(422)5116
鳥取	680-0845	鳥取市富安2-89-4 鳥取第1地方合同庁舎6F	0857(23)2251
島根	690-0841	松江市向島町134-10　松江地方合同庁舎4F	0852(21)0015
岡山	700-8517	岡山市北区下石井1-4-1 岡山第2合同庁舎2F	086(226)0361
広島	730-0012	広島市中区上八丁堀6-30 広島合同庁舎4号館6F	082(221)2957
山口	753-0092	山口市八幡馬場814	083(922)2325
徳島	770-0941	徳島市万代町3-5　徳島第2地方合同庁舎5F	088(623)2220
香川	760-0019	高松市サンポート3-33 高松サンポート合同庁舎南館2F	087(823)9206
愛媛	790-0003	松山市三番町8丁目352-1	089(941)8381
高知	780-0061	高知市栄田町2-2-10 高知よさこい咲都合同庁舎8F	088(822)6128
福岡	812-0878	福岡市博多区竹丘町1丁目12番	092(584)1881
佐賀	840-0047	佐賀市与賀町2-18	0952(24)2291
長崎	850-0862	長崎市出島町2-25　防衛省長崎合同庁舎	095(826)8844
大分	870-0016	大分市新川町2丁目1番36号 大分合同庁舎5F	097(536)6271
熊本	860-0047	熊本市西区春日2丁目10-1 熊本地方合同庁舎B棟3F	096(297)2051
宮崎	880-0901	宮崎市東大淀2丁目1-39	0985(53)2643
鹿児島	890-8541	鹿児島市東郡元町4番1号 鹿児島第2地方合同庁舎1F	099(253)8920
沖縄	900-0016	那覇市前島3丁目24-3-1	098(866)5457

●看護学科（技官候補看護学生）の出願書類請求方法

防衛医科大学校ホームページ https://www.mod.go.jp/ndmc/ から出願書類をダウンロードすることができます。

出願書類の送付希望者は，宛先を明記した返信用封筒（角型２号）に切手（210円）を貼って同封し，防衛医科大学校教務部教務課看護学科入学試験係（〒359-8513　埼玉県所沢市並木３丁目２番地）に請求してください。その際，「防衛医科大学校医学教育部看護学科学生（技官候補看護学生）出願書類」の請求であることを明記してください。

問い合わせ先

防衛医科大学校 HP
https://www.mod.go.jp/ndmc/

TREND & STEPS

傾向と対策

科目ごとに問題の「傾向」を分析し，具体的にどのような「対策」をすればよいか紹介しています。まずは出題内容をまとめた分析表を見て，試験の概要を把握しましょう。

注　意

「傾向と対策」で示している，出題科目・出題範囲・試験時間等については，2024 年度までに実施された入試の内容に基づいています。2025 年度入試の選抜方法については，各大学校が発表する受験要項を必ずご確認ください。

英　語

年度	番号	項　目	内　容
2024 ●	〔1〕	文法・語彙	空所補充
	〔2〕	文法・語彙	空所補充
	〔3〕	読　　解	空所補充，内容説明，同意表現，語句意，主題
	〔4〕	文法・語彙	空所補充
2023 ●	〔1〕	文法・語彙	空所補充
	〔2〕	読　　解	内容説明，同意表現，アクセント，空所補充，内容真偽，主題
	〔3〕	読　　解	空所補充，同意表現，内容真偽，主題
	〔4〕	文法・語彙	空所補充
2022 ●	〔1〕	文法・語彙	空所補充
	〔2〕	文法・語彙	空所補充
	〔3〕	読　　解	同意表現，内容説明，空所補充，主題
	〔4〕	読　　解	同意表現，内容説明，空所補充，内容真偽，主題
	〔5〕	文法・語彙	空所補充

(注)　●印は全問，◑印は一部マークシート方式採用であることを表す。

読解英文の主題

年度	番号	主　題
2024	〔3〕	蝶や蛾の化石，新たな謎を生む
2023	〔2〕	オウムガイ――海で最も高効率のジェットエンジン
	〔3〕	甲虫を食べたヒキガエルの後悔
2022	〔3〕	菜食主義食は結腸がんにかかる危険性を減らすかもしれない
	〔4〕	ドラキュラ伯爵，科学によって明らかにされる！

傾向 読解力と語彙力重視

01 出題形式は？

試験時間は 60 分，大問数は 4 ～ 5 題，すべてマークシート方式である。2024 年度は，2023 年度に 2 題あった長文が 1 題になり，代わりに文法・語彙問題が 3 題となった。

02 出題内容はどうか？

文法・語彙問題：ことわざや単語熟語表現など知識を試す問題が中心となっているが，基本的な動詞の語法なども出題されている。

読解問題：2024 年度も空所補充や同意表現に加えて内容説明や主題を問う問題が出題された。ただし，2023 年度にあった内容真偽問題は出題されていない。長文ではあるものの，その中で単語や文法の知識も問われる。長文は，近年は生物，次いで化学関連の説明文が採用されている。

03 難易度は？

文法・語彙問題，読解問題ともに一部難解な問題が含まれるものの，概ね標準レベルの問題が出題されている。2024 年度の場合，大問 4 題の時間配分を，〔1〕〔2〕で 15 分，〔3〕で 30 分，〔4〕で 5 分とすれば，見直しの時間を 10 分確保することができるだろう。

対策

01 文法・語彙問題

文法学習については，文型，時制，態，準動詞，接続詞，関係詞といった最重要項目に重点を置き，その知識をもとに比較や仮定法など他の項目へと学習を進めると効率がよいだろう。語彙については一部難解なものが出題されるが，そのためだけに膨大な時間と労力をかけて難単語を覚える必要はないだろう。大学入試標準レベルの基本語彙や表現をしっかりと覚えて，得点すべき問題できちんと得点を重ねたい。見慣れない単語や熟語に出会えばすぐに覚える習慣を日頃からつけることが大切である。

02 読解問題

生物や化学関連の長文が多く出題されてはいるものの，専門分野の背景知識がなければ解答できないといった問題はない。読解問題に充てる時間は十分にあるので，大雑把に速く読もうとせず，一文一文を正確に解釈して内容を確実に把握する読解を目指したい。読み慣れておくべき文体は説明文や論説文なので，これらの基本的な文章構成や話の展開方法などを学ぶことで，長文内容に左右されることなくしっかりと読むことができるようになるだろう。旧センター試験の長文パートなどを明確な根拠をもって解答できるか試してみるのも実力を測るひとつの指標になるだろう。

数　学

年度	番号	項　目	内　容
2024 ●	〔1〕	小問5問	2次方程式と式の値，絶対値と不等式
	〔2〕	2次関数	2つの放物線と x 軸との交点
	〔3〕	確　率	サイコロの目により正五角形の頂点上を移動する点の確率
	〔4〕	図形と計量	台形の面積と2本の対角線のなす角の正弦
2023 ●	〔1〕	小問5問	2重根号と2次方程式，方程式の整数解
	〔2〕	2次関数	放物線と x 軸・直線との共有点
	〔3〕	確　率	2個のサイコロの目についての条件つき確率
	〔4〕	図形の性質，図形と計量	円に内接する四角形の中の角度，長さ，面積
2022 ●	〔1〕	小問5問	三角比の式の値，最小公倍数と平方数
	〔2〕	2次関数	放物線と直線の共有点の個数
	〔3〕	確　率	正八角形の頂点を選んで三角形を作るときの確率
	〔4〕	図形の性質	互いに外接する3つの円で囲まれた部分の面積，3つの円に接する三角形

（注）●印は全問，◐印は一部マークシート方式採用であることを表す。

出題範囲の変更

2025年度入試より，数学は新教育課程での実施となります。詳細については，大学から発表される募集要項等で必ずご確認ください（以下は本書編集時点の情報）。

2024年度（旧教育課程）	2025年度（新教育課程）
数学Ⅰ・A	数学Ⅰ・A

旧教育課程履修者への経過措置

出題にあたっては，新旧学習指導要領履修者のいずれかに不利にならないことを基本とします。

傾向　基本問題が中心 正確な計算力が必要

01 出題形式は？

試験時間は 60 分。大問は 4 題で，すべてマークシート方式。設問数は 20 問で一定している。すべての問題の解答は 5 個の選択肢から選ぶ形式であるが，5 番目の選択肢は「上の 4 つの答えはどれも正しくない」なので注意が必要である。

02 出題内容はどうか？

問題量も多く，全範囲から満遍なく出題されている。2 次関数，確率，図形と計量，図形の性質の分野は頻出である。

03 難易度は？

教科書の例題程度の問題から章末問題程度の問題まで幅広く出題されている。複雑な計算問題や特殊な解き方の問題があるわけではないが，問題数が多く，平均すると 1 問あたり 3 分程度で解かなければ完答できないので，素早く正確な計算力が必要である。

対策

01 基礎力を確実に身につけよう

基本事項を丁寧に理解しよう。教科書の例題や練習問題，教科書傍用問題集を用いて，公式や定理を確実に使いこなせるまで繰り返し練習しておきたい。また，出題範囲全般から出題されているので，弱点分野を残さないことが大切である。

02 入試の標準問題，典型問題を知る

教科書レベルの基礎力が身についたら，次に入試数学の典型問題を身につけよう。この目的に沿ったおすすめの問題集としては『基礎問題精講』シリーズ（旺文社），『短期集中ゼミ』シリーズ（実教出版）を挙げておく。

03 計算力の養成

問題数に対して試験時間 60 分はやや短いと思われる。素早く正確に計算ができるように，日頃の問題演習から意識して取り組んでおこう。

04 出題形式に慣れる

過去問の演習などで，出題形式に慣れることが必要である。解答の 5 個の選択肢の 5 番目に，「上の 4 つの答えはどれも正しくない」というものがあるので，特に注意したい。

物　理

年度	番号	項目	内容
2024 ●	〔1〕	力学	気球から水平投射される小物体の運動
	〔2〕	波動	閉管の気柱共鳴
	〔3〕	電磁気	メートルブリッジ
	〔4〕	力学	水圧と浮力
	〔5〕	総合	運動方程式，力学的エネルギーと非保存力がした仕事の関係，仕事率，熱容量，凸レンズ
2023 ●	〔1〕	力学	エレベーター内の物体が受ける力
	〔2〕	力学	2つの単振り子の衝突
	〔3〕	波動	水面波の屈折
	〔4〕	熱力学	水の状態変化
	〔5〕	総合	電池の接続，放射線，ドップラー効果，金属の比熱
2022 ●	〔1〕	電磁気	直流回路，電力
	〔2〕	力学	鉛直投げ上げ，糸で結ばれた2物体の運動
	〔3〕	波動	閉管の共鳴，光の全反射
	〔4〕	総合	比熱と熱容量，凸レンズによる像，電流間の力

（注）●印は全問，◐印は一部マークシート方式採用であることを表す。

傾向　基本～標準レベルの問題

01　出題形式は？

試験時間は60分。大問数は4～5題，小問数は25問で，全問マークシート方式である。

02　出題内容はどうか？

出題範囲は「物理基礎，物理」である。

力学，熱力学，波動，電磁気，原子の全分野から大問または総合問題の小問として出題されている。

03 難易度は？

大部分の問題は教科書レベルの基本的な問題だが，応用力が要求される小問も含まれている。全体的な難易度は基礎～標準である。60 分で 25 問を解くことを考えると，1 問あたり 2 分程度で解答することになるので，素早く正確に処理できるようにしておきたい。

対策

01 教科書の徹底理解

基本的な問題が大部分であるので，教科書を用いて，物理用語，法則，公式を確実に覚えておこう。さらに，教科書傍用問題集で知識を定着させつつ，計算力を高めておきたい。『大学入試 ちゃんと身につく物理』（教学社）など，解説の詳しい参考書を用いるのもよいだろう。

02 実戦力を養おう

複数の公式を組み合わせて解く小問も出題されている。これらには，教科書傍用問題集の応用・発展問題まで演習しておくことで対応する。

化　学

年度	番号	項　目	内　容
	(1)	構造	イオン
	(2)	構造	分子の形と極性
	(3)	変化	水溶液の電気分解
	(4)	状態	ボイル・シャルルの法則
	(5)	構造	化学反応式と量的関係　✓計算
	(6)	状態	凝固点降下　✓計算
	(7)	無機	18 族元素
	(8)	無機	アルミニウムとその化合物　✓計算
	(9)	無機	亜鉛
2024	(10)	無機	無機化学反応式
●	(11)	変化	酸化還元滴定　✓計算
	(12)	無機	マンガンとその化合物
	(13)	有機	元素分析
	(14)	有機	元素分析，分子式の決定　✓計算
	(15)	有機	アセチレンと誘導体
	(16)	有機	アルコールの構造決定
	(17)	有機	有機化合物の分離
	(18)	有機	芳香族化合物と誘導体
	(19)	高分子	グルコースとスクロース　✓計算
	(20)	高分子	グリシンの電離定数　✓計算
	(1)	状態	浸透圧　✓計算
	(2)	変化	緩衝液
	(3)	状態	分子間力と沸点
	(4)	状態	ヘンリーの法則
	(5)	変化	可逆反応の反応速度と平衡定数　✓計算
	(6)	変化	塩の水溶液
	(7)	無機	ハロゲンの単体
	(8)	無機	15 族非金属元素の単体と化合物
	(9)	無機	ナトリウムの化合物
2023	(10)	構造	金属のイオン化傾向
●	(11)	状態	硫酸銅(Ⅱ)五水和物の析出　✓計算

	(12)	無　　機	オストワルト法の触媒	
	(13)	有　　機	分子式の決定	✓計算
	(14)	有　　機	アルケンの構造推定	✓計算
	(15)	有　　機	$C_5H_{12}O$ のアルコールの構造推定	
	(16)	有　　機	クメン法	
	(17)	有　　機	シクロヘキサンの立体構造	
	(18)	高 分 子	高分子中のエステル結合の個数	✓計算
	(19)	高 分 子	熱可塑性樹脂	
	(20)	高 分 子	セルロースとアセテート・レーヨン	
	(1)	構　　造	面心立方格子	✓計算
	(2)	構　　造	水素結合	
	(3)	変　　化	硝酸銀水溶液の電気分解	✓計算
	(4)	変　　化	触媒の役割・分類	
	(5)	変　　化	ヘスの法則	
	(6)	変　　化	溶解度積	✓計算
	(7)	無　　機	非金属酸化物の水溶性と酸としての強さ	
	(8)	無　　機	水素の性質	
	(9)	無　　機	錯イオンの配位子	
2022	(10)	無　　機	金属イオンの推定	
●	(11)	無　　機	化合物の吸水性・脱水作用	
	(12)	無　　機	接触法と量的関係	✓計算
	(13)	高 分 子	鎖状アミドの構造異性体	
	(14)	有　　機	$C_4H_{10}O$ の構造推定	
	(15)	高 分 子	DNA の二重らせん構造を形成する結合	
	(16)	有　　機	アセチレンの臭素付加と量的関係	✓計算
	(17)	有　　機	可逆反応と不可逆反応	
	(18)	有　　機	C_7H_8O の構造異性体	
	(19)	高 分 子	キサントプロテイン反応	
	(20)	高 分 子	高分子化合物の単量体と重合反応	

(注)　●印は全問，◑印は一部マークシート方式採用であることを表す。

傾向　基礎・基本を重視 教科書学習を中心に，知識事項の正確な定着を

01　出題形式は？

試験時間は 60 分である。すべてマークシート方式の小問集合形式で，例年，20 問の出題である。計算問題も 5 問以上出題されている。

02　出題内容はどうか？

出題範囲は「化学基礎，化学」である。

理論分野からは，酸と塩基，酸化還元反応，電気分解などが繰り返し出題されている。無機分野では，典型元素およびその単体や化合物，金属イオンの沈殿と溶解，無機化学工業など，物質の性質や反応が重視されている。有機分野からは，化合物の構造と異性体，付加反応と量的関係などが繰り返し出題されている。高分子化合物も出題されており，糖類やタンパク質，合成繊維・合成樹脂に関する知識も問われている。計算問題は，理論分野に限らないが，量的関係を問う内容が中心である。

03　難易度は？

各分野とも基本～標準的な問題が中心であるが，題意を把握する力が要求される。異性体の構造を扱った問題では，解答にやや時間がかかる問題も見受けられる。計算問題などに時間をかけられるよう，基本的な問題は素早く処理したい。

対策

01 理 論

広範囲から出題されている。酸と塩基，酸化還元，電池，電気分解などの分野は「化学基礎」と「化学」の両面から基礎をしっかり理解しておくこと。難しい参考書は必要なく，教科書を繰り返し読むことが重要である。また，各章の典型的な計算問題は，例題を中心に演習しておく必要がある。

02 無 機

気体の性質と発生（使用する薬品や捕集法），非金属の性質（反応性，用途など），金属の性質（反応性，沈殿反応，呈色反応など），無機化学工業などはしっかり整理しておきたい。

03 有 機

炭化水素，脂肪族，芳香族とも中心となる有機化合物の反応系統図をつくり整理しておきたい。構造異性体，幾何異性体，光学異性体などの特徴や構造式については，問題集を使って演習しておこう。合成樹脂や糖類，タンパク質などの代表的な高分子化合物の性質については，特徴や構造を整理しておくとよい。

生　物

年度	番号	項　目	内　容
2024 ●	〔1〕	動物の反応	ヒトの眼の構造，視細胞のはたらき
	〔2〕	細　胞	タンパク質とその立体構造
	〔3〕	植物の反応，生殖・発生	葉の表裏の決定に関わる遺伝子，光合成産物の輸送
	〔4〕	生殖・発生	皮膚の構造，皮膚・口腔内の構造物の形成
2023 ●	〔1〕	細　胞	顕微鏡，細胞小器官 ⊘計算
	〔2〕	体内環境	消化管，血管系
	〔3〕	植物の反応	植物の屈性，オーキシンのはたらき
	〔4〕	進化・系統，生態	動物の系統，干潟の生物，土壌の形成
2022 ●	〔1〕	遺伝情報	DNA の複製 ⊘計算
	〔2〕	進化・系統，生殖・発生	動物の分類，ショウジョウバエの発生，形態形成のしくみ
	〔3〕	生殖・発生	重複受精
	〔4〕	進化・系統，体内環境	生物の分類，免疫

（注）●印は全問，◑印は一部マークシート方式採用であることを表す。

傾向　基本的な内容の出題

01　出題形式は？

試験時間は 60 分。大問数は 4 題，小問数は 24～25 問である。全問マークシート方式で，正しい用語，または用語の組み合わせの選択が多いが，正しい内容または誤った内容の文章を選択するものも多い。2022・2023 年度は計算問題が出題されたが，内容はごく基本的である。また，いずれの年度でも考察問題が出題されている。

02 出題内容はどうか？

出題範囲は，「生物基礎，生物」である。

体内環境，生殖・発生などについて，医学的観点からのやや詳しい内容がよく出題される。年度により，遺伝情報，進化・系統，植物の反応などからの出題も見られる。

03 難易度は？

ほとんどが教科書に記述がある内容で，基本的な内容の出題と言えるが，一部に教科書を超える内容の問題も時々見られる。また，文章の正誤を判定する問題では，考察力が必要となる場合もある。60分で24〜25問を解くので，1問あたり2分程度で答える訓練を重ねておき，考察を要する問題に時間を配分できるようにして臨みたい。

対策

01 基本的内容のマスターを完璧に

基礎力の養成が一番肝心である。学習の見落としや，基本的問題の場合は特にうっかりミスが，大きな点差の開きになって合否を左右することもある。手を抜かずに，教科書をていねいに読み，まとめた上で，基本問題集に取り組むとよい。

02 教科書にある図・グラフは，自分で同じものを描いてみる

図やグラフは視覚的印象が強く，見ただけでわかった気になってしまうが，一度自分で同じものを描いてみよう。自分の手を動かして作業をすると，覚えるのが早いし，内容の理解も伴う。図やグラフに，用語や注意すべきポイントを記入するようにすると万全である。

03 見直しは違った角度から

一度解答してしまうと，思い込みが生じる。この思い込みのために，見直しのときも同じ道を通ってしまう。見直しのときは，例えば空所補充では選択肢の記号を用語欄から選ばずに，自分で該当する用語を書いてみたり，計算問題では答えから逆に計算してみたりするなど工夫をするとよい。

04 基本的内容の問題でも，考察力が必要

教科書にアンダーラインを引くような基本的用語・内容の暗記は大切である。しかし，そればかりでは入試問題への備えとしては不十分である。ただ覚えるだけではなく，なぜそうなるのかを常に考えるようにして，教科書学習の段階から考察力を身につけることを意識したい。

国語

年度	番号	種類	類別	内　容	出　典
2024 ●	〔1〕	現代文	評論	書き取り，語意，内容説明，主旨	「増補『名づけ』の精神史」 市川弘正
	〔2〕	現代文	小説	内容説明，慣用表現	「恥の譜」 三浦哲郎
2023 ●	〔1〕	現代文	小説	内容説明	「たまらん坂」 黒井千次
	〔2〕	現代文	評論	書き取り，内容説明，語意，主旨	「文章の一形式」 坂口安吾
2022 ●	〔1〕	現代文	小説	書き取り，内容説明，語意	「毛利先生」 芥川龍之介
	〔2〕	現代文	評論	内容説明，語意，主旨	「幻景の明治」 前田愛

（注）●印は全問，◑印は一部マークシート方式採用であることを表す。

傾向　論理構造，全文の構成に即した内容読解の設問　語意と書き取りも重要

01　出題形式は？

試験時間は 60 分。現代文 2 題の出題。設問数は 25 問前後。すべての設問がマークシート方式による選択式である。

02　出題内容はどうか？

評論から 1 題，小説から 1 題の計 2 題が出題されており，評論では文化論，言語論，文学論，近代論などの人文科学および社会科学系統の内容が多い。小説では，大正～昭和の有名な作家の文章がよく取り上げられている。これらについては出典が古いこともあり，注釈が多くつけられている。

小説・評論ともに主旨・論旨はつかみやすいが，かなりの分量がある。

設問の内容としては，同音の漢字の中から同じものを選び出す問題が毎年5問出題されている。また，語意の設問が数問必ず出題されている。これらから，基礎学力を見ようとする意図がうかがえる。内容説明の設問には，傍線部の同意表現（同意文）を使うもの，傍線部近辺の説明の論理構造を使うもの，さらに全文の構成の把握を前提とするやや難しいものも含まれる。

03 難易度は？

文章が長めであり，内容説明の設問にはやや難しいものもあるが，おおむね基本的な設問が多い。注釈の量が多い文章を読みこなした上で解答すべきことを考え合わせると，全体として標準的。ただ，設問数が多いので，時間配分に注意する必要がある。

対策

01 小　説

古い小説からの出題が多いので，題材の時代背景を把握するために，普段学校で使っている現代文の教科書で取り上げられている，明治から昭和を扱った作品を読み慣れておくことが対策となる。現代とは異なる文化や習慣などを，実際の作品でつかんでおくことが肝要である。また，設問への対策としては共通テストや私立大学文系の客観問題の過去問に多くあたっておくとよい。

02 評論文

出典は最近の作品から大正時代の作品まで様々である。『現代文 標準問題精講』（旺文社）など，標準レベルの問題集や，共通テストおよび私立大学文系の客観問題の過去問を多く解くことが有効である。

03 漢　字

漢字の書き取りは確実な得点源になる。入試用の頻出漢字の問題集を繰り返し練習することで自信がつく。難読語などで頻出のものも覚えておくようにしよう。四字熟語や慣用句についても，設問の中で出題されていることから，目を通しておきたい。『頻出現代文重要語 700』（桐原書店）といったものを利用するのもよいだろう。

2024年度

問題と解答

学生採用試験（第1次試験）

問題編

▶試験科目

	教　科	科　目	試験区分
自衛官候補看護学生	英　語	コミュニケーション英語Ⅰ・Ⅱ・Ⅲ，英語表現Ⅰ・Ⅱ	択一式
	数　学	数学Ⅰ・A	
	理　科	「物理基礎，物理」，「化学基礎，化学」，「生物基礎，生物」から1科目選択	
	国　語	国語総合（古文・漢文を除く）	
	小論文		記述式
技官候補看護学生	英　語	コミュニケーション英語Ⅰ・Ⅱ・Ⅲ，英語表現Ⅰ・Ⅱ	択一式
	数　学	数学Ⅰ・A	
	理　科	「物理基礎，物理」，「化学基礎，化学」，「生物基礎，生物」から1科目選択	
	国　語	国語総合（古文・漢文を除く）	

▶備　考

自衛官候補看護学生について，第1次試験の合格者は，択一式試験の結果により決定する。小論文については第2次試験受験者について採点し，第2次試験の結果とあわせて最終合格の決定に用いる。

英 語

(60分)

I ( )に適当な語(句)を選びなさい。

問1 (1) be the head of a dog than the tail of a lion.

(1) Worse (2) Worst (3) Better
(4) Superior (5) Inferior

問2 (2) live your life that old age will bring you no regrets.

(1) So (2) It (3) Such
(4) That (5) These

問3 We will call back as soon as we (3) our destination.

(1) reached (2) are going to reach (3) will reach
(4) reach (5) reaching

問4 A (4) of a century is 25 years.

(1) decade (2) quarter (3) dozen
(4) half (5) score

問5 On (5) of my colleagues, I will address you tonight.

(1) beloved (2) belief (3) interests
(4) way (5) behalf

問6 California's mountain lions are highly restricted by habitat fragmentation that has occurred as a (6) of people developing the landscape.

(1) cause (2) beginning (3) result
(4) basis (5) reason

Ⅱ （　　）に適当な語（句）を選びなさい。

問7　A：My co-workers asked me to join their baseball team.

B：Great!　You should do it!

A：Hmm, I have to（　7　）shape first.

(1) go out of　(2) get in　(3) have

(4) make out　(5) be in bad

問8　A：Aren't we going out for dinner?

B：Sorry.　I'm feeling under the（　8　）today, so I want to stay home.

(1) weather　(2) sea　(3) sky

(4) sun　(5) bridge

問9　A：Pass me a tissue.

B：Here you go.

A：I just have a（　9　）nose.

(1) runaway　(2) run　(3) ran

(4) runny　(5) runabout

問10　A：I like your curly hair.　Is it permed?

B：No, it's natural.　I was born（　10　）it.

(1) on　(2) in　(3) to

(4) for　(5) with

Ⅲ 英文を読み，下記の設問に答えなさい。

A modern moth with a proboscis*, the organ adapted for sucking up（　11　）such as nectar. Newly discovered fossil evidence suggests ancestors of such animals exists before flowering plants, raising questions about (12) what ancient butterflies and moths used their tongue-like appendages** for.

Butterfly beak.　Moth mouthpiece.　Lepidoptera*** lips.

Call it whatever you want, the proboscis is a big (13). It's a defining feature of many moths and butterflies — the long, flexible mouthpiece that dips into flowers and draws out nectar.

"The traditional idea is always that this proboscis — this butterfly tongue — is a standard adaptation you have when you feed (14) flowers," says Timo van Eldijk, a researcher at Utrecht University in the Netherlands who is an author of a new study in *Science Advances* that upends traditional ideas about the proboscis.

"What we found is that there were moths and butterflies with a proboscis that were already around way before there is evidence of flowering plants," he says.

The discovery (15) hinges on fossils recovered from German soil cores — the oldest fossils of their kind. Butterfly and moth remains are rarely fossilized, in part because they're (16). But van Eldijk, a masters student, found he could isolate fossils of the microscopic (17) scales that coat insects' wings and bodies. The tiny scales also give butterflies their colors.

"If you touch the wing of a butterfly, you will very often see that the color tends to fade," he explains. "That's the scales coming off the wing."

Van Eldijk spent weeks finding 70 scales that were embedded in the ancient soil, (18) each one out using a needle tipped with a human nose hair (something about its tensile strength makes it the perfect tool for this particular task). Then, he used microscopes to analyze the structures of the scales.

He found some of the scales, from about 200 million years ago, were hollow. The only butterflies and moths with hollow scales are a group called Glossata, which all have proboscises.

"The most exciting thing was the hollow scales," explains van Eldijk. "If you find the hollow scales, you know the innovation of the proboscis must have occurred before that."

The findings mean that butterflies and moths with proboscises are 70 million years older than had previously been demonstrated with fossil evidence.

He noted that there are more questions to be answered about the origins of the proboscis. For example: (19) were moths and butterflies using these long tubes for, if there weren't any flowers?

Van Eldijk has two theories. Perhaps, he says, they were using them to lap up droplets from the surfaces of plants' cones, or maybe it helped them stay hydrated in the arid prehistoric climate.

*proboscis：(昆虫などの) 吻，口先
**appendage(s)：付属器官
***Lepidoptera：蝶や蛾の仲間

問11　(11) に適当な語（句）を入れなさい。
(1) gas　(2) solid foods　(3) fluids
(4) odor　(5) blood

問12　下線部⑿の疑問に対して，Timo van Eldijk はどう考えているか，選びなさい。
(1) 植物の表面についた水滴を吸うのに使った。
(2) 花の蜜を吸うのに使った。
(3) 海水を吸うのに使った。
(4) 呼吸に使っていた。

(5)　花を食べるのに使った。

問13　(　13　)に適語を入れなさい。

(1)　bargain　(2)　chance　(3)　fortune

(4)　deal　(5)　majority

問14　(　14　)に適語を入れなさい。

(1)　for　(2)　into　(3)　by　(4)　with　(5)　on

問15　下線部(15) hinge(s)と同じ意味の語を選びなさい。

(1)　depend　(2)　pinch　(3)　choose

(4)　inhabit　(5)　reach

問16　(　16　)に適語を入れなさい。

(1)　durable　(2)　delicate　(3)　clumsy

(4)　robust　(5)　bold

問17　下線部(17) scale(s)の意味を選びなさい。

(1)　鱗《うろこ》　(2)　鱗粉《りんぷん》　(3)　秤《はかり》　(4)　鼻毛　(5)　澱粉《でんぷん》

問18　(　18　)に適語を入れなさい。

(1)　growing　(2)　ruling　(3)　stinging

(4)　teasing　(5)　going

問19　(　19　)に適語を入れなさい。

(1)　How　(2)　Where　(3)　What

(4)　When　(5)　Who

問20　本文につけるもっとも適当なタイトルを選びなさい。

(1)　The Difference Between Butterflies and Moths

(2)　Leave Butterflies Alone in the Past

(3)　Butterfly Tongues' Are More Ancient Than Flowers, Fossil Study Finds

(4)　Madame Butterfly and Mothra in Prehistoric Era

(5)　Moths, Alive and in Color, All in Their Diversity

Ⅳ　問 21～問 25　語群から（　　　）に適語を選びなさい。ただし，同じ語を複数回使ってはならない。

Walk into any coffee shop or health food store and you're almost (21) to find this bright jade-colored powdered green tea. It's mixed into lattes, milkshakes, sodas, hot chocolates, smoothies ― and even in desserts like ice creams and brownies. It's recommended by many as an antioxidant-packed superfood that can (22) cancer, (23) memory, and (24) stress and anxiety. That's enough to (25) almost anyone to drink matcha. But does it actually live up to the hype?

語群：(1) prevent　(2) persuade　(3) improve
(4) guaranteed　(5) reduce

数　学

（60分）

① 問1～5の解答として正しいものを，(1)～(5)の中からそれぞれ1つ選び，解答用紙にマークせよ。

［1］ 方程式 $x-\dfrac{1}{x}=2$ を満たす正の数 x を a とすると，$a+\dfrac{1}{a}$ の値は $\boxed{\text{ア}}$ である。整式 $A=x^5-2x^4-x^3+2x+1$ は $A=x^3(x^2-2x-1)+2x+1$ と表せるので，$x=a$ のとき A の値は $\boxed{\text{イ}}$ である。整式 $B=\sqrt{2}\,x^5-4x^4+\sqrt{2}\,x^3+x+1$ についても同様にすると，$x=a$ のとき B の値は $\boxed{\text{ウ}}$ である。このとき，以下の問に答えよ。

問1　$\boxed{\text{ア}}$ に当てはまる値はいくらか。

(1)　$\sqrt{2}$　　(2)　$2\sqrt{2}$　　(3)　$3\sqrt{2}$　　(4)　$4\sqrt{2}$

(5)　上の4つの答えはどれも正しくない。

問2　$\boxed{\text{イ}}$ に当てはまる値はいくらか。

(1)　$1+\sqrt{2}$　　(2)　$2+\sqrt{2}$　　(3)　$3+2\sqrt{2}$　　(4)　$4+3\sqrt{2}$

(5)　上の4つの答えはどれも正しくない。

問3　$\boxed{\text{ウ}}$ に当てはまる値はいくらか。

(1)　$1+\sqrt{2}$　　(2)　$2+\sqrt{2}$　　(3)　$3+\sqrt{2}$　　(4)　$4+\sqrt{2}$

(5)　上の4つの答えはどれも正しくない。

［2］ 実数 x に関する不等式 $|x+2|+2|x-1|<x+c$ がある。ここで c は実数の定数である。$c=12$ のとき，この不等式を満たす x の範囲は $\boxed{\text{エ}}$ である。また，この不等式を満たす x が存在しないような c の範囲は $c \leqq \boxed{\text{オ}}$ である。このとき，以下の問に答えよ。

問4　$\boxed{\text{エ}}$ に当てはまる x の範囲はどれか。

(1)　$0<x<9$　　(2)　$-1<x<8$

(3)　$-2<x<7$　　(4)　$-3<x<6$

(5)　上の4つの答えはどれも正しくない。

問５　オ　に当てはまる値はいくらか。

(1)　2　(2)　3　(3)　4　(4)　5

(5)　上の４つの答えはどれも正しくない。

②　問６～10の解答として正しいものを，(1)～(5)の中からそれぞれ１つ選び，解答用紙にマークせよ。

x の２次関数 $f(x)=x^2-2ax+2a^2-1$，$g(x)=x^2-2bx+2b^2-1$（a，b は実数）について，x の方程式 $f(x)=0$ と $g(x)=0$ はともに実数解をもつものとする。$f(x)=0$ の２つの実数解を α，β とし，$g(x)=0$ の２つの実数解を γ，δ とするとき，以下の問に答えよ。

問６　$\alpha \neq \beta$ となるような a の範囲はどれか。

(1)　$-2<a<-1$　(2)　$-2<a<0$

(3)　$-1<a<1$　(4)　$0<a<2$

(5)　上の４つの答えはどれも正しくない。

問７　$\alpha \neq \beta$ で，α と β がともに $\dfrac{1}{2}$ より大きくなるような a の範囲はどれか。

(1)　$-2<a<\dfrac{1-\sqrt{7}}{4}$　(2)　$-1<a<\dfrac{1-\sqrt{7}}{4}$

(3)　$\dfrac{1-\sqrt{7}}{4}<a<\dfrac{1+\sqrt{7}}{4}$　(4)　$\dfrac{1+\sqrt{7}}{4}<a<1$

(5)　上の４つの答えはどれも正しくない。

問８　$\alpha=\beta$，$\gamma=\delta$ すなわち $f(x)=0$ と $g(x)=0$ がともに重解をもち，$\alpha<\gamma$ であるような a，b の組 $(a,\ b)$ はどれか。

(1)　$(-1,\ 0)$　(2)　$(-1,\ 1)$　(3)　$(0,\ 1)$　(4)　$(1,\ 1)$

(5)　上の４つの答えはどれも正しくない。

問９　座標平面上の２つの放物線 $y=f(x)$ と $y=g(x)$ の交点が $\left(1,\ -\dfrac{4}{9}\right)$ であるとする。このような a，b（$a<b$）について，a と b の積の値はどれか。

(1)　$-\dfrac{4}{9}$　(2)　$-\dfrac{2}{9}$　(3)　$\dfrac{2}{9}$　(4)　$\dfrac{4}{9}$

(5)　上の４つの答えはどれも正しくない。

問10　$a<b$，$\alpha<\gamma<\beta<\delta$ であるとき，$a+b$ はどの範囲にあるか。

(1)　$\delta<a+b$　　(2)　$\beta<a+b<\delta$

(3)　$\gamma<a+b<\beta$　　(4)　$\alpha<a+b<\gamma$

(5)　上の4つの答えはどれも正しくない。

3　問11〜15の解答として正しいものを，(1)〜(5)の中からそれぞれ1つ選び，解答用紙にマークせよ。

平面上に正五角形ABCDEがある。頂点A，B，C，D，Eはアルファベット順に反時計回りに配置されているものとする。はじめに頂点Aに碁石を置く。そして1個のサイコロを振り，出た目の数だけ碁石を反時計回りに頂点から頂点へ移動させる試行を繰り返す。ただし，試行によって移動した碁石の位置は，次の試行を行うまで変えないものとする。例えば，最初の試行で3の目が出たら，碁石はA→B→C→Dと進みDに到達する。また，最初の試行開始後，碁石がAに戻ったまたはAを通過したとき，碁石が1周したものとする。

このとき，1回の試行の結果，碁石がAまたはBにある確率をa，1回の試行の結果，碁石が1周する確率をbとする。試行を2回繰り返した結果，碁石が2周する確率をc，試行を3回繰り返した結果，碁石がちょうど2周してAにある確率をdとする。試行を5回繰り返した結果，5回中3回だけ5の目が出て，碁石が5周してAにある確率をeとする。このとき，以下の問に答えよ。

問11　aの値はいくらか。

(1)　$\frac{1}{6}$　　(2)　$\frac{1}{3}$　　(3)　$\frac{1}{2}$　　(4)　$\frac{2}{3}$

(5)　上の4つの答えはどれも正しくない。

問12　bの値はいくらか。

(1)　$\frac{1}{6}$　　(2)　$\frac{1}{3}$　　(3)　$\frac{1}{2}$　　(4)　$\frac{2}{3}$

(5)　上の4つの答えはどれも正しくない。

問13　cの値はいくらか。

(1)　$\frac{1}{6}$　　(2)　$\frac{7}{36}$　　(3)　$\frac{2}{9}$　　(4)　$\frac{3}{13}$

(5)　上の4つの答えはどれも正しくない。

問 14　d の値はいくらか。

(1)　$\frac{1}{9}$　　(2)　$\frac{25}{216}$　　(3)　$\frac{13}{108}$　　(4)　$\frac{1}{8}$

(5)　上の 4 つの答えはどれも正しくない。

問 15　e の値はいくらか。

(1)　$\frac{7}{3888}$　　(2)　$\frac{1}{972}$　　(3)　$\frac{1}{432}$　　(4)　$\frac{5}{1944}$

(5)　上の 4 つの答えはどれも正しくない。

④　問 16～20 の解答として正しいものを，(1)～(5)の中からそれぞれ 1 つ選び，解答用紙にマークせよ。

AD∥BC の四角形 ABCD において，BC＝9，CD＝8，DA＝4，$\angle C = 60^\circ$ であるとする。直線 AC と直線 BD の交点を E，A から直線 BC に下ろした垂線と直線 BC の交点を H とするとき，以下の問に答えよ。

問 16　線分 AH の長さはいくらか。

(1)　$2\sqrt{2}$　　(2)　$2\sqrt{3}$　　(3)　$4\sqrt{2}$　　(4)　$4\sqrt{3}$

(5)　上の 4 つの答えはどれも正しくない。

問 17　線分 AB の長さはいくらか。

(1)　6　　(2)　7　　(3)　8　　(4)　9

(5)　上の 4 つの答えはどれも正しくない。

問 18　四角形 ABCD の面積はいくらか。

(1)　$29\sqrt{2}$　　(2)　$29\sqrt{3}$　　(3)　$39\sqrt{2}$　　(4)　$39\sqrt{3}$

(5)　上の 4 つの答えはどれも正しくない。

問 19　線分 BD の長さはいくらか。

(1)　$\sqrt{67}$　　(2)　$\sqrt{71}$　　(3)　$\sqrt{73}$　　(4)　$\sqrt{77}$

(5)　上の 4 つの答えはどれも正しくない。

問 20　$\sin\angle AEB$ の値はいくらか。

(1)　$\frac{10\sqrt{1533}}{511}$　　(2)　$\frac{11\sqrt{1533}}{511}$

(3)　$\frac{12\sqrt{1533}}{511}$　　(4)　$\frac{13\sqrt{1533}}{511}$

(5)　上の 4 つの答えはどれも正しくない。

物 理

（60分）

① 次の文章を読み，下の問い（問1～5）に答えよ。

一定の速さ V_0 で鉛直方向上向きに上昇している気球がある。気球に乗っている人の手の高さが地上から高さ h のところで，この気球から見て小物体を初速度の大きさ v_0 で手から水平に投げた。小物体が投げられた時刻を $t=0\,\mathrm{s}$，投げた手の真下の地表を原点Oとし，鉛直方向上向きに y 軸正符号の向きを取り，水平方向で小物体が投げられた向きに x 軸正符号の向きを取り，重力加速度の大きさを g とし，気球は回転しないものとし，空気抵抗は無視できるとする。

問1　地表から見て，小物体の位置の x 成分 $x(t)$ はどのようになるか。最も適当なものを，次の(1)～(5)のうちから一つ選べ。 1

(1) $x(t)=v_0t$　(2) $x(t)=V_0t$　(3) $x(t)=v_0t-\frac{1}{2}gt^2$

(4) $x(t)=V_0t-\frac{1}{2}gt^2$　(5) $x(t)=h+V_0t-\frac{1}{2}gt^2$

問2　気球に乗っている人は小物体を投げた手の位置を変えずに小物体を観察する。その手の位置を基準（新たな原点O′）として小物体を見た場合，小物体の位置の x 成分 $x'(t)$ はどのようになるか。最も適当なものを，次の(1)～(5)のうちから一つ選べ。 2

(1) $x'(t)=v_0t$　(2) $x'(t)=V_0t$　(3) $x'(t)=v_0t-\frac{1}{2}gt^2$

(4) $x'(t)=V_0t-\frac{1}{2}gt^2$　(5) $x'(t)=h+V_0t-\frac{1}{2}gt^2$

問3　地表から見て，小物体の位置の y 成分 $y(t)$ はどのようになるか。最も適当なものを，次の(1)～(5)のうちから一つ選べ。 3

(1) $y(t)=v_0t$　(2) $y(t)=V_0t$

(3)　$y(t)=V_0t-\frac{1}{2}gt^2$　　(4)　$y(t)=h+v_0t-\frac{1}{2}gt^2$

(5)　$y(t)=h+V_0t-\frac{1}{2}gt^2$

問 4　気球に乗っている人が小物体を投げた手の位置を基準（原点 O′）として鉛直方向上向きに正符号の向きとなる新たな y' 座標軸を考える。その座標軸 y' は気球に乗っている人には静止している。この場合，その座標軸 y' を用いて表した小物体の位置の y' 成分 $y'(t)$ はどのようになるか。最も適当なものを，次の(1)〜(5)のうちから一つ選べ。 4

(1)　$y'(t)=0$　　(2)　$y'(t)=V_0t$　　(3)　$y'(t)=\frac{1}{2}gt^2$

(4)　$y'(t)=-\frac{1}{2}gt^2$　　(5)　$y'(t)=h+V_0t-\frac{1}{2}gt^2$

問 5　地上から見てこの小物体が最高点に達した高さを，気球に乗っている人が見たときにどのようになるか。問 4 で用いた y' 座標軸の位置 y'_M としてその位置を表した場合，最も適当なものを，次の(1)〜(5)のうちから一つ選べ。 5

(1)　$y'_M=h$　　(2)　$y'_M=h+\frac{{V_0}^2}{2g}$　　(3)　$y'_M=-\frac{{V_0}^2}{2g}$

(4)　$y'_M=h-\frac{{V_0}^2}{2g}$　　(5)　$y'_M=\frac{{V_0}^2}{2g}$

②　次の文章を読み，下の問い（問 6 〜10）に答えよ。

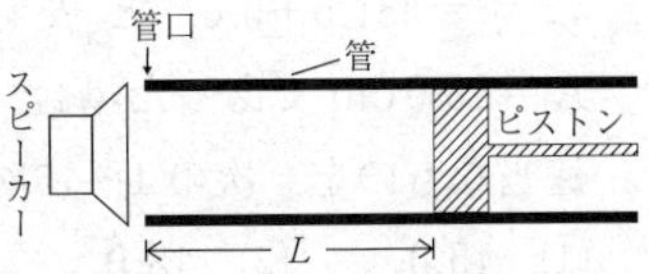

図のように，セ氏温度が t の大気中で，音波が当っても変形しない管にピストンを取りつけ，ピストンを自由に動かすことができるようにする。管口近くにスピーカーを置き，振動数が f_0 の音を出し続ける。ピストンを管の左端から右へ動かしていくとき，ピストンの管内面から管口までの距離が L_1 のところで最初の共鳴が起こり，さらに右へ動かし続けて距離が L_2 のところで 2 回目の共鳴が起こった。開口端補正は ΔL とする。

問 6　スピーカーから出ている音波の波長 λ はどのようになるか。最も

適当なものを，次の(1)〜(5)のうちから一つ選べ。 $\boxed{\ 6\ }$

(1) $\lambda=\dfrac{3}{4}(L_2-L_1)$　(2) $\lambda=L_2-L_1$　(3) $\lambda=\dfrac{4}{3}(L_2-L_1)$

(4) $\lambda=2(L_2-L_1)$　(5) $\lambda=\dfrac{4}{3}(L_2-L_1-\varDelta L)$

問 7　この場合，この大気の音速はどのようになるか。最も適当なものを，次の(1)〜(5)のうちから一つ選べ。 $\boxed{\ 7\ }$

(1) $\dfrac{3}{4}(L_2-L_1)/f_0$　(2) $(L_2-L_1)/f_0$　(3) $\dfrac{4}{3}(L_2-L_1)f_0$

(4) $2(L_2-L_1)f_0$　(5) $\dfrac{4}{3}(L_2-L_1-\varDelta L)/f_0$

問 8　開口端補正 $\varDelta L$ はどのようになるか。最も適当なものを，次の(1)〜(5)のうちから一つ選べ。 $\boxed{\ 8\ }$

(1) $\varDelta L=\dfrac{1}{2}L_2-\dfrac{3}{4}L_1$　(2) $\varDelta L=\dfrac{1}{2}L_2-\dfrac{3}{2}L_1$

(3) $\varDelta L=\dfrac{1}{2}L_2-\dfrac{1}{2}L_1$　(4) $\varDelta L=\dfrac{3}{2}L_2-\dfrac{3}{2}L_1$

(5) $\varDelta L=\dfrac{3}{4}L_2-\dfrac{3}{4}L_1$

問 9　$f_0=4.40\times10^2\,\mathrm{Hz}$，$L_2=56.9\,\mathrm{cm}$，$L_1=18.0\,\mathrm{cm}$ であった場合，開口端補正はいくらになるか。最も適当なものを，次の(1)〜(5)のうちから一つ選べ。 $\boxed{\ 9\ }$ cm

(1) 1.45　(2) 1.80　(3) 3.60　(4) 4.40　(5) 5.69

問 10　乾燥した大気中のセ氏温度 t での音速 V（単位は m/s）は近似的に $V=331.5+0.6t$ と表される。$f_0=4.40\times10^2\,\mathrm{Hz}$，$L_2=56.9\,\mathrm{cm}$，$L_1=18.0\,\mathrm{cm}$ であった場合，この大気の温度 t はいくらであるか。最も適当なものを，次の(1)〜(5)のうちから一つ選べ。 $\boxed{\ 10\ }$ °C

(1) 15.0　(2) 18.0　(3) 21.0　(4) 24.0　(5) 27.0

3

次の文章を読み，下の問い（問 11〜15）に答えよ。

次図の電源 Q は起電力が E_Q，内部抵抗が無視できる電源である。AB は太さが一様で単位長さあたりの抵抗値が r の抵抗線であり，検流計 G

の一方の極 C（可動接点）を AB 間で自由に移動させることができる。検流計 G の反対の極にはスイッチ S を介して抵抗値が R_0 と既知である抵抗と抵抗値が R と未知である抵抗が図のように接続されて回路を構成している。AB の長さを L とする。

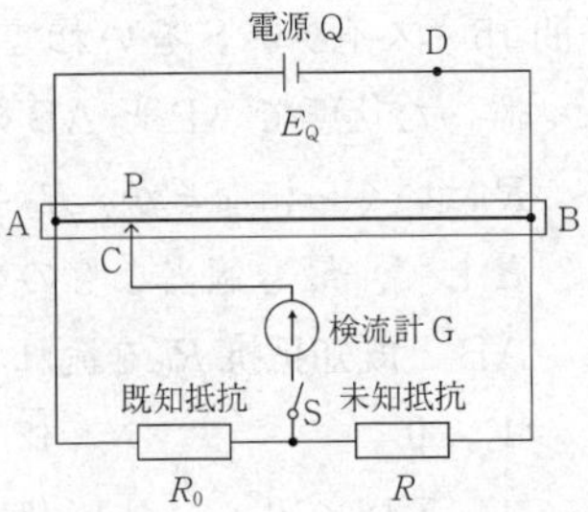

問 11　スイッチ S を切った状態での回路の合成抵抗はどのようになるか。最も適当なものを，次の(1)～(5)のうちから一つ選べ。［11］

(1) $\dfrac{R_0(R_0+R)}{R_0+R+rL}$　(2) $\dfrac{R(R_0+R)}{R_0+R}$　(3) $\dfrac{r(R_0+R)}{R_0+R+r}$

(4) $\dfrac{rL(R_0+R)}{R_0+R+rL}$　(5) $\dfrac{L(R_0+R)}{R_0+R+L}$

問 12　スイッチ S を切った状態で回路上の D を流れる電流はどのようになるか。最も適当なものを，次の(1)～(5)のうちから一つ選べ。［12］

(1) $\dfrac{R_0+R}{R_0(R+R_0)}E_Q$　(2) $\dfrac{R_0+R}{R(R+R_0)}E_Q$　(3) $\dfrac{R_0+R+r}{r(R+R_0)}E_Q$

(4) $\dfrac{R_0+R+L}{L(R+R_0)}E_Q$　(5) $\dfrac{R_0+R+rL}{rL(R+R_0)}E_Q$

問 13　スイッチ S を入れて，可動接点 C を AB 上の位置 P に置いたとき，検流計 G は 0 を示した。このとき AB と既知抵抗 R_0 を流れる電流の値は同じであった。AP と AB の距離の比が $x:1$ $(0<x<1)$ の場合，未知の抵抗値 R はどのようになるか。最も適当なものを，次の(1)～(5)のうちから一つ選べ。［13］

(1) xR_0　(2) $(1-x)R_0$　(3) xL

(4) $(1-x)rL$　(5) xrL

問 14　スイッチ S を入れて検流計 G が 0 を示す位置 P に可動接点 C を置いた状態で D を流れる電流はどのようになるか。最も適当なものを，次の(1)～(5)のうちから一つ選べ。［14］

(1) $\dfrac{R_0+R}{R_0(R+R_0)}E_Q$　(2) $\dfrac{R_0+R}{R(R+R_0)}E_Q$　(3) $\dfrac{R_0+R+r}{r(R+R_0)}E_Q$

(4) $\dfrac{R_0+R+L}{L(R+R_0)}E_Q$　(5) $\dfrac{R_0+R+rL}{rL(R+R_0)}E_Q$

問 15　スイッチSをいれて検流計Gが0を示す位置Pに可動接点Cを置いた状態でAPとABの距離の比が0.482：1の場合，未知の抵抗値Rはいくらになるか。$R_0=4.82\times10^2\,\Omega$，$r=1.00\times10^3\,\Omega/\mathrm{m}$，$L=1.00\,\mathrm{m}$として，最も適当なものを，次の(1)～(5)のうちから一つ選べ。なお，ABと既知抵抗R_0を流れる電流値は同じであったとする。［ 15 ］Ω

(1)　0　　(2)　2.41×10^2　　(3)　4.82×10^2

(4)　5.18×10^2　　(5)　5.37×10^2

④　次の文章を読み，下の問い（問 16～20）に答えよ。

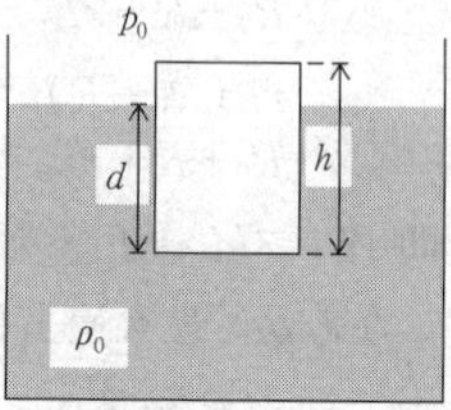

密度ρ_0の水が，大気に上面が開放された容器に入っている。この水中に断面積がS，高さがhの変形しない円柱状の物体が，円柱の中心軸が鉛直方向に平行な状態で，水面から円柱の下面までの深さがd（$<h$）まで沈んだ状態で静止している。なお，容器周辺の一様な大気圧をp_0，重力加速度の大きさをgとし，力の向きは鉛直方向上向きを正とする。

問 16　大気が物体の上面を押す力はどうなるか。最も適当なものを，次の(1)～(5)のうちから一つ選べ。［ 16 ］

(1)　0　　(2)　$-p_0S$

(3)　$-(p_0+\rho_0gd)S$　　(4)　$-(p_0+\rho_0gh)S$

(5)　$-\{p_0+\rho_0g(h-d)\}S$

問 17　水が物体の下面を押す力はどうなるか。最も適当なものを，次の(1)～(5)のうちから一つ選べ。［ 17 ］

(1)　p_0S　　(2)　$(p_0+\rho_0gd)S$

(3)　$(p_0+\rho_0gh)S$　　(4)　$\{p_0+\rho_0g(h-d)\}S$

(5)　0

問 18　この物体に作用する浮力はどうなるか。最も適当なものを，次の(1)～(5)のうちから一つ選べ。［ 18 ］

(1)　0　　(2)　ρ_0gdS　　(3)　$\rho_0g(h-d)S$

(4)　$\rho_0g(d-h)S$　　(5)　ρ_0ghS

問 19　この物体の密度をρとする。この物体に作用する重力はどうなる

か。最も適当なものを，次の(1)〜(5)のうちから一つ選べ。 19

(1)　$-\rho gdS$　　(2)　$\rho g(d-h)S$　　(3)　$\rho g(h-d)S$

(4)　$-\rho ghS$　　(5)　ρghS

問 20　この物体の密度 ρ は，物体が静止している水の密度 ρ_0，物体の高さ h 及び水に沈んでいる深さ d を用いて表した場合，どうなるか。最も適当なものを，次の(1)〜(5)のうちから一つ選べ。 20

(1)　$\rho_0(h+d)/d$　　(2)　$\rho_0 d/h$　　(3)　$\rho_0 h/d$

(4)　$\rho_0(h-d)/d$　　(5)　$\rho_0(d-h)/h$

5　次の問い（問 21〜25）に答えよ。

問 21　図のように物体 A（質量 0.20 kg）と物体 B（質量 0.30 kg）を A，B に比べて質量が無視できるほど軽く伸縮しない糸でつなぎ，A を鉛直方向上向きに大きさが 6.0 N の力で引いた。空気抵抗は無視できるとし，重力加速度の大きさを 9.8 m/s^2 として，糸が B を引く力の大きさはいくらになるか。最も適当なものを，次の(1)〜(5)のうちから一つ選べ。 21 N

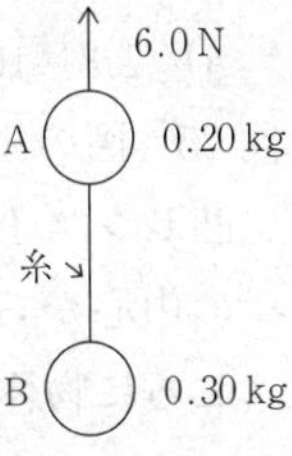

(1)　2.0　　(2)　2.4　　(3)　3.0　　(4)　3.6　　(5)　5.0

問 22　あらい水平面上の点 O から，質量 m の物体を初速度の大きさ v_0 ですべらせた。物体が静止するまでに水平面上を進む距離はどのようになるか。ただし，物体と水平面との動摩擦係数を μ'，重力加速度の大きさを g とし，物体に働く空気抵抗は無視できるとする。最も適当なものを，次の(1)〜(5)のうちから一つ選べ。 22

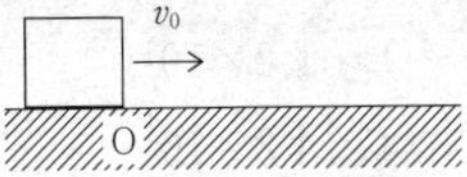

(1)　$\dfrac{{v_0}^2}{\mu' g}$　　(2)　$\dfrac{{v_0}^2}{2\mu' g}$　　(3)　$\dfrac{{v_0}^2}{\mu' mg}$

(4)　$\dfrac{{v_0}^2}{2\mu' mg}$　　(5)　$\dfrac{{v_0}^2}{2mg}$

問 23　あらい水平面上で，物体を水平方向に大きさ 12 N の一定の力で物体を引き続けたところ，物体は 3.5 m/s の一定の速さで水平方向に動き続けた。この物体を引く力の仕事率はいくらになるか。ただし，物体と水平面との動摩擦係数は0.30，物体の質量は4.0kg，重力加速度の大きさは10m/s^{2}とし，物体に働く空気抵抗は無視できるとする。最も適当なものを，次の(1)〜(5)のうちから一つ選べ。［ 23 ］W

(1)　1.2×10^1　　(2)　2.4×10^1　　(3)　3.5×10^1

(4)　4.0×10^1　　(5)　4.2×10^1

問24　断熱材で囲まれた容器に20℃の水が1.0×10^2g入っており，容器と水は熱平衡状態であった。この中へ80℃の水4.0×10^1gを混ぜた。容器と水全体が熱平衡状態に達したときの温度は34℃であった。容器の熱容量はいくらになるか。水の比熱を4.2J/(g·K)として，最も適当なものを，次の(1)〜(5)のうちから一つ選べ。［ 24 ］J/K

(1)　1.0×10^1　　(2)　1.3×10^1　　(3)　1.3×10^2

(4)　1.8×10^2　　(5)　1.8×10^3

問25　図のように，焦点距離12cmの凸レンズPの左側（前方）でレンズの中心から光軸に沿って16cmのところに物体AA′を置いた。凸レンズPによって物体AA′の像BB′ができる位置はレンズの中心からいくらになるか。最も適当なものを，次の(1)〜(5)のうちから一つ選べ。

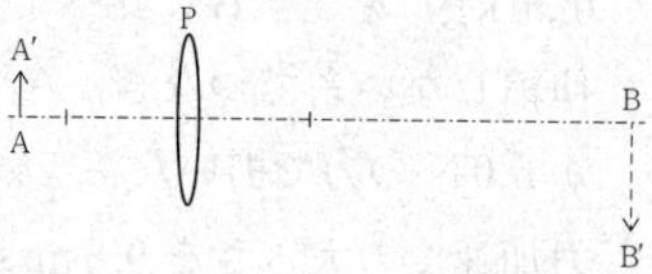

［ 25 ］cm

(1)　1.2×10^1　　(2)　1.6×10^1　　(3)　3.2×10^1

(4)　4.8×10^1　　(5)　6.4×10^1

化 学

（60 分）

特に指定がない限り，気体は理想気体としてふるまうものとする。
圧力に指定のない場合は，大気圧（1.01×10^5Pa＝760 mmHg）とする。
必要があれば以下の数値を用いよ。
アボガドロ定数：6.0×10^{23}/mol
標準状態（0℃，1.01×10^5Pa）における気体 1 mol の体積：22.4 L
原子量：H＝1.0，C＝12，O＝16，Al＝27，S＝32，K＝39，Cr＝52，Cu＝64

次の問（問 1 ～問 20）に答えよ。選択肢(1)～(5)の中からあてはまるものを一つ選べ。

問 1　Cl^-，K^+，Ca^{2+} のイオン半径の大小が正しいものはどれか。

(1)　$Cl^- > K^+ > Ca^{2+}$
(2)　$Cl^- > Ca^{2+} > K^+$
(3)　$K^+ > Ca^{2+} > Cl^-$
(4)　$K^+ > Cl^- > Ca^{2+}$
(5)　$Ca^{2+} > K^+ > Cl^-$

問 2　次のうち，極性分子はいくつあるか。正しい数を選べ。

水，ヨウ素，アンモニア，メタノール，ベンゼン

(1)　1　　(2)　2　　(3)　3　　(4)　4　　(5)　5

問 3　次の化合物の 1 mol/L の水溶液を Pt 電極を用いて電気分解した。陰極で水素が発生するものはいくつあるか。正しい数を選べ。

H_2SO_4，KOH，NaCl，$CuSO_4$，$AgNO_3$

(1)　1　　(2)　2　　(3)　3　　(4)　4　　(5)　5

問 4　1 mol の理想気体の性質に関して，正しい関係を表しているグラフはどれか。ただし，V は体積，P は圧力，T は絶対温度とし，$T_2 > T_1$，

$P_2 > P_1$とする。

(1)

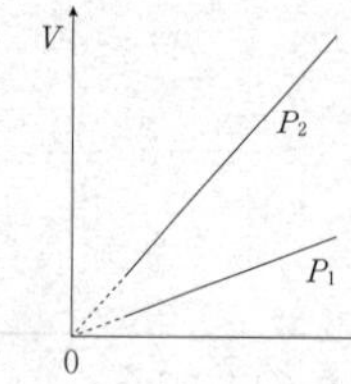

(2)

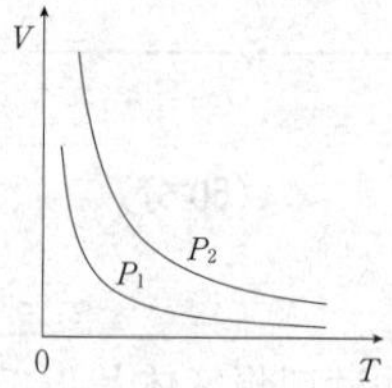

(3)

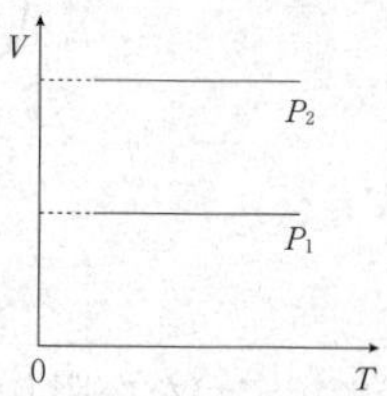

(4)

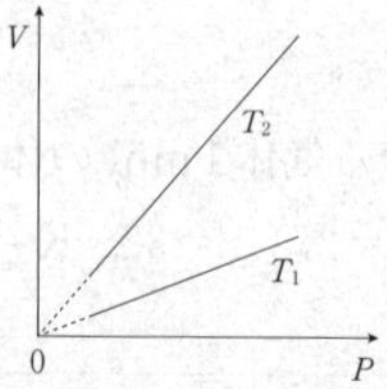

(5)

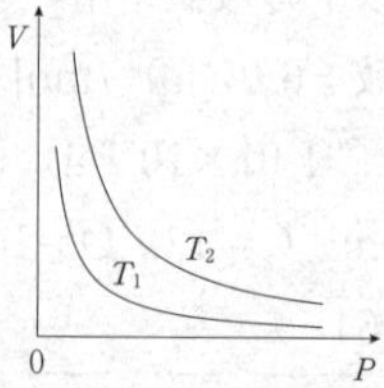

問5　プロパン C_3H_8 と空気の混合気体があり，その体積は標準状態（0℃，1.01×10^5Pa）で12.4Lであった。この混合気体を燃焼させたところ，プロパン C_3H_8 は完全燃焼し，燃焼後の混合気体の体積は標準状態で11.2Lであった。燃焼前の混合気体中に含まれるプロパンの体積は標準状態で何Lか。ただし，空気は窒素 N_2：酸素 O_2＝4：1（体積比）の混合気体とする。また，燃焼後に生じた水はすべて液体であり，液体の体積および水への気体の溶解は無視するものとする。

⑴　0.20L　⑵　0.40L　⑶　0.60L　⑷　0.80L　⑸　1.0L

問6　ベンゼン C_6H_6 60.0gに酢酸 CH_3COOH 1.20gを溶かした溶液の凝固点は4.61℃であった。ベンゼンの凝固点を5.50℃，ベンゼンのモル凝固点降下を5.12K·kg/molとして，この溶液中における酢酸の見かけの分子量はどれか。

⑴　60　⑵　89　⑶　102　⑷　115　⑸　120

問7　ヘリウムHe，ネオンNe，アルゴンArの単体に関する次の文㋐～㋔のうち，**誤りを含む文**をすべて選んだものはどれか。

㋐　最外殻電子の数はいずれも8個である。

㋑　価電子の数はいずれも0個である。

㋒　イオン化エネルギーの大きさは，He＞Ne＞Arの順で小さくなる。

㋓ He，Ne，Ar のうち，He は大気中の存在率（体積%）が最も高い。

㋔ 圧力 1.01×10^5Pa における沸点は，Ar＞Ne＞He の順で低くなる。

(1) ㋐，㋓　(2) ㋑，㋒　(3) ㋓，㋔

(4) ㋐　(5) ㋔

問 8　次の文㋐～㋔のうち，下線部に**誤りを含む文**をすべて選んだものはどれか。

㋐ アルミニウムの製法である溶融塩電解において，加熱して融解した氷晶石 Na_3AlF_6 は，原料である酸化アルミニウム Al_2O_3 を溶かすために用いられている。

㋑ アルミニウムよりも銅の方が電気伝導度は大きいが，高電圧用送電線にはアルミニウムが多く用いられるのは，密度が低く，軽いためである。

㋒ アルミニウム単体，酸化アルミニウム Al_2O_3，水酸化アルミニウム $Al(OH)_3$ は，それぞれ水酸化ナトリウム水溶液と反応した場合，いずれも水素を発生する。

㋓ アルミニウム単体，酸化アルミニウム Al_2O_3，水酸化アルミニウム $Al(OH)_3$ は，それぞれ塩酸と反応した場合，いずれも同じ塩を生成する。

㋔ 組成式 $AlK(SO_4)_2\cdot12H_2O$ で表される複塩は，水がそれぞれ配位した Al^{3+} と K^+ がいずれも NaCl 型の単位格子をとる（右図）。この単位格子を 8 等分した小立方体のすき間に $SO_4{}^{2-}$ が位置している。単位格子の一辺の長さは 1.20×10^{-9} m である。上記の結晶構造から，密度は 2.6 g/cm^3 と求められる。ただし，$1.20^3=1.70$ とする。

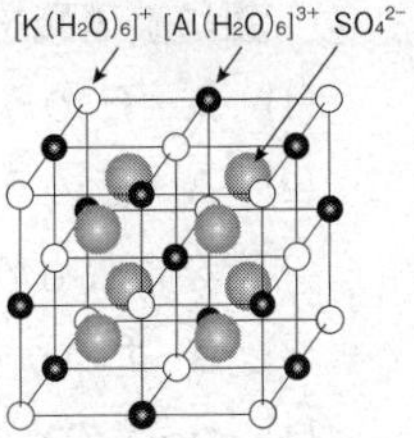

(1) ㋐，㋒　(2) ㋑，㋓　(3) ㋒，㋔

(4) ㋓　(5) ㋔

問 9　次の文章中の下線部㋐～㋒にはそれぞれ括弧【　　】内の a ～ c のいずれかがあてはまる。正しく選んだ組合せとして最も適当なものはどれか。

亜鉛の単体は，㋐【a　黒色，b　白色，c　黄色】のZnSを酸化亜鉛にし，これを還元すると得られる。亜鉛の用途として，電池の㋑【a　正極，b　負極，c　陰極】とトタンが挙げられる。この2つの用途は，いずれも㋒【a　両性，b　融点が低い，c　イオン化傾向が大きい】という亜鉛の特徴を利用している。

	㋐	㋑	㋒
(1)	a	b	a
(2)	a	c	b
(3)	b	a	a
(4)	b	b	c
(5)	c	c	c

問10　次の㋐～㋕の反応に関する記述として**誤りを含むもの**はどれか。

㋐　炭酸水素ナトリウムを加熱すると化合物A，気体a，水が生成した。

㋑　硫化鉄(Ⅱ)に希塩酸を加えると化合物Bと気体bが生成した。

㋒　二酸化ケイ素と炭素を混合し，加熱融解すると単体Cと気体cが生成した。

㋓　マグネシウムに希塩酸を加えると化合物Dと気体dが生成した。

㋔　銀に希硝酸を加えると化合物E，気体e，水が生成した。

㋕　銀に濃硝酸を加えると㋔と同じ化合物E，気体f，水が生成した。

(1)　A～Eのうち，常温の水に溶解しないものは1つである。

(2)　A～Eのうち，㋐～㋕それぞれの反応により酸化数が増加した元素を含むものは1つである。

(3)　a～fのうち，水に溶かすと強酸性を示すものは1つである。

(4)　a～fのうち，㋐～㋕それぞれの反応により酸化数が減少した元素を含むものは3つである。

(5)　㋐～㋕のうち，「弱酸の塩」+「強酸」⟶「強酸の塩」+「弱酸」の反応形式に従う反応は1つである。

問11　硫酸酸性下，0.100 mol/Lの二クロム酸カリウム水溶液を用いて，濃度x〔mol/L〕の硫酸鉄(Ⅱ)水溶液100 mLの酸化還元滴定を行った。滴定の終点において，二クロム酸カリウム水溶液の滴下量は15.0 mLであった。xの値として最も適当なものはどれか。

(1) 9.00×10^{-2} (2) 4.50×10^{-2} (3) 2.50×10^{-3}

(4) 4.50×10^{-3} (5) 9.00×10^{-3}

問 12 マンガンとその化合物に関する次の文㋐～㋔のうち，正しい文をすべて選んだ組合せはどれか。

㋐ マンガンは，主に単体として天然に存在する。

㋑ マンガンの単体は，塩基性水溶液によく溶ける。

㋒ 酸化マンガン(Ⅳ)は，HCl から塩素を発生させる反応の触媒に用いられる。

㋓ 酸化マンガン(Ⅳ)は，H_2O_2 から酸素を発生させる反応の触媒に用いられる。

㋔ 酸化マンガン(Ⅳ)は，塩基性条件で過マンガン酸イオンが還元されることにより得られる。

(1) ㋐，㋒ (2) ㋐，㋓ (3) ㋑，㋒

(4) ㋑，㋔ (5) ㋓，㋔

問 13 有機化合物の元素分析は，燃焼管に吸収管㋐と㋑を連結した図のような装置を用いて行う。乾燥した酸素を燃焼管へ流し，試料と酸化銅(Ⅱ)を加熱することで試料を完全燃焼させる。吸収管㋐と㋑それぞれに充塡する物質名とその役割について，正しい組合せはどれか。

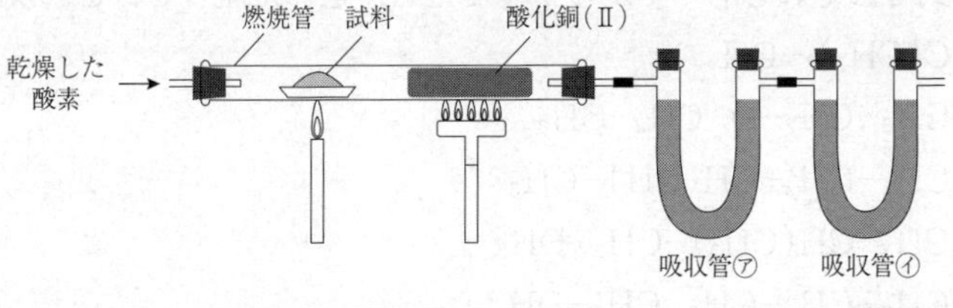

	㋐	㋐の役割	㋑	㋑の役割
(1)	ソーダ石灰	二酸化炭素を吸収する	塩化カルシウム	水を吸収する
(2)	ソーダ石灰	水を吸収する	塩化カルシウム	二酸化炭素を吸収する
(3)	塩化カルシウム	二酸化炭素を吸収する	ソーダ石灰	水を吸収する
(4)	塩化カルシウム	水を吸収する	ソーダ石灰	二酸化炭素を吸収する
(5)	塩化ナトリウム	二酸化炭素を吸収する	ソーダ石灰	水を吸収する

問 14 炭素，水素，酸素のみからなる有機化合物の試料 21.0 mg を元素分析装置で完全燃焼させたところ，二酸化炭素 30.8 mg，水 12.6 mg を

生じた。また，この有機化合物の分子量は90であった。この有機化合物の分子式として適当なものはどれか。

(1)　$C_2H_4O_2$　　(2)　$C_2H_2O_4$　　(3)　$C_3H_6O_3$

(4)　$C_4H_4O_3$　　(5)　$C_4H_{10}O_2$

問15　アセチレン1molに，水，水素，塩化水素，酢酸それぞれ1molが付加した化合物の示性式として正しい組合せはどれか。

	水	水素	塩化水素	酢酸
(1)	CH_3CHO	$CH_2{=}CH_2$	CH_3CH_2Cl	$CH_2{=}CHOCOCH_3$
(2)	CH_3CHO	$CH_2{=}CH_2$	$CH_2{=}CHCl$	$CH_2{=}CHOCOCH_3$
(3)	CH_3CHO	CH_3CH_3	$CH_2{=}CHCl$	$CH_2{=}CHOCH_3$
(4)	CH_3CH_2OH	$CH_2{=}CH_2$	CH_3CH_2Cl	$CH_3CH_2OCOCH_3$
(5)	CH_3CH_2OH	CH_3CH_3	CH_3CH_2Cl	$CH_3CH_2OCOCH_3$

問16　有機化合物**A**，**B**，**C**，**D**は，$C_4H_{10}O$の分子式をもち，温度40℃において液体である。炭素鎖が直鎖状構造であるのは**A**，**B**のみであり，鏡像異性体が存在するのは**B**のみである。**A**，**B**，**C**，**D**をそれぞれ穏やかに酸化すると，**A**と**C**はアルデヒドを，**B**はケトンを生成する。**D**は酸化剤によって酸化されにくい性質をもつ。**A**，**B**，**C**，**D**の構造式それぞれを㋐～㋔からすべて正しく選んだ組合せはどれか。

㋐　$C(CH_3)_3-OH$

㋑　$CH_3-CH_2-O-CH_2-CH_3$

㋒　$CH_3-CH_2-CH(OH)-CH_3$

㋓　$CH_3-CH(CH_3)-CH_2-OH$

㋔　$CH_3-CH_2-CH_2-CH_2-OH$

	A	**B**	**C**	**D**
(1)	㋑	㋒	㋓	㋐
(2)	㋒	㋓	㋔	㋑
(3)	㋓	㋒	㋔	㋑
(4)	㋔	㋑	㋓	㋐
(5)	㋔	㋒	㋓	㋐

問17　アニリン，安息香酸，トルエン，フェノールを含むジエチルエーテル溶液がある。4つの成分を水層 C，ジエチルエーテル層 D，水層 E，ジエチルエーテル層 F それぞれに分離するため，図に示す順序で操作 X，Y，Z を行った。操作 X，Y，Z の組合せとして適当なものはどれか。

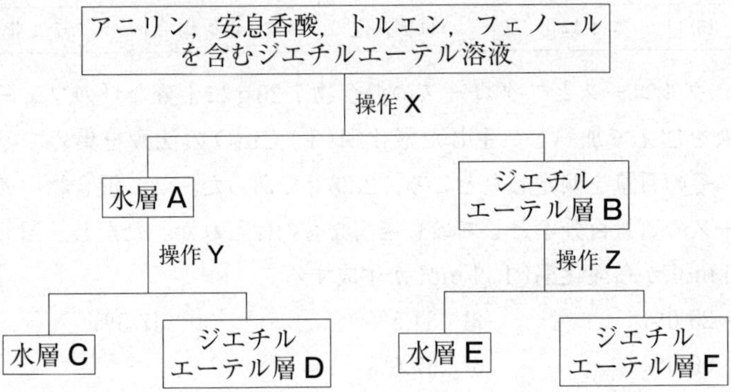

	X	Y	Z
(1)	$NaHCO_3$ 水溶液を加えてよく振る	希塩酸とジエチルエーテルを加えてよく振る	水を加えて CO_2 を通じてからよく振る
(2)	NaOH 水溶液を加えてよく振る	CO_2 を通じてからジエチルエーテルを加えてよく振る	希塩酸を加えてよく振る
(3)	NaOH 水溶液を加えてよく振る	$NaHCO_3$ 水溶液とジエチルエーテルを加えてよく振る	希塩酸を加えてよく振る
(4)	希塩酸を加えてよく振る	NaOH 水溶液とジエチルエーテルを加えてよく振る	$NaHCO_3$ 水溶液を加えてよく振る
(5)	希塩酸を加えてよく振る	$NaHCO_3$ 水溶液とジエチルエーテルを加えてよく振る	水を加えて CO_2 を通じてからよく振る

問18　次の㋐～㋓の操作で起こる反応の名称として正しい組合せはどれか。

㋐　ベンゼンに濃硫酸を加えて加熱する。

㋑　アニリンを希塩酸に溶かし，冷却しながら亜硝酸ナトリウム水溶液を加える。

㋒　ベンゼンに濃硫酸と濃硝酸の混合物を作用させる。

㋓　サリチル酸とメタノールの混合物に少量の濃硫酸を加えて加熱する。

	㋐	㋑	㋒	㋓
(1)	スルホン化	ジアゾ化	ニトロ化	エステル化
(2)	スルホン化	ジアゾ化	ニトロ化	アセチル化
(3)	エステル化	ハロゲン化	ニトロ化	アセチル化
(4)	エステル化	ハロゲン化	スルホン化	アセチル化
(5)	ニトロ化	ハロゲン化	スルホン化	エステル化

問19　グルコースとスクロースの混合物7.20gに十分な量のフェーリング液を加えて加熱し，生じた酸化銅(Ⅰ)Cu_2Oの沈殿を集めて乾燥させ，その質量を測定したところ，2.88gであった。この混合物中のグルコースの質量百分率として最も適当なものはどれか。ただし，還元性の糖1molから酸化銅(Ⅰ)1molが生成する。

(1)　25.0%　　(2)　34.5%　　(3)　47.5%

(4)　50.0%　　(5)　57.5%

問20　グリシン水溶液に水酸化ナトリウム水溶液を徐々に加え，グリシン水溶液中の双性イオン濃度$[G^{\pm}]$と陰イオン濃度$[G^{-}]$が等しくなったときの溶液のpHは9.5であった。このとき，

$$G^{\pm} \rightleftarrows G^{-} + H^{+}$$

の電離定数として最も適当なものはどれか。ただし，陽イオンG^{+}の存在は無視できるものとする。

(1)　$1.0 \times 10^{-9.5}$ mol/L　　(2)　$2.0 \times 10^{-9.5}$ mol/L

(3)　$3.0 \times 10^{-9.5}$ mol/L　　(4)　$4.0 \times 10^{-9.5}$ mol/L

(5)　$5.0 \times 10^{-9.5}$ mol/L

生　物

（60分）

1

ヒトの視覚に関する次の文章を読み，以下の設問1～7に答えよ。

図1はヒトの右眼を上から見たときの水平断面である。

ヒトの眼の構造はカメラの構造と似ている。①眼の前方から入ってくる光を水晶体が屈折させて網膜で像を結ばせる。また，眼に入る光の強さが変化すると②水晶体を通過する光量を調節する。③網膜には2種類の視細胞（ここでは視細胞Aと視細胞Bとする）が多数並んでいて，それぞれ受容した光により興奮し，その情報が視神経を経て脳に送られる。

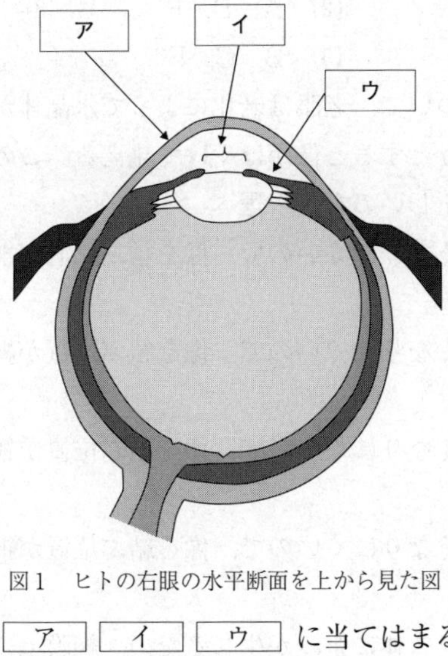

図1　ヒトの右眼の水平断面を上から見た図

問1　図1の空欄 ア イ ウ に当てはまる語句として正しいのを1つ選べ。

	ア	イ	ウ
(1)	ガラス体	瞳孔	虹彩
(2)	ガラス体	虹彩	毛様体
(3)	角膜	瞳孔	虹彩
(4)	角膜	瞳孔	毛様体
(5)	角膜	虹彩	毛様体

問2　下線部①について，遠くを見ようとするときに起こる反応の組み合わせとして正しいのを１つ選べ。

A）毛様筋が収縮する。

B）毛様筋が弛緩する。

C）チン小帯が緊張する。

D）チン小帯がゆるむ。

E）水晶体が厚くなる。

F）水晶体が薄くなる。

(1)　A，C，E　　(2)　A，D，F　　(3)　B，C，E

(4)　B，D，E　　(5)　B，C，F

問3　下線部①について，老眼は老化によって水晶体が硬くなることで近くのものを見ようとすると像がぼやけて見える。このとき起きていることの記述として正しいのを１つ選べ。

(1)　水晶体が薄くなりにくいので，像を結ぶ位置が網膜より前にずれてしまう。

(2)　水晶体が薄くなりにくいので，像を結ぶ位置が網膜より後にずれてしまう。

(3)　水晶体が厚くなりにくいので，像を結ぶ位置が網膜より前にずれてしまう。

(4)　水晶体が厚くなりにくいので，像を結ぶ位置が網膜より後にずれてしまう。

(5)　水晶体とガラス体に歪みが生じるため，網膜上に２重の像を結ぶ。

問4　下線部②について，暗いところから明るいところに移動した時の光量調節の反応として正しいのを１つ選べ。

(1)　虹彩にある瞳孔括約筋が収縮し，瞳孔が縮小する。

(2)　虹彩にある瞳孔散大筋が収縮し，瞳孔が拡大する。

(3)　虹彩にある瞳孔括約筋が収縮し，瞳孔が拡大する。

(4)　毛様筋が収縮し，瞳孔が縮小する。

(5)　毛様筋が収縮し，瞳孔が拡大する。

問5　下線部③について，図2から暗順応について読みとれることを1つ選べ。

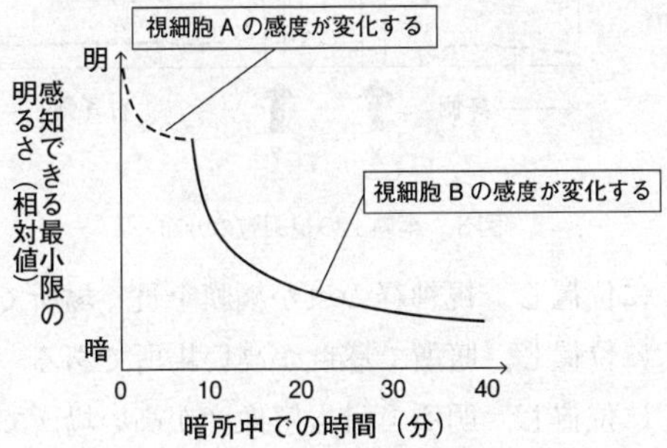

図2　暗くしてからの視細胞Aと視細胞Bの感度の時間変化

(1)　暗順応には，視細胞Bのみが働いている。

(2)　明るい場所では視細胞Aのみが働いている。

(3)　暗所で時間が経つにつれて，視物質の蓄積量が増加している。

(4)　暗所で時間が経つにつれて，視物質の分解速度が上昇している。

(5)　暗所で時間が経つにつれて，視物質の合成速度が上昇している。

問6　先天性の色覚異常では，光の強度変化や色変化を全く感知できないという患者はほとんどいない。しかし，患者は健常者にとって容易な色の識別に困難を抱える。多くの患者では，緑と赤の識別が難しい。この色覚異常に関わる記述として正しいのはどれか，1つ選べ。

(1)　ビタミンA不足が原因である。

(2)　視細胞Bの機能が失われていると考えられる。

(3)　光の波長500 nm以上の色の識別には問題がない。

(4)　ロドプシン量の不足により暗所での視覚が著しく低下する。

(5)　3種類ある視細胞Aのうちの1種類の機能が失われていると考えられる。

問7　網膜について，A)～F)の文で盲斑と黄斑を正しく説明しているものの組み合わせを，1つ選べ。

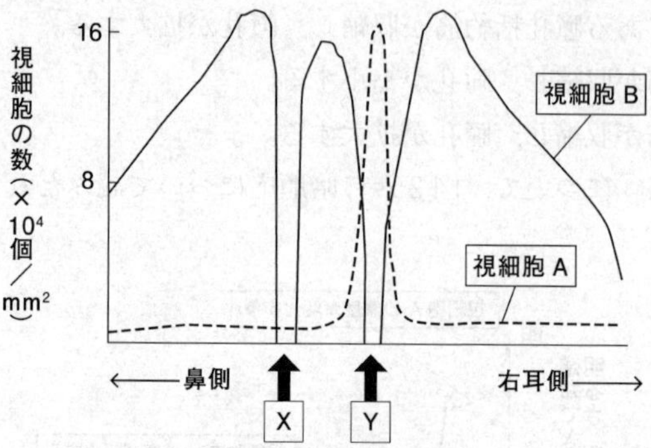

図3　網膜上の視細胞の分布

A）図3のXに位置し，視神経の束が網膜を貫く場所である。
B）図3のXに位置し，暗所で感度が高い場所である。
C）図3のXに位置し，明所で最も解像度が高い場所である。
D）図3のYに位置し，視神経の束が網膜を貫く場所である。
E）図3のYに位置し，暗所で感度が高い場所である。
F）図3のYに位置し，明所で最も解像度が高い場所である。

	盲斑	黄斑
(1)	A	E
(2)	A	F
(3)	B	F
(4)	D	B
(5)	D	C

② タンパク質のフォールディングに関する次の文章を読み，以下の設問8～12に答えよ。

①タンパク質固有の機能はその立体構造に依存する。そのためタンパク質合成においては，ポリペプチド鎖から固有の立体構造を構築するフォールディングという過程が必要となる。合成時に別のタンパク質が近傍に存在すると②互いにくっついてしまうことでフォールディングは失敗する。そのため翻訳直後のポリペプチド鎖に［ア］と呼ばれるタンパク質の1種が一時的に結合することでフォールディングを助けている。また，別種の［ア］は円筒状を呈しており，その内部にポリペプチド鎖を格納するこ

とで，別タンパク質との結合を防ぎながらフォールディングを助けている。一方で，タンパク質は一度構築された立体構造が失われるとその本来の働きが失われる③。本来の立体構造を失ったタンパク質はやはり凝集して，細胞死に関与④してしまうことがあるが，［ア］はそのようなタンパク質における再度のフォールディングや分解除去にもかかわっている。

問8　下線部①に関して，神経細胞にある膜タンパク質の中で特定のリガンドとの結合で開閉が生じるのはどれか，1つ選べ。

(1)　再分極を発生させるカリウムチャネル
(2)　静止電位を発生させるカリウムチャネル
(3)　神経終末に存在するカルシウムチャネル
(4)　跳躍伝導を発生させるナトリウムチャネル
(5)　興奮性シナプス後電位を発生させるナトリウムチャネル

問9　下線部②に関して，フォールディング前のタンパク質が凝集する理由として最も適切なものはどれか，1つ選べ。

(1)　近傍のタンパク質同士の疎水基が引き合うため。
(2)　近傍のタンパク質同士の親水基が引き合うため。
(3)　近傍のタンパク質同士でペプチド結合を形成するため。
(4)　近傍のタンパク質同士の親水基と疎水基が引き合うため。
(5)　近傍のタンパク質が持つ鉄イオン同士が電気的に引き合うため。

問10　［ア］に入る語句を1つ選べ。

(1)　エキソン　　(2)　オペロン　　(3)　イントロン
(4)　シャペロン　　(5)　レセプター

問11　下線部③に関して次のタンパク質と，その立体構造が失われる条件として正しいのを1つ選べ。

	タンパク質	条件
(1)	ペプシン	37℃
(2)	リパーゼ	pH 9
(3)	トリプシン	pH 2
(4)	唾液アミラーゼ	pH 7
(5)	PCR 用 DNA ポリメラーゼ	95℃

問12　下線部④に関して，タンパク質の異常凝集によって引き起こされると考えられる疾患はどれか，1つ選べ。

(1) 血友病　(2) プリオン病　(3) 1型糖尿病
(4) 2型糖尿病　(5) アナフィラキシーショック

3 種子植物（双子葉）の構造に関する次の文章**A**，**B**を読み，以下の設問13～17に答えよ。

A 植物の基本的な組織は表皮，維管束と，それ以外の基本組織（柔組織）の3つで構成されている。例えば，シロイヌナズナの葉の組織について考えてみよう。

葉の表面を覆うのは表皮細胞であり，その外表面には［ア］がある。葉の維管束は根から吸収した物質を葉の組織に行き渡らせ，葉で合成された物質を他器官へと送り出している。それ以外の基本組織は特に葉肉細胞と呼ばれる細胞で構成されている。葉には表と裏①があり，葉の表側に密に整列した［イ］があり，葉の裏側には［ウ］がある。

問13 文中の空欄［ア］［イ］［ウ］に当てはまる語句の組み合せとして正しいのを1つ選べ。

	［ア］	［イ］	［ウ］
(1)	クチクラ層	海綿状組織	さく状組織
(2)	クチクラ層	さく状組織	海綿状組織
(3)	クチクラ層	海綿状組織	形成層
(4)	形成層	さく状組織	海綿状組織
(5)	海綿状組織	さく状組織	形成層

問14 下線部①について，葉の表裏が決まるメカニズムについて，以下の実験1～5を行い，葉原基からの葉の形成と遺伝子群P，Q，Rの働きについて検討した。実験結果が示すものとして正しいのを1つ選べ。

実験1：図1のZの位置に，しっかりと切れ目を入れ物質移動を妨げると，葉原基1からは全体が裏側化した棒状の葉ができた。

実験2：図1のZの位置に，物質の移動を一部残すように不完全な切れ目を入れると，葉原基1からは正常な葉ができた。

実験3：葉原基1で発現する遺伝子群Pを欠損する変異株では，葉の全体が裏側の組織を持つ棒状の葉となった。

実験4：葉原基1で発現する遺伝子群QとRを両方とも欠損する変異株では，葉の全体が表側の組織を持つ棒状の葉となった。

実験５：野生株の遺伝子発現を見ると，遺伝子群Ｐは領域Ｘで，遺伝子群Ｑ，Ｒは領域Ｙで発現していた。

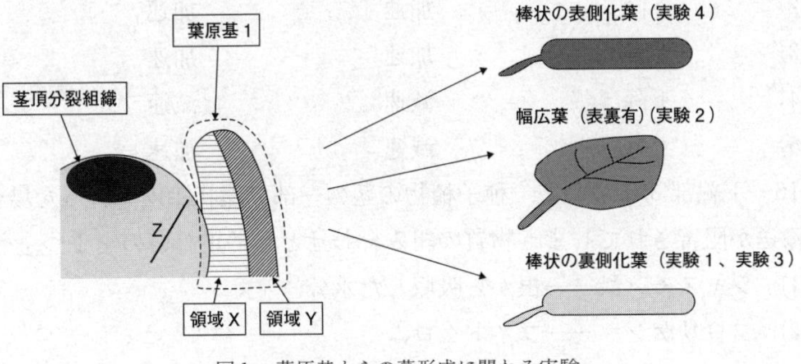

図１　葉原基からの葉形成に関わる実験

(1)　実験１，２より，茎頂分裂組織は葉原基１の分化に影響しない。

(2)　実験１，２より，茎頂分裂組織からの働きかけで，葉の裏側化に必要な遺伝子群Ｑ，Ｒが葉原基１で発現する。

(3)　実験１，３より，茎頂分裂組織からの働きかけで，遺伝子群Ｐの発現が抑制されると考えられる。

(4)　実験３～５より，遺伝子群Ｐは領域Ｘで葉の表側化を促進し，遺伝子群Ｑ，Ｒは領域Ｙで葉の裏側化を促進するように働く。

(5)　実験３～５より，遺伝子群Ｐは領域Ｙで葉の表側化を抑制し，遺伝子群Ｑ，Ｒは領域Ｘで葉の裏側化を抑制するように働く。

B　維管束は根から吸収した水分や養分，植物体で生合成された物質や老廃物の通り道である。それゆえに動物の血管に例えられることもある。しかし，脊椎動物の血管は心臓を出て末端に送られた後に心臓に戻ってくるように繋がった輪であるのに対し，植物の<u>道管</u>②や師管は互いにつながっておらず，循環していない。そして，それぞれ<u>輸送する物質</u>③と，輸送の動力が異なることが知られている。

問15　下線部②について，道管は根から吸収した水分や無機塩類を植物体全体に運ぶ管であり，蒸散はその輸送と深く関わっている。シロイヌナズナの野生株に青色光を照射した時の植物体で起こる変化の組み合わせとして正しいのを１つ選べ。

	孔辺細胞の浸透圧	蒸散速度	道管の流れの速度
(1)	上昇	加速	減速
(2)	下降	加速	加速
(3)	上昇	加速	加速
(4)	下降	減速	減速
(5)	上昇	減速	加速

問16　下線部③について，種子植物の茎の一部で環状除皮を行った場合，輸送が阻害されてしまう物質の組み合わせとして正しいのを1つ選べ。

(1)　ジャスモン酸――根から吸収した水分

(2)　フロリゲン　――フィトクロム

(3)　転流の糖　　――フィトクロム

(4)　フロリゲン　――転流の糖

(5)　転流の糖　　――根から吸収した水分

問17　下線部③について，双子葉植物の炭素化合物の移動を調べるために，放射性同位体 ^{14}C を含む $^{14}CO_2$ を図2の9番の葉にだけ4時間与えた。1週間後に植物体の放射線量を調べた結果を葉の色の濃さで示してある。図2では色の濃い方が高い放射線量を示し，また，葉の若い順番に番号が示してある。この実験結果が示していることの正しい組み合わせを1つ選べ。

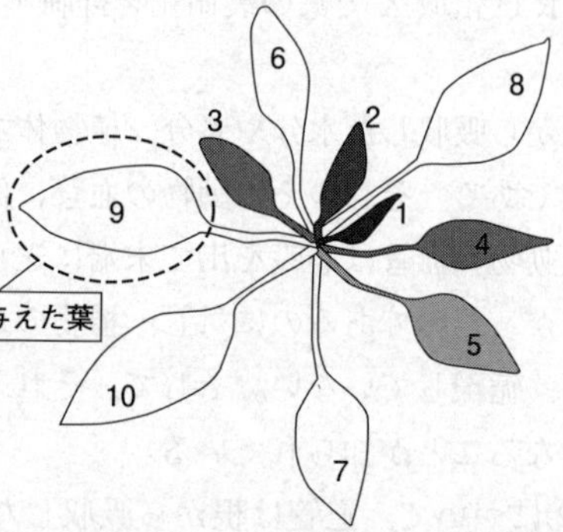

図2　$^{14}CO_2$ を4時間与えて1週間後の植物体の放射線量

A)　7～10の葉は，CO_2 を吸収していない。

B)　7～10の葉では，光合成が活発に行われている。

C)　1週間後の放射線量を示す物質は主に $^{14}CO_2$ である。

D）1，2，3の葉には9の葉で合成された有機物が送られた。

E）1，2，3の葉では7～10の葉から送られた$^{14}CO_2$の吸収が活発に行われた。

(1)　A，B　　(2)　A，C　　(3)　B，D

(4)　C，E　　(5)　D，E

4

上皮に関する次の文章を読み，以下の設問18～24に答えよ。

図1にヒトの指先の皮膚組織を示す。同じ指の裏（手背側）と表（手掌側）という近接した部位であっても，このように①組織の形態が大きく異なるのはなぜだろうか。系統，機能，適応，発生の視点から考えてみよう。羊膜類の皮膚においては，②ハ虫類の体表や鳥類の肢の皮膚からは鱗（ウロコ）が，鳥類の肢以外の皮膚からは羽毛が，そして哺乳類の皮膚の大部分からは体毛がそれぞれ誘導により形成される。では，ニワトリにおいて背中の皮膚から羽毛が，肢の皮膚からは鱗が形成されるのはなぜだろうか。背中と肢それぞれの皮膚を取り出し，③表皮と真皮を交換して組み合わせて培養すると，④背中の真皮と肢の表皮の組み合わせからは羽毛が，肢の真皮と背中の表皮の組み合わせからは鱗が生じた（図2）。口腔ではKollarとFisherが，マウスの口腔上皮下の結合組織（皮膚における真皮に相当）を取り出し，ニワトリ胎児の口腔で将来嘴になる上皮下の結合組織の一部と交換する実験を行ったところ，このヒナの口腔上皮に⑤未完成で小さな歯が形成されたことを確認した。

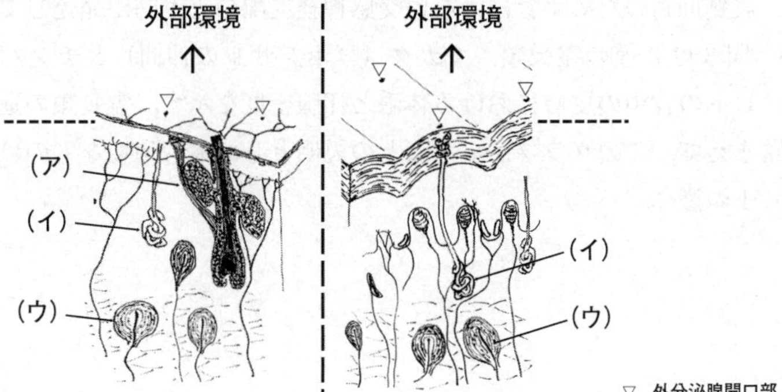

図1　皮膚の組織像（左：手背　右：手掌）

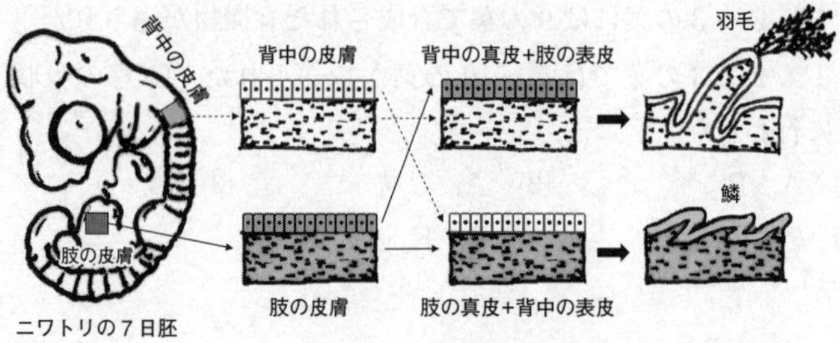

図2　ニワトリの羽毛と鱗の形成実験

問18　図1の指先の皮膚組織における構造物の説明として正しいのはどれか，1つ選べ。

	(ア)	(イ)	(ウ)
(1)	圧覚器官	汗腺	立毛筋
(2)	圧覚器官	立毛筋	汗腺
(3)	汗腺	立毛筋	圧覚器官
(4)	立毛筋	圧覚器官	汗腺
(5)	立毛筋	汗腺	圧覚器官

問19　下線部①に関して，ヒトの手掌が持つ機能の特徴として正しいのはどれか，1つ選べ。

(1)　放熱抑制のため汗腺が発達している。

(2)　体温保持のため体毛が発達している。

(3)　外界知覚のため手背と比べ多様な感覚器官が数多く存在する。

(4)　モノをつかみやすくするため手背と比べて表皮が薄くなっている。

(5)　放熱抑制のため手背にはない交感神経支配の立毛筋が発達している。

問20　図3は3種の霊長類，マカク（ニホンザルの仲間）とチンパンジー，ヒトの背中の皮膚における体毛と汗腺密度を示す。霊長類の進化史を踏まえて，このグラフが示すことの説明として最も適切なものはどれか，1つ選べ。

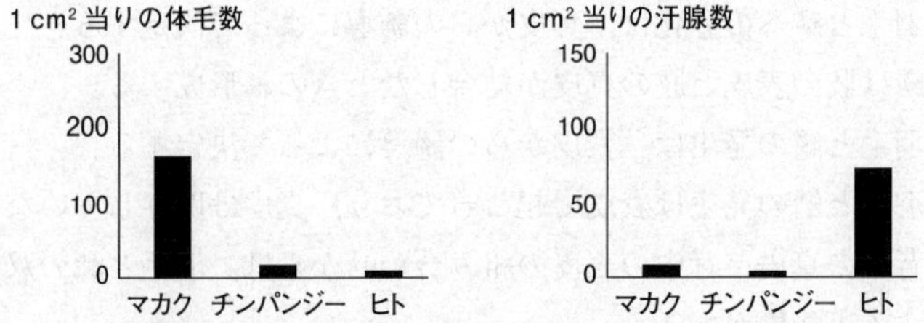

図3　3種の霊長類の背中の皮膚における体毛密度と汗腺密度の比較

(1)　左のグラフはマカクが最も長い体毛を持つことを示す。

(2)　左のグラフはヒトとチンパンジーがサバンナでの適応過程で汗腺密度が減少したことを示す。

(3)　左のグラフはヒトがアフリカから出て寒冷地への適応過程で体毛密度が減少したことを示す。

(4)　右のグラフはマカクとチンパンジーで汗腺密度が低く恒温性を持たないことを示す。

(5)　左右のグラフはヒトがサバンナでの適応過程で体毛密度が低いまま汗腺密度が増加したことを示す。

問21　下線部②について，石炭紀に登場した当時のハ虫類がもっていた鱗の機能として最も適切なものはどれか，1つ選べ。

(1)　乾燥からからだを守るため。

(2)　放熱のため。

(3)　遊泳のため。

(4)　皮膚呼吸のため。

(5)　大型恐竜の捕食に対する防御のため。

問22　下線部③に関して，表皮と真皮の発生由来で正しい組み合わせはどれか，1つ選べ。

	表皮	真皮
(1)	中胚葉	内胚葉
(2)	中胚葉	外胚葉
(3)	内胚葉	中胚葉
(4)	外胚葉	内胚葉
(5)	外胚葉	中胚葉

問23　下線部④の実験結果の説明として正しいのはどれか，1つ選べ。

(1)　羽毛と鱗への分化は，真皮からの誘導によって決定する。

(2)　鱗は肢の表皮と肢の真皮が結合したときのみ形成する。

(3)　羽毛と鱗の発生は，表皮からの誘導によって決定する。

(4)　羽毛と鱗の発生は表皮で起こっており，真皮は関与していない。

(5)　背中の真皮と背中の表皮の組み合わせからは，羽毛と鱗の双方を形成する可能性がある。

問 24　下線部⑤の実験結果から考えられるのはどれか，1つ選べ。

(1)　ニワトリは口腔上皮下の結合組織に存在した誘導能を進化の過程で喪失したことで歯を失った。

(2)　ニワトリは口腔上皮に存在した反応能を進化の過程で喪失したことで歯を失った。

(3)　ニワトリは口腔上皮下の結合組織に存在した反応能を進化の過程で喪失したことで歯を失った。

(4)　ニワトリは口腔上皮に存在した誘導能を進化の過程で喪失したことで歯を失った。

(5)　移植したマウス口腔上皮下の結合組織によりニワトリの歯の形成が阻害されたため，未完成で小さな歯ができた。

(4) 力強く発せられた感謝の言葉が今生の別れを告げるように感じられたから。

(5) 口を開け続けた反応で涙が流れている姿を見るに忍びなくなったから。

問22 傍線部8の理由として最も適当なものを次から選べ。

(1) 周囲の人間がどんな気配りをしたところで死は関係なく訪れてしまうと感じたから。

(2) 生から死への移行の一瞬はいかなる感慨をも差し挟む余地がないと感じたから。

(3) 目に見えている事象として死ぬ瞬間を捉えると全ての事例は同様であると感じたから。

(4) 生命ある全ての生き物が等しく死を迎えるということを父の一例でしかと感じたから。

(5) どのような死に方であっても結果として残るものは死そのものであると感じたから。

問23 傍線部9の内容として最も適当なものを次から選べ。

(1) 父に安穏な日常を送らせてあげられなかった恥。

(2) きょうだいの死にとりわけ引け目を感じていた恥。

(3) 戦時中に死ねる機会があったのに死ねなかったという恥。

(4) これまで父の本心を理解し得なかったという恥。

(5) 家族と同じ亡びの血が流れているという恥。

問24 傍線部10の内容として最も適当なものを次から選べ。

(1) これまで自分が感じてきた羞恥というものを感じなくなったとき。

(2) 自身と父との関係が取り返しがつかなくなったと理解したとき。

(3) 父の死によって自分の心の動きが止まってしまったように感じたとき。

(4) 死というものがもたらす事象が一切の感情を許さないと感じたとき。

(5) 時の経過につれて父の死に顔が徐徐に変化していると気付いたとき。

(2)　対象を失うということの意味合いが全く理解できていなかったから。
(3)　不幸なことをことさら口に出すのは当人を傷つけると考えたから。
(4)　相手の不幸も「私」のように羞恥の対象ではないかと思ったから。
(5)　死にまつわる羞恥の感情によって人と接することが苦手であったから。

問19　傍線部5の意味として最も適当なものを次から選べ。
(1)　深い思慮に欠ける。
(2)　当意即妙に対処できない。
(3)　一向に我意を曲げない。
(4)　商売っ気が全くない。
(5)　機敏に動くことができない。

問20　傍線部6のようにした理由として最も適当なものを次から選べ。
(1)　すでに患者の死期が近づいていることをうやむやにするため。
(2)　若い看護師には荷が重い仕事を与えたことを悔やんだから。
(3)　連れてきた看護師が雑に患者を扱ったことをごまかすため。
(4)　小手先の投薬によって一時的に快方に向かうよう仕組んだから。
(5)　お手本であるべき処置のやり方の失敗を取り繕おうとしたため。

問21　傍線部7の理由として最も適当なものを次から選べ。
(1)　弱り切っていたはずが痰が取れて急に活気にあふれたことに驚いたから。
(2)　病人を励ましていたはずがこちらが励まされているように感じたから。
(3)　長期間の介護からくる疲労から少しのきっかけで心的均衡を失ったから。

問15　傍線部1の説明として最も適当なものを次から選べ。

(1) 失態が親の不興を買って勘当された。
(2) 戦争での出征先で行方不明になった。
(3) 自らが引き起こした不祥事で失踪した。
(4) 「私」の中でいないものとしていた。
(5) 不慮の事故で生死不明となっていた。

問16　傍線部2の意味として最も適当なものを次から選べ。

(1) 当人の気持ちを考えず単刀直入に告げること。
(2) 大声で悪口をいうこと。
(3) 人を下に見るようなものの言い方をすること。
(4) 遠慮なしに人のうわさや批評をすること。
(5) 語彙力が足りずに不正確な言い方をすること。

問17　傍線部3の理由として最も適当なものを次から選べ。

(1) 実行すると結局きょうだいと同様家族に恥を感じさせるだろうから。
(2) 死ぬということに対して精神的な動揺と高揚を覚えたから。
(3) それを実行した後の汚名に対して多大な不安を感じていたから。
(4) 人を驚かせるような方法を発見して得意になっていたから。
(5) きょうだいと違って誇らしく死ぬことができそうだったから。

問18　傍線部4のようにする理由として最も適当なものを次から選べ。

(1) 本心からの共感を持ち得ずにどう接してよいかわからなかったから。

その白面が色づきはじめた。

死が仕掛けて行った悪戯《いたずら》であった。しかし、そうは思いながらも、七十年にわたって父をさいなみつづけてきたさまざまな感情、恥、悲しみ、悔恨、自責、祈り、あきらめ、その他およそ安楽とは無縁の翳《かげ》がさっぱりと落ちた死顔の上に、これまでみたことのない、ふしぎなやすらぎの表情がうかび上ってくるのをみたとき、私はやはり、悔恨をまじえた一種の感動をおさえることができなかった。私は、たとえてみれば翁《おきな》の面そっくりに完成した父の死顔を眺《なが》めて、こんな豊かな表情がもし生前の父にあったのだとしたら、それを汚辱で塗りつぶしてしまったのは上の四人のきょうだいの罪であり、そうして父が生きているあいだにその汚辱を雪《そそ》ぎえなかったのは私の恥だと思った。死だけがそれをなしえたのである。そして、9私の恥は永久に消えない。

私は、10そのとき、父がまさに死の手に落ちたことを実感した。そして、いいようのない悲しみに打たれ、はじめて涙が滂沱《ぼうだ》として流れたのであった。

（三浦哲郎「恥の譜」による）

注
○叩頭＝地に頭をつけてお辞儀すること。
○逐電＝素早く逃げて行方をくらますこと。
○糠雨＝霧のような細かな雨。
○吸呑み＝寝た状態で液体を飲めるよう、細長い吸い口をもつ容器。
○五尺八寸、十八貫＝身長と体重を尺貫法で表している。およそ一七六センチメートル、六七・五キログラム。
○投げ場＝将棋や囲碁で、投了（負けを認めて対戦の途中で終了する）の瞬間。
○翁の面＝能などに用いる老人の面。
○滂沱＝とめどもなく流れ落ちるさま。

ひらをはなした。

一瞬、父は死んでいた。

女たちは、父の死体に身を伏せて、声を放って泣いた。私は箪笥に背をもたれて、まったく動かなくなった父の上に目を凝らし、耳をすませた。私は、この数刻のうちに、父の上に起こるどんな微細な出来事でも、あらゆる感覚でのこらずとらえようとして身構えていた。けれども、なにごともなかった。ただ、父の口に、きらきらとひかるものが内からあふれ上ってきただけであった。痰であった。あれほど頑強にはびこって父をくるしめた痰の群れは、いま、朝のひかりにきらめくただのゆるい液体となって父のからだから退散しようとしていた。それはいかにも、たったいちどの役目を解かれて地に還《かえ》ろうとする、悪魔の手先の退陣に似ていた。

これが死というものなのだ、と私は、私の肉親にあってはじめて尋常な死を迎えたひとの、急に伸びたようにみえる顎《あご》髯《ひげ》の上を、縞《しま》になって流れる痰のきらきらにみとれながら思った。死を招こうと、死に招かれようと、また、いつ、どこで、いかなる理由のために死のうとも、8一瞬のうちに去来する死というものは、みなおなじものではなかろうかと私は思った。どんな死も、美しくもなく、醜くもない。ある日、死はきて、死体をおいて瞬時に去る。呆然《ぼうぜん》とするほど冷たく、そして厳粛である。そこには、どんな感情もさしはさむ余地がない。悲しみさえも、すぐにはうけつけようとしないのである。とすると、私がこれまで死のたびに感じた羞恥というのは、なんだろうと私は思った。そうして、それは私の血に対する劣等感が勝手に描いた妄想《もうそう》のせいではなかったかと、思い至った。死の前では、あらゆる妄想は墜《お》ちる。事実、例の羞恥はついにこなかった。

それにしても、父は死体となってから、逆に生き生きとした表情をとり戻したことはふしぎであった。私は、暇を偸《ぬす》んでは北枕に寝かされた父の死体を見舞い、白布を上げて父の死顔にみとれた。そこには刻一刻、ふしぎな変化が行われていた。まず、闘病の苦渋にゆがんだ表情が次第にうすれ、その下から味気なさそうな白面があらわれ、そうして最後に、夜、医者がきて、「もう、手はありません」ときっぱりいった。それでもカンフルを打ち、酸素吸入の器械を運ばせたが、それはあたかも棋士が投げ場を作るようなものであった。けれども父は、黒いゴム管を鼻腔《びこう》へさしこまれるとき、それを拒もうとして最後の抵抗を示したが、たやすく看護婦の手におさえられて、セロテープのようなもので鼻梁《びりょう》と額にゴム管をはりつけられた。

その夜、ひと晩中、私たちは病床の四囲から父をみまもりつづけた。夜半から風がでて、軒の風鈴が夜通し鳴りはためいていた。

翌朝、八月四日の朝であった。

父の呼吸は間遠くなった。胸は大きく喘いだが、呼吸は絶え入るようによわかった。瞳《ひとみ》は一方に流れたまま動かず、手足の先が冷たくなった。

母が父を二三度高く呼んだが、父はなんの反応も示さなかった。

「もう父さん、逝《ゆ》くんだよ。さ、みんな呼びなせ、呼びなせ」と母がいった。

姉と志乃が父の身体にすがって、「父さん。お父さん」と呼んだ。母は父の波打つ胸を手のひらで静かにさすりながら、いいきかせるごとく、念ずるがごとく、

「父さん。安心して逝きなしゃんせえ。あとはみんなでちゃんとやって行きやんすけになあ。安心して成仏《じょうぶつ》しなしゃんせえ」

といって、自分の手のひらの上にぽろぽろと涙を落とした。私は、奇妙な感じにとらわれた。まだ息をしている父に、成仏しろといっている。私は母のせっかちが、父のために恥ずかしかった。

「母さん、おやめなさいよ。父さんはまだ……」

私がいうと、母は鼻の先から滴々と涙をしたたらせながら、「だってな、お前」といいかけて、あ、と父の胸から手の

業にあたった。私たちは、数珠《じゅず》つなぎにつながった一尺ほどの痰の紐《ひも》を、苦労して何本かとったが、痰はあとからあとから、とめどもなく湧《わ》いてきた。ながいあいだ、口を大きくあけつづけたために、父の目には涙があふれた。

「頑張ってくださいね。たくさんとって差し上げますからね」

　志乃はそう父をはげましながら、なおも二本の痰の紐を器用にひきだして、

「ほら、お父さん、こんなにとれましたよ」

　と父にみせると、父は、まるでそのときのために大切にとっておいたかのような、信じられないほど明瞭な言葉で、大きく、

「ありがと。志乃。ありがと」といった。

　そして父の目から涙が耳の方へあふれ流れた。

　私は一瞬、耳を疑ったが、志乃も目をみはって父をみつめた。それから、7打たれたようにぴょこんと立ち、両手で顔を覆《おお》うと、う、う、う、とうめきながら病室から走りでて行った。

　志乃がひきだしたその二本の痰は、私たちがなしえた最後のものとなった。父は口を閉じることも、唾液《だえき》を飲みこむこともできず、そして激しく呼吸するために、口内の乾きが早く、痰はますます粘りをまし、舌の表面は白く乾燥しきって亀裂を生じた。そうして、その亀裂はわずかの衝撃にもすぐ出血し、父は痛がって、もうよいと手をふった。喉の奥は、まるで鍾乳洞《しょうにゅうどう》をみるようであった。私たちは、しばしば指で父の喉の奥をかきむしりたい衝動に駆られながら、痰をとるはずの箸の先にこんどは水を含ませて、旱魃《かんばつ》の田のようにひびわれている舌をたえず湿しつづけなければならなかった。

　父は、目にみえて衰えて行った。そうして、いまははっきり死期を感じたらしく、もうほとんど動きをうしなった父のからだから、あせりのような、煩悶《はんもん》のような、みるひとの胸をせつなくさせるような、一種の気配が感じられた。そして頭痛を訴えた。うわごとのように、「花火が」といったりした。脳の毛細血管が、線香花火のようにぷつぷつと破裂して行くさまが、父の暗い網膜に映ってみえるのではないか、と私は思った。

とり替えるとき、父の腹をうしろむきにまたいで両膝をもち上げるのが私の役目であったが、五尺八寸、十八貫、豊かな百姓の子で骨節がふとく、中学時代に柔道を学び、二十で呉服物の老舗《しにせ》の長女であった母の婿に迎えられてから、生来5小才の利《き》かない身が多勢の番頭たちに揉《も》まれて右往左往し、ほどなく町の商売にいやけがさして、ある日、だしぬけに、「東京へでて力士になりたい」といいだして母を泣かせたという父のからだは、もはやみる影もなく、脚を握ろうとすると蒼《あお》ずんだ皮膚が骨の上をすべり、もち上げると、腰までふわっとうかぶのであった。

五日目から、喉がしきりにごろごろと鳴りだした。痰《たん》であった。痰は、前からすこしずつではじめていたが、その日から急激にふえたのである。けれども、父にはもう、それを吐きだすちからがなかった。口をのぞくと、棒状にふくれ上ってあじさい色に変色した舌が、下の歯茎に固着し、喉の奥には、おしよせた痰の群れがたまって、喉笛をふさがんばかりの乳白色の膜をはり、呼吸のたびに、ごぼ、ごぼと鳴っていた。

脳溢血は、痰がでたらおしまいだといわれる。往診の医師は、父の口内を一瞥して、もはや診《み》るまでもないというふうに、眉をひそめて腕を拱《こまぬ》き、つれてきた少女のような看護婦をかえりみて、「痰のとり方を教えなさい」と命じた。看護婦は割箸《わりばし》一膳を要求し、そのうちの一本を、「これは、あのう、舌を噛《か》まない用心のためです」といって父の口へ横にくわえさせ、もう一本の先端に脱脂綿をまきつけて、「これに、あのう、痰をまきつけてとります」といいながら、父の口内へさし入れてくるくるまわし、抜いてみて、「あら?」と頓狂《とんきょう》な声を発した。みると、箸の先につけた脱脂綿がなくなっていて、医師は「ばか」と彼女を叱《しか》り、みずから箸を操ってようやく、脱脂綿をひきだした。彼は、「とにかく、上手《じょうず》にやることです」というようなことをいい、6体裁をつくろうように強心剤を一本打って帰って行った。

けれども私たちは、実際に看護婦から教えられた通りにやってみて、決して彼女の失策を笑うことができないことをしった。まるで触手をもつ生きもののように喉の襞《ひだ》深くへばりつき、しかも呼吸のたびにごぼごぼとゆれ動いている固い粘液質の膜を、遠くから脱脂綿にまきとって除去する作業は困難をきわめた。しかし、それをたえずつづけなければ、父の喉はたちまち痰の塊《かたま》りによって閉塞《へいそく》されてしまいそうな気がした。母と姉は目が不自由だったので、私と志乃がその作ぎに破滅へ赴《おもむ》かしめるとは考えられない。誰か、ひとりぐらいは尋常な亡《ほろ》び方《かた》をしてもらいたかったが、四人そろって異常である。

血だと思った。私たちの血は亡びの血ではなかろうか、と思った。とすれば、私の体内にもおなじ亡びの血が流れているはずである。私は、自分の血に亡ぼされることは、まっぴらであった。私は自分の血を恥じるとともに、血に抗《あらが》って生きる生き方に思いをこらした。てっとり早い方法は、血の誘惑を未然に防ぐために、兄や姉たちと反対の生き方をすることであった。できたことは、すべてよしとする生き方である。日常生活のこまかい行為においても同様であった。私は、ことごとに、彼等ならこんな場合おそらくこう考えただろうと思う逆のことを考え、こんな場合は多分こうしただろうと思われる反対の行為をした。そうして、その生き方が身についたと自覚したとき、父に出費を願って、ふたたび大学へ入りなおした。

私は、在学中、寮の近くの料理屋ではたらいている志乃という女としりあった。好きあって郷里へつれて帰って、結婚した。私のきょうだいたちは、愛を罪だと考えたようである。しかし、私は、それを単純に歓《よろこ》びとした。家ではみんな、よろこんでくれた。誰も虚勢をはらなかったし、私自身も悪びれなかった。これでいいのだと思った。老いた両親と姉とは郷里で、私と志乃とは郷里と東京を往復しながら、貧しかったけれども尋常に、暮した。私は、二十六歳になっていた。

七月末の、朝から糠雨《ぬかあめ》の降りやまぬ日の暮れ方であった。とつぜん、北国の郷里から、父危篤の電報がきた。

《略》

父の容態は、やはり日ましにいけなかった。手の握力は次第によわまり、もはや私たちの胸をまさぐる気力もなくなった。舌の硬直がすすんで、それまで摂《と》っていた少量の流動食も飲めなくなり、冷たいほうじ茶だけを吸《すい》呑《の》みで飲んだが、それも三度に二度は噎《む》せてもどした。時折ぽつんと話す言葉も、母でさえ容易にききとれないほどになった。

四日前から、顔に表情がなくなった。用便の始末をするときだけ、不快そうに眉《まゆ》をひそめるだけであった。下《しも》のものをんでいた。自殺のほかに、死のありようをしらなかったからである。私は、ひそかに、まだ誰《だれ》もしらない自殺の方法をいくつか発見し、[3]なんとなく頬《ほお》をほてらせながらそれらの選択に迷っていた。そのうちに、意外にも自殺が誇れるふしぎな世がきた。

戦時中は、私にとって、私たちきょうだいの汚名を雪《そそ》ぐべき好機であった。死ぬならいまだと、まじめに思った。けれども、私は十五歳、栄《は》えある自殺を志願できる年齢にはわずかに満たなかった。それならば、せめて敵の手に討たれようと思った。夏、敵は空から町を襲い、私を射った。もし私がいつものごとく、いつもの場所にいさえしたなら望み通りに死ねただろうが、ふとした私の気まぐれが敵弾に私の影を射たせた。そうして、ある日、好機はふいにむなしく去った。

戦後、私は若者になって、さすがにもう、死は自殺だなどとは思わなかったけれども、死にまつわる羞恥感だけは容易にぬぐい去ることができなかった。肉親の死を悲しんでいるひとをみると、ふしぎな気がした。

ひとが死ねば、悲しいか。

もしお前の父が死んだら、お前は泣くか。

そんなことを、私は自分に問うてみて、そうしてまったく自信がなかった。肉親をうしなった友人に会うと、丁寧に叩《こう》頭《とう》して、[4]それきり彼の不幸には一切触れず、それを最高のいたわりだと心得ていた。

二十のとき、東京へでて、次兄と会った。次兄は私の面倒をみてくれた。私は大学へ通わせてもらったが、一年たって、まさかと思ったその兄が家産を攫《さら》って逐電《ちくでん》した。私は、からだがふるえるほどの恥を感じた。それは私たち一家の恥であると同時に、そんな兄を、このひとばかりはと頭から信じて疑わなかった私たちの愚かさの恥でもあった。そしてまた、おなじ都に住み、頻繁《ひんぱん》に顔をあわせていながら、彼の暗い野望をすこしもみぬけず、「お兄さん」などと甘ったれていた私の阿呆《あほ》らしさの恥でもあった。私は羞恥のかたまりになって東京を逃げ、父の実家のある小さな温泉村や生れ故郷の近辺の漁師町を転々しながら、三年、かくれた。

私は、もはや私たちきょうだいの不幸を、なにかの事情によるものだとは思わなかった。どんな事情も、四人をつぎつ

(2) 子どもは実感した事物の一面を切り取ってそれに名前を与えることができる。

(3) 同じ事柄を場合によって違う名前で呼称することは人の認識を混乱させる。

(4) 物事に名前を付与する際には自らの願望を込めて名称を考え出すことがある。

(5) 名前のもたらす変形や変身は必ずしも肯定的な意味合いのものばかりではない。

②　次の文章を読んで以下の問いに答えよ。

私は、かつて肉親の死に会うたびに、ぬきがたいひとつの感情に悩まされてきた。羞恥《しゅうち》である。私には、死は一種の恥だとしか、思われなかった。私はこれまでに、二人の姉を死によって、二人の兄を[1]生きながらにしてうしなったが、彼等の死、および不幸は、ことごとく羞恥の種であった。

私は、十歳のころ、死ぬこととは自殺することだと思っていた。二人の姉が、手本を示した。上の姉は服毒し、つぎの姉は入水《じゅすい》した、くわしい事情はしらされなかった。私は町で、ねむり薬の弟、身投げの家の子とよばれて、ただ恥ずかしかった。同年輩の子供がこわくて、裏道ばかりを選《よ》ってあるいた。ところが、裏道ほど不敵で[2]口さがない子が多いのである。私は町を迂回《うかい》して、野の道をあるいた。

長兄の不始末をしったのも、野の道を学校へむかう途中であった。学校から、父兄会の一員としての兄の消息を求められ、父が書いてくれた返事を、翌朝、野をあるきながら、開封して読んだ。失踪《しっそう》であった。死を覚悟の旅らしく、途中から貧しい愛人にあて、身につけていた高価な羽織と角帯を形見に送ってきたと、あとできいた。私は目がくらみ、野は無人であったけれども身のおきどころがないほど恥ずかしく、封筒をまるめて小川に捨て、わざと野火の煙にむせながらあるいた。

それにしても、もし自分が死なねばならぬとしたら、恥ずかしいながらもやはり自殺のほかはあるまいと、私は思いこ問11　傍線部6の理由として最も適当なものを次から選べ。

(1)　それらに名を付けてしまうことで名づけの秩序が乱れてしまうから。
(2)　尊崇の念から特定の名前を付けて意味づけることを忌避したから。
(3)　命名してしまうとそのものが持つ多様性を表現できなくなるから。
(4)　神聖な場所や物に対しては命名するという思考が停止してしまうから。
(5)　固有の名を付けないことが逆に特別な価値を生み出すことを知っているから。

問12　傍線部7のようになる理由として最も適当なものを次から選べ。

(1)　一時的に変名を名乗ることはできたが実体までは変わらなかったから。
(2)　その時代には古代神話で表現されるようなのびのびとした自由さがなかったから。
(3)　そもそも狂名を使う人物自体が俗物でその狂名にふさわしくなかったから。
(4)　狂歌師は古代の伝統を受け継いでいたが周囲がそれを理解できなかったから。
(5)　子どもが発揮する命名の能力と狂歌師たちの能力は異質のものだったから。

問13　傍線部8の説明として最も適当なものを次から選べ。

(1)　綽名をつけるには対象へのひたむきな関心と対象を的確に表現する言語能力が必要だ。
(2)　綽名によってその人の欠点でさえも笑い飛ばすような高度な知性は望むべくもない。
(3)　綽名をつけるという行為を批判する類の人間が増えると社会が息苦しいものになる。
(4)　綽名の衰退は西洋的な個人主義による他人への無関心と生活水準の低下がもたらした。
(5)　綽名をつける能力を欠く人間が増えてしまうとコミュニケーションが希薄になる。

問14　問題本文の論旨にそぐわないものを次から選べ。

(1)　天賦の「世界」は言葉で表現することによって人間が認識できるものとなった。

(4) 名前には昔の人の苦闘が含まれていることを理解すること。

(5) 名称を付与することが先人の知恵を受け継ぐことになること。

問8 傍線部3の内容として最も適当なものを次から選べ。

(1) 社会で通用している定義を無視して自在に言葉を使いこなすこと。

(2) 子どもだけが持っている特別な言語感覚を実際に発揮すること。

(3) それまでに決められている言葉の意味を取り違えて使うこと。

(4) その子のみの体験を通じて各自の言語世界をつくり出すこと。

(5) 決まりを無視した言葉の変形によって自身の世界を守ること。

問9 傍線部4の内容として最も適当なものを次から選べ。

(1) 「口承」という言葉でくくることができない多種多様な関係。

(2) 本などの他から得た知識ではない自身が直接に関わった関係。

(3) 事物との間に新たに子どもが創造する伝承とは無縁な関係。

(4) 生命のある昆虫などに興味を持つ子どもとその対象との関係。

(5) ふたつの言葉の意味を付け替えたりした際のその言葉どうしの関係。

問10 傍線部5のようにいう理由として最も適当なものを次から選べ。

(1) 遊びの中での物事との関わりを制限すると発育に支障が出るから。

(2) 子どもがものに命名する自由を奪うと全ての言語が色彩を失うから。

(3) ひとつの事物に与えられる名前はひとつだけとは限らないから。

(4) 物事を自在に変形させる能力を封じられると発言できなくなるから。

(5) 事物のいち側面を各各の子ども自らが発見し把握できなくなるから。

(4)　フィジカル勝負ではブが悪い。
(5)　彼はブンブ両道を目指している。

問4　エ　エイリ
(1)　貴校の柔道部はセイエイ揃いだ。
(2)　山頂からの絶景はエイタンをもよおす。
(3)　消費者の意見をハンエイした商品。
(4)　問題解決に市長のエイダンを望む。
(5)　こちらのジンエイには人員が不足している。

問5　オ　チョウショウ
(1)　刑事裁判をボウチョウする。
(2)　この車両は乗客定員をチョウカしている。
(3)　よろしくないフウチョウがはびこっている。
(4)　この敗北に監督はジチョウ気味だ。
(5)　屋上からのチョウボウは素晴らしい。

問6　傍線部1の同義語として最も適当なものを次から選べ。
(1)　明白　(2)　同時　(3)　厳正　(4)　完全　(5)　言外

問7　傍線部2の内容として最も適当なものを次から選べ。
(1)　名付けることによってその事物の存在を手中にすること。
(2)　生存に必要な知識が名称の体系として構築されること。
(3)　ものの名前どうしを組織化して認知の空間を組織すること。

○石川淳＝いしかわじゅん（一八九九～一九八七）。小説家・評論家。近代西洋の文学観に属さない視点から江戸文芸論を展開した。

○昂進＝亢進・高進とも。物事の度合いが激しくなること。また、次第に高ぶること。

二重傍線部ア～オのカタカナを漢字に直した場合に同じ字になるものを選べ。

問1　ア　イフ

(1)　退部希望者をイリュウする。

(2)　定説にイキョして立論する。

(3)　事案のケイイを調査する。

(4)　受賞者にイケイの念をもって接する。

(5)　双方で見解のソウイがある。

問2　イ　ショバツ

(1)　ユイショ正しい家系に生まれる。

(2)　望外のショグウで雇われた。

(3)　河畔でショキを払う。

(4)　ショハンの事情で延期となった。

(5)　見事にショキの目的を達成した。

問3　ウ　ブジョク

(1)　信じられないブレイを働いた。

(2)　加害者にブベツの眼差しを向ける。

(3)　給料はブアイで支払われる。

の兵」の一人一人の特性がいかに鮮やかに浮き彫りされていることか。そこには、後世の仰々しく格式ばった名前をもつ「鉢植の武士」たちとの存在の質的な違いが、一箇の綽名のうちに圧縮表現されている。

　綽名におけるこの批評力は、賞讃ばかりでなく、よりいっそう悪態や非難に際して充分に発揮されなければならない。相手の存在の核心に的中しなければ、オチョウショウや揶揄の効果は挙がらないのであって、したがって悪口の最大限の効果のためには、相手への最大限の関心の注入と微細にわたる注目の集中とを必要とするのである。したがってまた、8綽名をつける能力の衰弱は、間違いなく社会における相互的関心の稀薄化と批評感覚を含む文化水準の低落とを意味しているだろう。

（市村弘正「増補『名づけ』の精神史」による）

注
○「大汝　少彦名の　神こそば　名づけ始めけめ」＝『万葉集』九六三番歌「大汝《おほなむち》 少彦名《すくなひこな》の神《かみ》こそば名付《なづ》けそめけめ名《な》のみを名児山《なこやま》と負《お》ひて我《あ》が恋《こひ》の千重《ちへ》の一重《ひとへ》も慰《なぐさ》めなくに（大国主命《おおくにぬしのみこと》と少彦名の神が名付けたという名児山《なこやま》だが、その名児山の〈名の〉ようには心はなごまずに、私の恋の苦しみを千に一つも慰めてくれない）」による。
○試煉＝試練に同じ。
○口承文芸＝文字でなく口頭のみで伝えられる文芸。
○『北越雪譜』＝鈴木牧之《すずきぼくし》著。江戸時代後期、一九世紀前半に出版された、雪国（越後国魚沼）での生活を詳細に伝える地誌。
○ウスペンスキー＝ピョートル・デミアノヴィッチ・ウスペンスキー（一八七八〜一九四七）。ロシアの神秘思想家。
○「よき人の　よしとよく見て　よしと言ひし」＝『万葉集』二七番歌「よき人のよしとよく見てよしと言ひし吉野よく見よよき人よく見つ（昔の貴人が、よき所としてよく見てよし〈の〉と名付けたこの吉野。高貴な人である君たちもこの吉野をよく見るがよい。昔の貴人もよく見たことだよ」による。
○刺戟＝刺激に同じ。
○俳諧＝滑稽《こっけい》、おかしみ、もしくは遊戯の意。
○狂名＝狂歌を詠む際の号。
○放曠＝心を広く持ってこだわらず、心の赴くままに振舞うこと。また、そのさま。

彼らが、世俗化され一枚岩として表われつつある現実世界を、虚構をもって多層化するために採った方法は、「狂名」のもとに身をやつすということであった。かつての物忌みの姿態としての「やつし」による変相を、世俗生活の只中に実現するために、そこでもなお名前の変身させる力が用いられたのである。しかしそれは、いまや辛うじて瞬時的に成立しうるものであった。そこで変身しきれずに、「狂名の中におのれの貧弱な全存在を露出するや、たちまち放曠《ほうこう》自在の世界は消えうせて、あとにはただやすっぽい人間と劣等な品物だけが居残ることになった」(石川淳)のであった。こうして名前を通じての象徴的な変身は消失していくだろう。そして、とりのこされた者(物)たちの「変身願望」は、やすっぽい人間と劣等な品物であればあるほどに昂進しつつ、「包装」や「仮装」や「整形」という物理的な変貌においてなしとげられるほかないのである。

　名前のもたらす変身感覚は、他者の存在に対する侵犯を含む。名前による生成と変形の力が信じられ、名は同時に実体を表わすものであるとすれば、他者の名前の改悪や毀損さらに剝奪は、存在それ自体に対する賤しめやショバツそのものと考えられることになる。ここでは、たとえば神武東征において征服される者に対して、「ナガスネビコ」というような異様な姿を示す名前を与えていることや、道鏡に敵対したために流罪にされた和気清麻呂《わけのきよまろ》が、姓を別部《わけべ》と「部」をつけられて降格され名前も「穢麻呂《きたなまろ》」へと変えられたこと、あるいは囚人から名前を剝奪して番号で呼ぶという事態などを想起すれば足りるだろう。

　「綽名《あだな》」は、このようなブジョクとさらには愛着と賞讃とを含む、他者への変形作用を担う名前であった。綽名は、名づけが本来あだやおろそかに行われるわけにはいかないことを端的に示している。それは対象への周到な観察と的確な表現、つまりは批評力を要請するのである。いうまでもなく綽名には、見立てや喩えやもじりや読みかえなど種々様々の手法が動員されるが、いずれにしても対象の性質や姿形や仕種や癖などについてのエイリな批評によって、その決定的な特徴が抽き出され強調されなければならない。たとえば、初期の武人たちが「悪源太」や「悪禅師」と呼ばれ、また「矢前払の首頭九郎」「三丁つぶての紀平二太夫」「金拳の八平二」などと書き列ねられるとき、それによって、この「一人当千マクマシき土地での受難と復活をへて到り着くべき場所は、当然めでたき地であり、すなわち「よき人の　よしとよく見てよしと言ひし」と謳歌される「吉野」でなければならないのである。したがって「熊野」と「吉野」との「つぎはぎ」の関係は、もっぱら名前が担う意味連関において支えられている。現実の地理的関係ではなく、願望の地政学とでもいうべきものが、それを統合しているのである。ある空間や場がもつ意味や性格と、そこに込められた人々の願望とは、名前のうちにすべてが要約されていた。

この固有性の強さの故にまた、名前は人々の想像力を刺戟し動かして、物語の発生を促さずにおかない。そこから周知のヤマトタケルの物語のような名前説話の傑作が生みだされることになる。「ヤマト」という政治象徴的な意味と「タケル」という荒々しい叛逆性とを同時に担うその名前の内に、この英雄物語の悲劇的展開を決定づける動因がひそんでいた。まさしく名前が背負う「物」が語りだすのである。そして、このような物語の産出は、すでに指摘されているように、特定の場所や事物の名前の意味が曖昧になったとき、それを不透明の状態から救出しようとするときに、最大の動機づけを得るのであった。こうして、夥しい地名起源説話や民間語源説話という形での物語的な意味産出が企てられる。所与の環境を、改めて生きた固有名詞によって埋めつくすことによって、自分たちの生活空間として創造しなおすのである。

名前が固有の場や経験と緊密に結びつくものであるとすれば、名前の変更は、事態や事物それ自体の変貌をもたらすものとなる。たとえば物語の中でオオナムヂがオオクニヌシへと名をかえ、オウスノミコトがヤマトタケルに変わるとき、その新しい名前の獲得はただの「改名」ではなく、その人物の役割や性格の変化あるいは地位や身分の変更、すなわち「変身」を示すものであった。「変身物語《メタモルフォーセス》」は古代の人間の得意とするところであったが、それは対象を変貌せしめる名前の力に対する強い信念によって支えられていた。子供の変形能力と神話的思考の持主たちの変身感覚とは、固有名詞の決定的な機能と威力とに対する信念において共通していた。

古代人や子供だけではない。その信念は、たとえば江戸天明期の狂歌師たちの「俳諧」精神の中にも生き延びていた。

「山言葉」と呼ばれる名前の一群がある。沖言葉などとともに忌み言葉として、里言葉に対するものである。すなわち、山中では里での日常の言葉を使うことは禁忌とされ、特別の名前がつくられていた。そこでは、たとえば「米を草の実、味噌をつぶら、塩をかへなめ、焼飯をざわう、雑水をぞろ、天気の好きをたかがいい、風をそよ、雨も雪もそよがもふ」といわなければならなかった（『北越雪譜』）。名前が人間と或る事態（物事）との相互交渉のこもったものであり、固有の経験を刻みこまれているとすれば、それは発せられ用いられる固有の場をもつことになる。いいかえれば、特定の時空間の存在性格が特定の名前に込められているかぎり、その名前は他の場における存在とは衝突せざるをえない。こうして、時空間の移行と越境に伴って、特定の事物は別の名前で呼ばれることになるのである。場に伴う複数の名前とその変更とは、人間が生きる世界が本来のっぺらぼうではなく、質的に多様なものであることを示している。そういうものとして名前は、事物の秩序と緊密に応答しあっていたのであった。

そのことは、民俗学が教える象徴的な事例、すなわち[6]特定の聖地を「ナシラズ」といい、また特定の神木を「ナナシノキ」と呼ぶ習俗の存在によっても裏書きされるだろう。これはむろん神聖な場や物に対する人々の[ア]イフが、日常的な名前の世界からの敬遠と遮断を強いたのであるが、同時にそこには、空間や事物の存在のありかたを決定づけ、それを経験世界へと占有せずにおかない名前の威力が表明されている。名づけることは、「所有する」ことであったからである。

名前が内蔵するこのような固有性を、もっとも顕らかに示すのが神話的世界である。そこでは固有名詞が最大限の威力を発揮している。神話的思考は世界を、固有名詞を貼りつけた事物の総和として捉えるのであって、したがって、名前を付けられた物と物との間はいわば切れていると考えられる。つまり、それぞれが固有性に深々と貫かれることによって、神話的空間は「つぎはぎの空間」（ウスペンスキー）とならざるをえないのである。そこでたとえば、都とすべき地を求める王の遍歴が試煉の空間を通過しなければならないとすれば、その場所は隈《クマ》（奥地）、つまり熊が出て来ても不思議ではないような不毛の地でなければならない。すなわち「熊野」という名をもつ地でなければならない。そうして、そのクて、一つの世界をつくり上げるのは子供の特技であるが、その[3]小さな天地創造には名づけの能力が存分に駆使されるのである。

民俗学では、物についての新しい名前の出現が、子供によることが多いことに注目して、この名づけ（造語）の問題を「口承文芸」の一種として考えるようだが、さしあたりジャンル形態にこだわる必要はない。「口承」における定型と即興の相関的な働きが、子供の遊びの構造において中核部分を形づくるということをおさえておけば足りるだろう。子供たちは、既存の社会が与える名前の体系から離脱して、その物との不断の付き合いの中から、たとえば一匹の虫（水すまし）に別の名前（字書き虫）を与えたり、別の草花（スミレとオオバコ）を同一の名前（スモウトリ草）で呼んだりするのである。そこには少なくとも、一匹の虫の動きを水面に文字を刻んでいくものとして見ている子供の観察する目があり、草の茎で相撲をとらせることができれば二つの草花を同じ仲間と考える感覚がある。つまり、その名前には、子供とその物との出来事を含んだ[4]生きた関係が示されているのである。そうして本来、すべての物の名前はそのようにして付けられたのであった。名づけの経験について「精神史」的な考察に思いをめぐらすとき、子供における精神のこの働きかたを、繰り返しその「原型」として想い起こす必要があるだろう。

このような子供の命名＝変形の行為が示唆しているのは、物とは本来多様にして変化にみちた相貌をもつものであり、名前の付けかえが可能なのは、その交渉の中で物がその事態に特有の相貌を現わすからであった。すなわち、名前の変更とは物それ自体の変貌を意味する。たとえば子供が水すましを字書き虫ではなく、今度は「椀洗い」と名づけるとき、その虫はもはや水面に文字を書く虫ではなくなって、別の存在に変貌しているのである。遊戯的交渉における子供の働きかけとは、その子供に対して世界が生き生きとした固有の姿を現わすということであった。したがって、もし子供が、観察や遊びの対象とする動植物からガラクタにいたる物との相互交渉を断ち切られ、変形能力を封じられてしまうとすれば、その命名経験の不発は、[5]彼らにとって世界の死滅に等しい筈である。

国語

（六〇分）

1

次の文章を読んで以下の問いに答えよ。

名づけるとは、物事を創造または生成させる行為であり、そのようにして誕生した物事の認識そのものであった。「大《おほ》汝《なむち》　少彦名の　神こそば　名づけ始めけめ」といった神話的な表現は、世界に対する関与の在りかたを1端的に語っている。名づけられることによって「世界」は、人間にとっての世界となった。人間は名前によって、連続体としてある世界に切れ目を入れ対象を区切り、相互に分離することを通じて事物を生成させ、それぞれの名前を組織化することによって事象を了解する。このように「名づける」ことによって物事が生みだされるとすれば、世界はいわば名前の網目組織として現われることになるだろう。したがって、ある事物についての名前を獲ることは、その存在についての認識の獲得それ自体を意味するのであった。こうして諸々の物が名前を与えられることによって、たとえばそれが食物か毒物か薬物かを区分けされたとき、そこに成立する名前の体系は、人間とその物とのあいだに数限りなく繰り返されたであろう試験（試煉）を含む交渉を背負っているのであり、2それは「生きられる」空間が創造されたということであった。

名づけがもつこのような経験の原初的形態は、子供において、その本来の遊びの能力のうちに見出すことができるだろう。社会的存在の「第一日目」ともいうべき子供が、世界を自らのものとするべく働きかけるとき、その所与性への正当な無視において、名前にもとづく創造の「奇蹟」的能力が発揮される。断片や破片を組み合わせ、自在に「変形」を加え私は鳥でないのに、はばたこうと無理してきたことがありました。私は海にはなれないのに、とどろく海を見て、その偉大さをまねたときもありました。私はかたつむりでもないのに、はいつくばって生きていたこともありました。そして、今母の手を握り、「手のぬくみ」を感じることで、「愛するということ」が分かりかけてきたような気がします。病床の母の横に座り、これまで母からもらった愛について考えるようになりました。

母が認知症という病気にならなかったら、こんなに母と手をつなぐこともなかったでしょうし、母のことを思いやることもなかったと思います。もちろん、母の詩を書くこともなかっただろうと思います。母の世話をし、母の痛みを感じ、母がつらくないようにと一日一日暮らしていくうちに、「人が人のために生きること」を母に教えられてきました。母は、認知症という病気を通して、私を育て、私と親子の絆を結び直してくれたのです。今、私は自分の道をはっきりと意識し、生きる希望を抱いています。また、母の命を全うさせ、母の命をしっかりと引き継いでいこうと強く思っています。

（後略）

（藤川幸之助著『満月の夜、母を施設に置いて』中央法規　二〇〇八年）出題にあたり一部省略。

設問　著者の認知症の母への思いを要約し、認知症の人と家族への支援について、あなたの考えを八〇〇字以内で述べなさい。

こんぐらがった道です
もうほどけないもつれた毛糸
迷路にだってひとつは出口があるのに
頭の上の青空ばかりひろびろして

若い頃、この詩を読んだとき、もつれた毛糸のような「こんぐらがった道」には入り込むまいと、一種の恐れを感じました。今振り返ると、私の人生は「こんぐらがった道」そのものでした。もうほどけないほどこんぐらがっています。しかし、こんぐらがっている道は、真っ直ぐな道に比べて道のりが長く、学ぶことも多くあります。認知症の母のこと一つとっても、上ったり下ったり、右へ行ったり左へ行ったり、受入れたり拒んだりして歩いていると、次第に足腰が鍛えられるのです。そして、そのこんぐらがった道が愛おしくさえ思えてきます。

また、谷川さんの『生きる』［ナナロク社、２００８］という詩集には、次のような一節があります。

生きているということ
いま生きているということ
鳥ははばたくということ
海はとどろくということ
かたつむりははうということ
人は愛するということ
あなたの手のぬくみ
いのちということ

知症で言葉を失ってからのほうが、私にさまざまなことを伝えてくれるようになったとも思えます。

また、母の手を握っていると、「手のぬくみ」が母に伝わっていくのが分かります。母の「手のぬくみ」が私に伝わってくるのも分かります。言葉を超えて伝わっていくものがあり、伝えられるものがあるのです。母は、そこにいるだけで、「人は存在するだけでも十分価値がある」ということを教えてくれています。ですから、こんな私でも生き続けるだけで、何か知らぬうちに誰かのためになるときがあるのかもしれないと思うのです。

病室で母と二人、ただ静けさの中にいるときがあります。私が母の手を握り、その手をさすりながら、言葉を超え、意味を超えて、その静けさに耳を澄ますと、どっちが私でどっちが母か分からなくなる瞬間があります。時には、私は父なんじゃないかと思えるときがありますし、この人はいったい誰なんだろうと、母を見て思ったりするときもあります。そして、終《しま》いにはどっちでもいいやと思ってしまいます。母の命を支えているのは私だけれども、私の精神を支えてくれて、私を人間らしく育ててくれているのはこの母なのです。私も母も、お互いを支え、お互いに支えられているのですから、どっちでもいいやと、その静けさの中にいると思えてくるのです。声を発さない、言葉を持たない母の心の底深くにある静けさから伝わってくるものがあります。それは、海を見ていて何か生きる力をもらったときのような、空を見上げて優しさに包まれたときのような気持ちです。そして、母の中にあるそのような静かな場所は、この私の中にもあり、それもまた母から生まれたものなのです。

私は、（中略）谷川俊太郎さんに憧れて詩を書いてきました。十九歳の夏、図書館で谷川さんの詩集『日々の地図』［集英社、１９８２］を手に取ってから、ずっとその後ろ姿を追いかけ、この詩集に導かれるように詩を書き続けてきました。細々ではありますが、本を出せるようになった今でも、原稿を書き上げると、『日々の地図』を必ず読み返しては、自分が初心を忘れていないか確かめます。

この詩集の中に「道」という詩があります。

小論文

▲自衛官候補看護学生▼

（九〇分　解答例省略）

次の文章を読み、設問に答えなさい。

認知症の母の世話をするようになって、人と人とは足りない部分を補い合って生きているのではないかと考えるようになりました。私の中には未完成のままの人生の地図があって、その地図の切れ端を、出会う人出会う人一人一人が持っているのではないかと。そして、その出会いの積み重ねの中で、自分の人生の地図は姿を現していくのではないかと。人は、人と触れ合うことでしか本当の自分と出会えないのかもしれない。そんなふうに感じるようになって、新しい出会いを一つ一つ大切にしていきたいと思うようになったのです。その私の人生の地図の大きな切れ端を持っているのが母です。母は、その地図を私の前に差し出して、道を指し示してくれているようにさえ感じます。

言葉を発することのない認知症の母の周りには、「言葉のようなもの」「言葉ではないもの」「意味を持たない言葉」が石ころのように転がっています。その石ころを、けっ飛ばしたり、手に取ってまじまじと見つめてみたり、どこか遠くへ投げ捨てたりしながら、母と暮らしてきました。母は、私の前に存在するだけで、私に多くのことを教えてくれます。認

解答編

英　語

I　解答

問1. (3)　**問2.** (1)　**問3.** (4)　**問4.** (2)　**問5.** (5)　**問6.** (3)

解説

問1.「ライオンの尾であるよりも，犬の頭であるほうがよい」

ことわざ。後の than より，空所には比較級の語が入る。「鶏口となるも牛後となるなかれ」という日本語のことわざを想起できれば，(1) Worse ではなく(3) Better が適切と判断できるだろう。全体は，「大きな集団の末端にいるよりも，小さな集団のリーダーとなるほうがよい」という意味。(2)は最上級なので不適。(4)，(5)の後に比較対象を続けるには，than ではなく to を使う。

問2.「だから，年をとって後悔することのないように自分の人生を送りなさい」

空所直後に動詞があるので，空所には主語となる名詞が入りそうだが，(2) It，(3) Such，(4) That はいずれも 3 人称単数なので，動詞は lives にならねばならない。(5) These は複数だが，live の主語としては意味が成立しない。したがって，正解は(1)。これは「だから，それで」の意を表す接続詞で，live 以下は命令文。that の直前には so が省略されており，(so) that で目的を表し「～するために」の意。

問3.「私たちが目的地に着いたらすぐに折り返し電話をします」

as soon as ～ は「～するとすぐに」の意の副詞節を導く接続詞。「時」や「条件」を表す副詞節内では，未来の出来事でも，動詞は現在形か現在完了形で表すので，正解は(4)。

問4.「1 世紀の 4 分の 1 は 25 年だ」

a century は「1世紀」つまり「100年」の意なので，正解は(2)「4分の1」。他の選択肢はそれぞれ，(1)「10年間」，(3)「12」，(4)「半分」，(5)「得点」の意。

問5.「同僚を代表して，今夜は私がみなさんにご挨拶します」

on behalf of ～ で「～の代理で，～を代表して」の意なので，正解は(5)。他の選択肢，(1)「最愛の人」，(2)「信念」，(3)「興味」，(4)「方法」を用いても，成句表現として意味をなさない。

問6.「人間が景観を整備することによって生じてきた生息地の分断により，カリフォルニア州のマウンテンライオン（クーガー）は，行動範囲がかなり制限されている」

as a result of ～ で「～の結果として」の意なので，正解は(3)。他の選択肢，(1)「原因」，(2)「最初」，(4)「基礎」，(5)「理由」を用いても意味が通らない。

II　解答　**問7.** (2)　**問8.** (1)　**問9.** (4)　**問10.** (5)

解説

問7. A:「僕の同僚たちが彼らのバスケットボールチームに入ってくれと僕に頼んできたんだ」

B:「いいわね。ぜひそうしなさいよ」

A:「ふーむ，まず体力をつけなくちゃな」

get in shape で「体調〔体型〕を整える，体力をつける」の意なので，正解は(2)。主な他の選択肢は，(1)out of shape「不調で」，(5)in bad shape「体調が悪くて」の意。

問8. A:「夕食を食べに行くんじゃなかったの？」

B:「ごめんね。今日は体調が悪いから家にいたいわ」

be〔feel〕 under the weather はイディオムで「体調が悪い」の意なので，正解は(1)。

問9. A:「ティッシュをとってよ」

B:「はいどうぞ」

A:「ちょっと鼻水が止まらないんだ」

不定冠詞と名詞の間にあるので，空所は形容詞と判断する。(1)

runawayには形容詞の働きがあるが，「逃走した」では意味が通らない。正解は，(4)runny「鼻水の出る，涙が出る」。その他の選択肢に形容詞の働きはない。

問10. A：「あなたのカールした髪はすてきね。それってパーマなの？」
B：「いや，天然さ。生まれつきなんだ」

be bornで「生まれる」の意であり，空所直後のitはcurly hairを受けている。所有の意の前置詞withの目的語になれば「カールした髪をもって生まれる」となることから，正解は(5)。

III　解答　**問11.** (3)　**問12.** (1)　**問13.** (4)　**問14.** (5)　**問15.** (1)　**問16.** (2)　**問17.** (2)　**問18.** (4)　**問19.** (3)　**問20.** (3)

全訳

《蝶や蛾の化石，新たな謎を生む》

[1] 蜜などの液体を吸い上げるために適応した器官である吻をもつ近ごろの蛾。花をつける植物よりも前にそのような動物の祖先が存在していることを，最近発見された化石の証拠が示唆しており，古代の蝶や蛾は何のために舌状の付属器官を使ったのかに関する問題を提起している。

[2] 蝶の口先。蛾の口器。蝶や蛾の仲間の口。

[3] 望むどのような呼び名で呼ぼうとも，吻はとても重要だ。吻，つまり，花に差し込み蜜を取り出す長く柔軟な口器は，多くの蛾や蝶の定義に用いる特徴だ。

[4] 「この吻，つまり蝶のこの舌は，花を常食とするときにとる一般的な適応形態である，という伝統的な考えが常にあります」と吻に関する伝統的な見解をひっくり返す，Science Advances誌に掲載の新しい研究の著者である，オランダにあるユトレヒト大学の研究者Timo van Eldijkは言う。

[5] 「私たちが発見したことは，花をつける植物の証拠が存在するよりもずっと前にすでに生息していた吻をもつ蛾や蝶がいたということです」と彼は言う。

[6] この発見はドイツにある土壌の岩芯から回収された，同種の中で最も古い化石に左右される。蝶や蛾の死骸が化石化されることはめったにない，というのも，1つにはそれらはもろいからだ。しかし修士課程の学生であ

る van Eldijk は，昆虫の羽や体を覆う非常に小さな鱗粉《りんぷん》の化石を分離することができることを発見した。この非常に小さな鱗粉によって蝶に色がついてもいるのだ。

7 「蝶の羽を触れば，色が薄くなりがちだということを頻繁に目にするでしょう」と彼は説明する。「それは，鱗粉が羽から剝がれているのです」

8 van Eldijk は何週間もかけて古代の土壌に埋められていた70の鱗粉を見つけ，先端に人間の鼻毛が付けられた針（抗張力に関するちょっとしたことで，これがこの特定の作業にふさわしい完璧な道具になっているのだが）を使って1つ1つ薄くそぎ，それから，彼は鱗粉の構造を分析するために顕微鏡を使った。

9 彼は，鱗粉は約2億年前のもので，その一部はくぼみがあることを発見した。くぼみのある鱗粉をもつ唯一の蝶や蛾は Glossata と呼ばれる一群で，それらにはすべて吻がある。

10 「最もわくわくしたものは，くぼんだ鱗粉です」と van Eldijk は説明する。「くぼんだ鱗粉が見つかれば，吻の進化はそれ以前に発生したはずだとわかります」

11 この発見は，吻をもつ蝶と蛾が，化石の証拠で以前証明されていたよりも7,000万年古いということを意味している。

12 彼は吻の起源に関して答えるべきさらに多くの質問があると言及した。例えば，花が全くないのなら，蛾と蝶は何の目的でこれらの長い管を使っていたのか。

13 van Eldijk には2つの理論がある。彼が言うには，おそらく植物の球果の表面から滴るしずくをなめるためにその長い管を使っていたか，もしかするとそのおかげで乾燥した有史以前の気候の中で水分を保つことができていたのかもしれない。

出典追記：'Butterfly Tongues' Are More Ancient Than Flowers, Fossil Study Finds, NPR on January 10, 2018 by Rebecca Hersher

解説

問11. 空所直後の such as は，A such as B で「B のような A」の意。つまり空所と nectar「蜜」がイコールの関係になるので，正解は(3)「液体」。他の選択肢の意味はそれぞれ，(1)「ガス」，(2)「固形食」，(4)「におい」，(5)「血液」。

問12. この下線部は間接疑問だが，それを普通の疑問文にしたものが第

12段第2文（For example: …）であり，最終段にてその答えを推察している。最終段最終文の前半（Perhaps, he says, … of plants' cones,）で「おそらく植物の球果の表面から滴るしずくをなめるためにその長い管を使っていた」と述べていることから，正解は(1)。

問13. 空所前方にはCallで始まる命令文があるが，これは譲歩を表す副詞節の働きをしており，「呼び名に関係なく」と訳す。続く主節の動詞がbe動詞なので，the proboscis「吻」とイコールの関係になるのが空所である。そのことを踏まえると，(4)deal自体は「量，程度」の意だが，big dealとすると「重要なこと〔もの〕」の意になり，主節として意味が通ることから正解は(4)。他の選択肢の意味はそれぞれ，(1)「特価品」，(2)「可能性」，(3)「大金」，(5)「大多数」。これらはいずれも「吻」とはイコールの関係にならない。

問14. 空所直前の自動詞feedとともに用いて意味が通る前置詞は「依存」を表す(5)on。feed on ～で「～を常食とする」の意。

問15. この文のhingeは自動詞として用いられているが，選択肢の中では(1)depend，(2)pinch，(3)choose，(5)reachが自動詞。その中で前置詞onを伴うのは(1)depend「～次第である，～によって決まる」であるから，(1)が正解。他の選択肢の意味はそれぞれ，(2)「締めつける」，(3)「選択する」，(4)「～に居住している」，(5)「（手が）伸びる，手を差し出す」。

問16. 空所はbecause節内にあるが，主節で「蝶や蛾の死骸が化石化されることはめったにない」と述べられているので，その主節内容の理由となり得ることを推察する。各選択肢の意味は，(1)durable「耐久性がある」，(2)delicate「壊れやすい」，(3)clumsy「不器用な」，(4)robust「強靱な」，(5)bold「はっきりした」。死骸が化石化しないのは死骸が壊れやすいからだ，と考えられるので，正解は(2)。

問17. 下線部直後のthatは関係代名詞で，先行詞がscalesなので，Scales(S) coat(V) insects' wings and bodies(O). の構造が成立する。coatは他動詞で「～を覆う」，その目的語が「昆虫の羽や体」の意。つまり，昆虫の羽や体を覆うものを考えればよいので，正解は(2)。

問18. 空所の動詞に続く名詞each oneはeach scaleのことなので「70枚の1つ1つの鱗粉」の意で目的語になっており，さらに副詞outが続いている。選択肢はすべて現在分詞なので，空所以下は分詞構文であり，意味上の主語はこの文の主語である van Eldijk。こういった文構造を踏まえた上で，選択肢の中から他動詞を選ぶ。(1)growing「～を栽培する」，(2)ruling「～を支配する」，(3)stinging「～を刺す」，(4)teasing「～をからかう」，(5)going「～を進む」，がそれぞれ基本の意味だが(4)には「～を薄くそぐ」の意があり，文意が通ることから，正解は(4)。

問19. 空所後方に前置詞 for があるものの，その目的語が欠落している。つまり，元の平叙文は，Moths and butterflies(S) were using(V) these long tubes(O) for (　　)(M). の構造だったと考えられるので，空所には疑問代名詞が入る。(3)What と(5)Who が該当するが，文意を踏まえると，正解は(3)。for は「目的」を表し，それを問うために使われたのが疑問代名詞 what である。

問20. 第1段（A modern moth …）で，花よりも先に吻をもつ蛾が存在していたということが最近わかったと述べ，第5段（“What we found …）ではそのことを研究者の言葉で反復している。その他の段落では主に具体的な研究方法が示されている内容になっていることから，正解は(3)「『蝶の舌』は花よりも古代からあることが化石研究にて判明」となる。他の選択肢の意味は次のとおり。

(1)「蝶と蛾の違い」
(2)「蝶を過去に閉じ込めておこう」
(4)「有史以前の蝶々夫人とモスラ」
(5)「生き生きとして色のついた蛾たち，すべては多様性の中に」

Ⅳ　解答　**問21.** (4)　**問22.** (1)　**問23.** (3)　**問24.** (5)　**問25.** (2)

全訳

《抹茶は本当にスーパーフードなのか》

どこでもコーヒーショップや健康食品店に入れば，きっとほぼこの鮮やかな翡翠色の粉末緑茶が見つかる。それはラテ，ミルクセーキ，ソーダ，ホットチョコレート，スムージーに，そして，アイスクリームやブラウニーのようなデザートにまでも混ぜられる。がんを予防し，記憶力を向上させ，ストレスや不安を軽減することのできる，抗酸化物質の詰まったスーパーフードとしてそれは多くの人に推奨されている。それで十分にほぼ誰

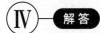

もが抹茶を飲む気になる。しかし，それは実際にこの派手な宣伝どおりなのだろうか。

解説

問21. 空所前方にある 're は are の短縮形で，すでに述語動詞として機能していることから，空所に動詞の原形が入ることはない。したがって，正解は過去分詞の(4) guaranteed。be guaranteed to *do* で「きっと～する」の意。

問22. 空所前方の that は関係代名詞で，その先行詞を主語とするのが空所の動詞。つまり，superfood が主語で，目的語が cancer の構造を踏まえると，正解は(1) prevent「～を予防する」。

問23. 空所の動詞は，空所 22 と同様，前方にある関係代名詞の先行詞 superfood を主語としており，memory が目的語となっている。この構造を踏まえると，正解は(3) improve「～を向上させる」。

問24. 空所の動詞は，空所 22・23 と同様，前方にある関係代名詞の先行詞 superfood を主語としており，stress が目的語となっている。この構造を踏まえると，正解は(5) reduce「～を軽減する」。

問25. 空所後方には，代名詞と to 不定詞が続いている。つまり，SVO to *do* 文型の動詞を選べばよいので，正解は(2) persuade「O を説得して～させる」。この文は無生物 That を主語とする無生物構文と考えられるので，That を副詞的に，anyone を主語とすると，自然な訳ができる。

数　学

1　解答

［1］問1．(2)　問2．(3)　問3．(2)
［2］問4．(4)　問5．(1)

解説

《小問5問》

［1］問1．$x-\dfrac{1}{x}=2$ より

$$x^2-2x-1=0 \quad \cdots\cdots ①$$

$$\therefore \quad x=1\pm\sqrt{2}$$

$a>0$ より，$a=1+\sqrt{2}$ であるから

$$a+\frac{1}{a}=1+\sqrt{2}+\frac{1}{1+\sqrt{2}}=1+\sqrt{2}+\frac{1}{\sqrt{2}+1}\times\frac{\sqrt{2}-1}{\sqrt{2}-1}$$
$$=1+\sqrt{2}+\sqrt{2}-1=2\sqrt{2}$$

問2．$x=a=1+\sqrt{2}$ のとき

$$A=x^3(x^2-2x-1)+2x+1$$
$$=(1+\sqrt{2})^3\cdot 0+2\cdot(1+\sqrt{2})+1 \quad (\because \ ①)$$
$$=3+2\sqrt{2}$$

問3．$B=\sqrt{2}x^5-4x^4+\sqrt{2}x^3+x+1$

$$=\sqrt{2}x^3(x^2-2\sqrt{2}x+1)+x+1$$
$$=\sqrt{2}x^3\{(x^2-2x-1)+2x+1-2\sqrt{2}x+1\}+x+1$$
$$=\sqrt{2}x^3\{0+(2-2\sqrt{2})x+2\}+x+1 \quad (\because \ ①)$$
$$=\sqrt{2}(1+\sqrt{2})^3\{2(1-\sqrt{2})(1+\sqrt{2})+2\}+(1+\sqrt{2})+1$$
$$=\sqrt{2}(1+\sqrt{2})^3\cdot 0+2+\sqrt{2}$$
$$=2+\sqrt{2}$$

［2］問4．$c=12$ のとき

$$|x+2|+2|x-1|<x+12$$

(i) $x<-2$ のとき

$$-(x+2)-2(x-1)<x+12$$

より　　$x>-3$

　$\therefore\quad -3<x<-2$

(ii) $-2\leqq x<1$ のとき

$$(x+2)-2(x-1)<x+12$$

より　　$x>-4$

　$\therefore\quad -2\leqq x<1$

(iii) $1\leqq x$ のとき

$$(x+2)+2(x-1)<x+12$$

より　　$x<6$

　$\therefore\quad 1\leqq x<6$

以上，(i)～(iii)より

$$-3<x<6$$

問5． $f(x)=|x+2|+2|x-1|$ とおく。

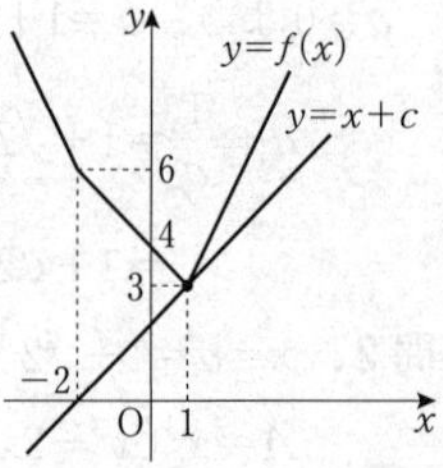

(i) $x<-2$ のとき

$$f(x)=-(x+2)-2(x-1)=-3x$$

(ii) $-2\leqq x<1$ のとき

$$f(x)=(x+2)-2(x-1)=-x+4$$

(iii) $1\leqq x$ のとき

$$f(x)=(x+2)+2(x-1)=3x$$

よって，$y=f(x)$ のグラフの概形は右上図のようになる。

不等式を満たす x が存在しない条件は，$y=x+c$ のグラフが $y=f(x)$ のグラフより常に下側にあることである。ただし，$f(x)$ のグラフの下側で接する場合も含む。

よって，$y=x+c$ が点 $(1,\ 3)$ を通るか，下側にあればよいから

$$3\geqq 1+c\qquad \therefore\quad c\leqq 2$$

2　解答　問6．(3)　問7．(4)　問8．(2)　問9．(3)　問10．(3)

解説

《2つの放物線と x 軸との交点》

$$f(x)=x^2-2ax+2a^2-1=(x-a)^2+a^2-1$$

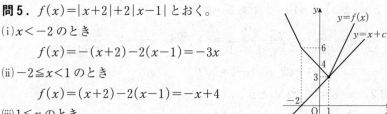

頂点の座標は　$(a,\ a^2-1)$

$$g(x)=x^2-2bx+2b^2-1=(x-b)^2+b^2-1$$

頂点の座標は　$(b,\ b^2-1)$

$f(x)=0$ が実数解をもつから，頂点の y 座標 $\leqq 0$ より

$$a^2-1\leqq 0$$

$\therefore\ \ -1\leqq a\leqq 1$　……①

同様に

$$-1\leqq b\leqq 1$$

問6． $\alpha\neq\beta$ より

$$a^2-1\neq 0 \qquad \therefore\ \ a\neq\pm 1$$

よって，①より

$$-1<a<1 \quad \cdots\cdots①'$$

問7． $\alpha\neq\beta,\ \alpha>\dfrac{1}{2},\ \beta>\dfrac{1}{2}$ より，条件は

①′　かつ　軸 $x=a$ について，$a>\dfrac{1}{2}$　かつ　$f\left(\dfrac{1}{2}\right)>0$

ゆえに　$a>\dfrac{1}{2}$　……②

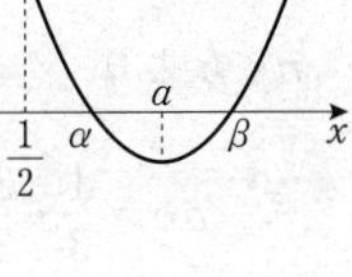

$f\left(\dfrac{1}{2}\right)>0$ より

$$\left(\frac{1}{2}\right)^2-2a\cdot\frac{1}{2}+2a^2-1>0$$

$\therefore\ \ 8a^2-4a-3>0$

よって

$$a<\frac{1-\sqrt{7}}{4},\ \ \frac{1+\sqrt{7}}{4}<a \quad \cdots\cdots③$$

以上，①′，②，③の共通範囲から

$$\frac{1+\sqrt{7}}{4}<a<1$$

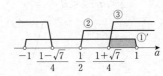

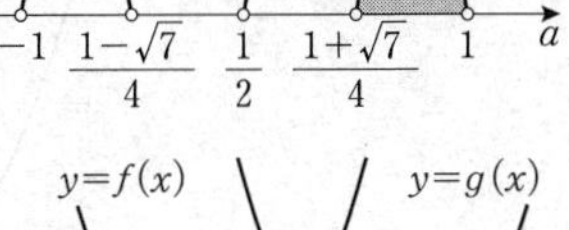

問8． $\alpha=\beta,\ \gamma=\delta$ より，問6の考察から

$$a=\pm 1,\ \ b=\pm 1$$

さらに $\alpha<\gamma$ より

$$a=\alpha=-1,\ \ b=\gamma=1$$

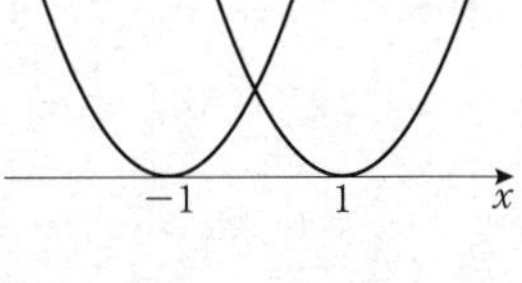

よって　　$(a,\ b)=(-1,\ 1)$

問9． $f(x)=g(x)$ より

$$x^2-2ax+2a^2-1=x^2-2bx+2b^2-1$$

$$2(b-a)x=2(b^2-a^2)$$

$b \neq a$ より，上の式の両辺を $b-a$ で割って

$$x=b+a$$

交点の x 座標は1であるので

$$a+b=1 \quad \cdots\cdots ④$$

また，$f(1)=-\dfrac{4}{9}$ より

$$1^2-2a\cdot1+2a^2-1=-\frac{4}{9}$$

$$9a^2-9a+2=0$$

$$(3a-2)(3a-1)=0$$

$$\therefore \quad a=\frac{2}{3},\ \frac{1}{3}$$

④より，$a=\dfrac{2}{3}$ のとき，$b=\dfrac{1}{3}$，$a=\dfrac{1}{3}$ のとき，$b=\dfrac{2}{3}$

$a<b$ より　　$a=\dfrac{1}{3}$，$b=\dfrac{2}{3}$

$$\therefore \quad ab=\frac{1}{3}\cdot\frac{2}{3}=\frac{2}{9}$$

問10． 問9の途中計算より，$a+b$ は $y=f(x)$ と $y=g(x)$ の交点の x 座標に等しいから，$a<b$，$\alpha<\gamma<\beta<\delta$ のとき，2つのグラフと x 軸の関係は次図のようになるので

$$\gamma<a+b<\beta$$

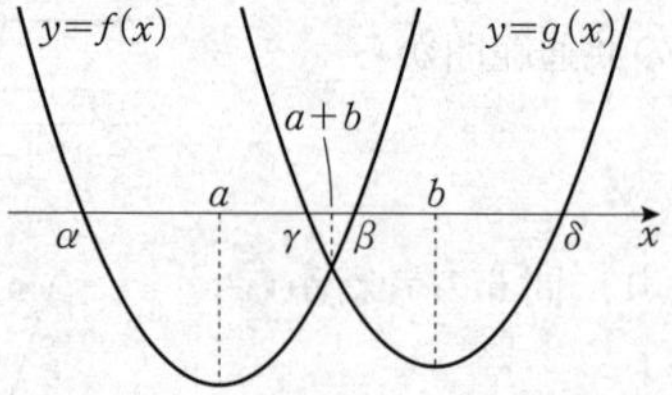

3　解答　問11. (3)　問12. (2)　問13. (1)　問14. (4)　問15. (4)

解説

《サイコロの目により正五角形の頂点上を移動する点の確率》

問11.　1回の試行後，碁石が頂点AまたはBにあるのは，サイコロの目が1，5，6の3通りあるので，その確率 a は

$$a=\frac{3}{6}=\frac{1}{2}$$

問12.　1回の試行後，1周するのは，サイコロの目が5，6の2通りあるので，その確率 b は

$$b=\frac{2}{6}=\frac{1}{3}$$

問13.　2回の試行後，2周するのは，2回のサイコロの目の和が10，11，12の場合で，目の組合せを（1回目，2回目）で表すと

$$\begin{cases}\text{和が}10\text{は} & (4,\ 6),\ (5,\ 5),\ (6,\ 4)\\ \text{和が}11\text{は} & (5,\ 6),\ (6,\ 5)\\ \text{和が}12\text{は} & (6,\ 6)\end{cases}$$

の全6通りあるから，その確率 c は

$$c=\frac{6}{6^2}=\frac{1}{6}$$

問14.　ちょうど2周してAにあるには，碁石が10だけ移動すればよい。3回の目の組合せを $(x,\ y,\ z)$ で，$x\leqq y\leqq z$ として拾い上げると

$(1,\ 3,\ 6)$，$(1,\ 4,\ 5)$，$(2,\ 2,\ 6)$，
$(2,\ 3,\ 5)$，$(2,\ 4,\ 4)$，$(3,\ 3,\ 4)$

の6通りあり，これらの並べ替えも考えて，求める確率 d は

$$d=\frac{3!\times 3+\frac{3!}{2!}\times 3}{6^3}=\frac{1}{8}$$

問15.　5周してAにあるには，碁石が25だけ移動すればよい。5の目が3回出るので，5の目以外の目の和は

$$25-5\times 3=10$$

であるから，その2回の目の組合せは

$(4,\ 6)$，$(6,\ 4)$

の2通りである。

よって，5回中5の目が3回，残りの2回は4と6の目が出ればよいから，求める確率 e は

$$e=\frac{{}_5C_3\times 2!}{6^5}=\frac{5}{1944}$$

4 **解答** **問16.** (4) **問17.** (2) **問18.** (5) **問19.** (3) **問20.** (4)

解説

《台形の面積と2本の対角線のなす角の正弦》

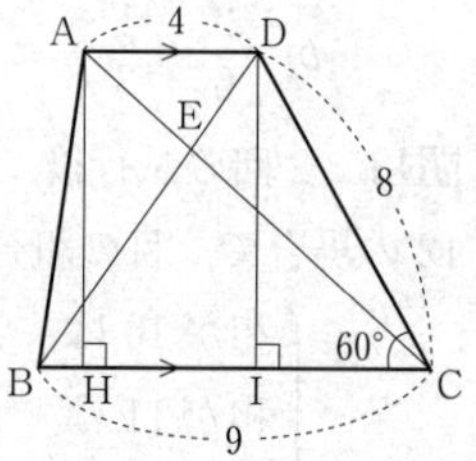

問16. 点Dから辺BCに下ろした垂線の足をIとすると，△DICは $\angle \mathrm{I}=90°$，$\angle \mathrm{C}=60°$，$\mathrm{DC}=8$ より

$$\mathrm{IC}=4,\ \mathrm{DI}=4\sqrt{3}$$

$$\therefore\quad \mathrm{AH}=\mathrm{DI}=4\sqrt{3}$$

問17. $\mathrm{BH}=\mathrm{BC}-(\mathrm{HI}+\mathrm{IC})$

$$=9-(4+4)=1$$

△ABHにおいて，三平方の定理より

$$\mathrm{AB}=\sqrt{\mathrm{BH}^2+\mathrm{AH}^2}$$

$$=\sqrt{1^2+(4\sqrt{3})^2}=7$$

問18. 四角形ABCDの面積を S とすると

$$S=\frac{1}{2}(\mathrm{AD}+\mathrm{BC})\cdot\mathrm{AH}=\frac{1}{2}(4+9)\cdot 4\sqrt{3}=26\sqrt{3}$$

問19. △BIDにおいて，三平方の定理より

$$\mathrm{BD}=\sqrt{\mathrm{BI}^2+\mathrm{DI}^2}=\sqrt{(1+4)^2+(4\sqrt{3})^2}=\sqrt{73}$$

問20. △AHCにおいて，三平方の定理より

$$\mathrm{AC}=\sqrt{\mathrm{AH}^2+\mathrm{HC}^2}=\sqrt{(4\sqrt{3})^2+(4+4)^2}=4\sqrt{7}$$

$S=\frac{1}{2}\cdot\mathrm{AC}\cdot\mathrm{BD}\cdot\sin\angle\mathrm{AEB}$ より

$$\sin\angle\mathrm{AEB}=\frac{2S}{\mathrm{AC}\cdot\mathrm{BD}}=\frac{2\cdot 26\sqrt{3}}{4\sqrt{7}\cdot\sqrt{73}}=\frac{13\sqrt{1533}}{511}$$

物　理

1 解答　問1．(1)　問2．(1)　問3．(5)　問4．(4)　問5．(3)

解説

《気球から水平投射される小物体の運動》

問1． 小物体は水平方向に力を受けておらず，等速度で運動している。

$$x(t)=v_0t$$

問2． 気球ははじめ鉛直上向きに上昇し，かつ，水平方向に力を受けていないため，水平方向には移動していない。したがって，気球の位置の x 座標はあらゆる時刻で $x=0$ である。

よって，気球に対する小物体の相対的な位置の x 成分 $x'(t)$ は

$$x'(t)=x(t)-0=v_0t$$

問3． 小物体は重力のみを受けて運動するので，y 方向の加速度は $-g$ である。時刻 $t=0$ における気球の高さが h，小物体の初速度の鉛直成分（y 成分）が V_0 であることに注意して等加速度直線運動の公式に当てはめれば

$$y(t)=h+V_0t-\frac{1}{2}gt^2$$

問4． 時刻 t における気球の高さは $h+V_0t$ であることから，気球に対する小物体の相対的な位置の y 成分 $y'(t)$ は

$$y'(t)=y(t)-(h+V_0t)=-\frac{1}{2}gt^2$$

問5． 問3の結果より

$$y(t)=-\frac{1}{2}g\left(t-\frac{V_0}{g}\right)^2+h+\frac{{V_0}^2}{2g}$$

したがって，時刻 $t=\dfrac{V_0}{g}$ で，小物体は地上から見たときの最高点 $h+\dfrac{{V_0}^2}{2g}$ に達する。

$$\therefore \quad y'_M = y'\left(\frac{V_0}{g}\right) = -\frac{{V_0}^2}{2g}$$

2　解答　問6．(4)　問7．(4)　問8．(2)　問9．(1)　問10．(2)

解説

《閉管の気柱共鳴》

問6． 最初の共鳴が起こった位置と2回目の共鳴が起こった位置との間に半波長分の波がおさまるので

$$\lambda = 2(L_2 - L_1)$$

問7． 大気中での音速を V とすると，$V = f_0\lambda$ が成立することから

$$V = 2(L_2 - L_1)f_0$$

問8． 管口よりやや外側にある腹の位置と最初の共鳴が起こった位置との間に $\frac{1}{4}$ 波長分の波がおさまるので

$$\varDelta L = \frac{\lambda}{4} - L_1 = \frac{1}{2}L_2 - \frac{3}{2}L_1$$

問9． 問8の結果に，$L_2 = 0.569$〔m〕，$L_1 = 0.180$〔m〕を代入すると

$\varDelta L = 0.0145$〔m〕$= 1.45$〔cm〕

問10． 問7の結果に，$f_0 = 4.40 \times 10^2$〔Hz〕，$L_2 = 0.569$〔m〕，$L_1 = 0.180$〔m〕を代入すると

$V = 2(L_2 - L_1)f_0 = 342.32$〔m/s〕

$\therefore \quad t = \dfrac{V - 331.5}{0.6} = 18.03 \fallingdotseq 18.0$〔℃〕

3　解答　問11．(4)　問12．(5)　問13．(4)　問14．(5)　問15．(4)

解説

《メートルブリッジ》

問11． ABの抵抗値は rL，R_0 と R の合成抵抗は $R_0 + R$ なので，並列接続の合成抵抗を求める公式より全体の合成抵抗 a は

$$\frac{1}{a} = \frac{1}{rL} + \frac{1}{R_0 + R} = \frac{R_0 + R + rL}{rL(R_0 + R)}$$

$$a=\frac{rL(R_0+R)}{R_0+R+rL}$$

問12. オームの法則より，このときDを流れる電流 I_D は

$$I_D=\frac{E_Q}{a}=\frac{R_0+R+rL}{rL(R+R_0)}E_Q$$

問13. 検流計を流れる電流が0であることから，PB間の電圧と R の電圧は等しい。PBと R を流れる電流が等しいことから，その抵抗値も等しいので

$$R=(1-x)rL$$

問14. 検流計には電流が流れていないことから，問12のときの回路と等価であることになり，Dを流れる電流は問12のときと同じ値になる。

したがって，このときDを流れる電流 I_D' は

$$I_D'=\frac{R_0+R+rL}{rL(R+R_0)}E_Q$$

問15. 問13の結果に，$r=1.00\times10^3$〔Ω/m〕，$L=1.00$〔m〕，$x=0.482$ を代入すると

$$R=5.18\times10^2〔\Omega〕$$

4 解答　**問16.** (2)　**問17.** (2)　**問18.** (2)　**問19.** (4)　**問20.** (2)

解説

《水圧と浮力》

問16. 大気圧 p_0 で断面積 S の物体の上面を下向きに押しているので，大気が上面を押す力は $-p_0S$ である。

問17. 物体の下面の水面からの深さは d なので，下面に生じる圧力は $p_0+\rho_0gd$ である。

つまり，この圧力が下面を上向きに押す力は $(p_0+\rho_0gd)S$ となる。

問18. 物体が水に沈んでいる部分の体積は dS なので，アルキメデスの原理より浮力は ρ_0gdS である。

別解　問16・問17より，上面と下面に働く力の合力は，上向きに

$$(p_0+\rho_0gd)S+(-p_0S)=\rho_0gdS$$

となり，これが浮力である。

問19. 物体全体の体積は hS なので，その質量は ρhS である。したがって，物体に作用する重力は $-\rho ghS$ となる。

問20. 浮力と重力がつりあっているので，力のつりあいの式は

$$\rho_0 gdS-\rho ghS=0 \qquad \therefore \quad \rho=\frac{\rho_0 d}{h}$$

5 **解答** **問21.** (4)　**問22.** (2)　**問23.** (5)　**問24.** (3)　**問25.** (4)

解説

《運動方程式，力学的エネルギーと非保存力がした仕事の関係，仕事率，熱容量，凸レンズ》

問21. 糸の張力の大きさを T〔N〕，AとBの加速度を a〔m/s^2〕とすると（鉛直方向上向きを正とする），A，Bの運動方程式はそれぞれ

$$\begin{cases} \mathrm{A}:0.20a=6.0-0.20\times 9.8-T \\ \mathrm{B}:0.30a=T-0.30\times 9.8 \end{cases}$$

2式から a を消去して T について解くと

$T=3.6$〔N〕

問22. 物体が静止するまでに水平面上を進んだ距離を L とおくと，動摩擦力がした仕事は $-\mu' mg\times L$ と表せるので，運動エネルギーと仕事の関係より

$$0-\frac{1}{2}m{v_0}^2=-\mu' mgL \qquad \therefore \quad L=\frac{{v_0}^2}{2\mu' g}$$

問23. 仕事率を求める公式より

$12\times 3.5=4.2\times 10^1$〔W〕

問24. 容器の熱容量を C〔J/K〕とすると，熱量の保存より

$$4.0\times 10^1\times 4.2\times(80-34)=1.0\times 10^2\times 4.2\times(34-20)+C\times(34-20)$$

$\therefore \quad C=1.32\times 10^2\fallingdotseq 1.3\times 10^2$〔J/K〕

問25. 凸レンズとBB′との間の距離を b〔cm〕とおくと，レンズの公式より

$$\frac{1}{16}+\frac{1}{b}=\frac{1}{12} \qquad \therefore \quad b=4.8\times 10^1\text{〔cm〕}$$

化　学

解答

問1. (1)　**問2.** (3)　**問3.** (3)　**問4.** (5)　**問5.** (2)
問6. (4)　**問7.** (1)　**問8.** (3)　**問9.** (4)　**問10.** (2)
問11. (1)　**問12.** (5)　**問13.** (4)　**問14.** (3)　**問15.** (2)　**問16.** (5)
問17. (2)　**問18.** (1)　**問19.** (4)　**問20.** (1)

解説

《小問集合》

問1. 3つのイオンはすべて電子配置が等しい。原子番号が大きいほど，原子核が電子を引きつける力は大きくなるため，イオン半径は小さくなる。

問2. 極性分子は水，アンモニア，メタノールの3つである。

問3. 水素よりイオン化傾向が小さい陽イオンを含む水溶液では，その金属の単体が析出する。$CuSO_4$ 水溶液，$AgNO_3$ 水溶液の陰極では，それぞれ次の反応が起こる。

$$Cu^{2+}+2e^- \longrightarrow Cu$$

$$Ag^+ + e^- \longrightarrow Ag$$

その他の水溶液では陰極で水素が発生する。

問4. 気体の状態方程式 $PV=nRT$ より

$$V=\frac{nRT}{P}$$

物質量 n は1mol で一定である。定圧下では V は T に比例し，P が大きいほど V は小さくなる。また，等温下では V は P に反比例し，T が大きいほど V は大きくなる。これらの関係を正しく表したグラフは(5)である。

問5. 燃焼前の混合気体中に含まれる O_2 の体積を x〔L〕とすると，N_2 の体積は $4x$〔L〕，C_3H_8 の体積は $12.4-5x$〔L〕と表せる。

これらより，混合気体の燃焼反応におけるそれぞれの気体の体積の変化は次のとおり。なお，液体である水の体積は無視する。

	C_3H_8	+ $5O_2$	⟶ $3CO_2$	+ $4H_2O$	
反応前	$12.4-5x$	x	0	0	〔L〕
変化量	$-(12.4-5x)$	$-5(12.4-5x)$	$+3(12.4-5x)$	−	〔L〕
反応後	0	$26x-62$	$37.2-15x$	−	〔L〕

燃焼後の混合気体の体積について

$$(26x-62)+(37.2-15x)+4x=11.2 \qquad x=2.4\text{〔L〕}$$

よって，求める C_3H_8 の体積は

$$12.4-5x=0.40\text{〔L〕}$$

問6． 酢酸の見かけの分子量を M とすると，凝固点降下度の式 $\Delta t=K_f m$ より

$$5.50-4.61=5.12\times\frac{\frac{1.20}{M}}{0.060} \qquad M=115.0\fallingdotseq 115$$

問7． ㋐誤り。He の最外殻電子の数は 2 個である。

㋓誤り。He，Ne，Ar のうち大気中の存在率が最も高いのは Ar で，1 %弱含まれる。

問8． ㋒誤り。反応により水素を発生するのはアルミニウム単体のみである。この反応は，次の化学反応式で表される。

$$2Al+2NaOH+6H_2O \longrightarrow 2Na[Al(OH)_4]+3H_2$$

㋔誤り。単位格子中には 4 個分の $AlK(SO_4)_2\cdot 12H_2O$ が含まれるとみなせる。密度を d〔g/cm^3〕とすると，$AlK(SO_4)_2\cdot 12H_2O=474$ より，次式が成り立つ。

$$d=\frac{\frac{474}{6.0\times10^{23}}\times4}{(1.20\times10^{-7})^3}$$

$1.20^3=1.70$ より　$d=1.85$〔g/cm^3〕

問10． ㋐～㋕の反応は，それぞれ次の化学反応式で表される。

㋐ $2NaHCO_3 \longrightarrow Na_2CO_3+CO_2+H_2O$

㋑ $FeS+2HCl \longrightarrow FeCl_2+H_2S$

㋒ $SiO_2+2C \longrightarrow Si+2CO$

㋓ $Mg+2HCl \longrightarrow MgCl_2+H_2$

㋔ $3Ag+4HNO_3 \longrightarrow 3AgNO_3+2H_2O+NO$

㋕ $Ag+2HNO_3 \longrightarrow AgNO_3+H_2O+NO_2$

よって，化合物 **A** は Na_2CO_3，気体 **a** は CO_2，化合物 **B** は $FeCl_2$，気体 **b** は H_2S，単体 **C** は Si，気体 **c** は CO，化合物 **D** は $MgCl_2$，気体 **d** は H_2，化合物 **E** は $AgNO_3$，気体 **e** は NO，気体 **f** は NO_2 である。

(2)誤り。㋓の化合物 **D**($MgCl_2$) 中の Mg，㋔の化合物 **E**($AgNO_3$) 中の Ag，㋕の化合物 **E** 中の Ag で酸化数が増加している。

問11. 二クロム酸カリウムが酸化剤としてはたらくとき，硫酸鉄(Ⅱ)が還元剤としてはたらくときの半反応式は，それぞれ次のように表される。

$$Cr_2O_7^{2-} + 14H^+ + 6e^- \longrightarrow 2Cr^{3+} + 7H_2O$$

$$Fe^{2+} \longrightarrow Fe^{3+} + e^-$$

二クロム酸カリウム 1 mol と硫酸鉄(Ⅱ)6 mol とが過不足なく反応するので，求める濃度 x〔mol/L〕は

$$0.100 \times \frac{15.0}{1000} : x \times \frac{100}{1000} = 1 : 6 \qquad x = 9.00 \times 10^{-2}\text{〔mol/L〕}$$

問12. ㋐誤り。Mn は，天然には主に鉱物として存在する。

㋑誤り。Mn は両性元素ではなく，塩基性水溶液には溶けない。

㋒誤り。MnO_2 は，HCl と次のように反応して Cl_2 を発生させる。

$$MnO_2 + 4HCl \longrightarrow MnCl_2 + 2H_2O + Cl_2$$

問14. 試料 21.0 mg に含まれる各元素の質量は

$$C : 30.8 \times \frac{12}{44} = 8.4\text{〔mg〕}$$

$$H : 12.6 \times \frac{2.0}{18} = 1.4\text{〔mg〕}$$

$$O : 21.0 - 8.4 - 1.4 = 11.2\text{〔mg〕}$$

であるから，物質量比は

$$C : H : O = \frac{8.4}{12} : \frac{1.4}{1.0} : \frac{11.2}{16} = 1 : 2 : 1$$

よって，組成式は CH_2O であり，分子量が 90 なので，分子式は $C_3H_6O_3$ となる。

問15. 水を付加させたときに生じる不安定な中間生成物のビニルアルコールは，次のように異性化して直ちに安定なアセトアルデヒドになる。

$$CH_2{=}CH{-}OH \longrightarrow CH_3CHO$$

問16. ㋑はジエチルエーテルで，沸点 34°C なので温度 40°C において気

体であり有機化合物 A～D に当てはまらない。炭素鎖が直鎖状構造であるA，B は㋒，㋔のいずれか。B は鏡像異性体が存在するため，不斉炭素原子をもち，また，酸化するとケトンを生じる第二級アルコールであるため，㋒とわかる。酸化してアルデヒドを生じる A，C は第一級アルコールである㋓，㋔のいずれか。酸化されにくい D は第三級アルコールである㋐。これらより，A は㋔，B は㋒，C は㋓，D は㋐。

問17.　操作 X で NaOH 水溶液を加えてよく振ることで，酸性の化合物である安息香酸とフェノールが塩となって水層 A に移動する。操作 Y で CO_2 を通じてからジエチルエーテルを加えてよく振ることで，より弱い酸であるフェノールが遊離してジエチルエーテル層 D に分離される。安息香酸は塩のまま水層 C に分離される。アニリンとトルエンを含むジエチルエーテル層 B に操作 Z で希塩酸を加えてよく振ることで，塩基性の化合物であるアニリンが塩となって水層 E に移動する。中性の化合物であるトルエンはジエチルエーテル層 F に分離される。

問19.　グルコースとスクロースのうち，グルコースのみが還元性を示す。生じた Cu_2O の物質量は，$Cu_2O=144$ より

$$\frac{2.88}{144}=0.0200\,[\text{mol}]$$

求めるグルコースの質量百分率は，$C_6H_{12}O_6=180$ より

$$\frac{180\times0.020}{7.20}\times100=50.0\,[\%]$$

問20.　求める電離定数を K とすると

$$K=\frac{[\text{G}^-][\text{H}^+]}{[\text{G}^\pm]}$$

$[\text{G}^\pm]=[\text{G}^-]$，$[\text{H}^+]=1.0\times10^{-9.5}\,\text{mol/L}$ なので

$$K=[\text{H}^+]=1.0\times10^{-9.5}\,[\text{mol/L}]$$

生 物

1 解答

問1.(3)　問2.(5)　問3.(4)　問4.(1)　問5.(3)
問6.(5)　問7.(2)

解説

《ヒトの眼の構造，視細胞のはたらき》

問2. 遠くを見る際には，毛様体（筋）が弛緩してチン小帯が緊張する。チン小帯が緊張すると水晶体が引っ張られて薄くなり，焦点距離が長くなるので，遠くのものにピントが合うようになる。

問3. 水晶体は老化によって弾性を徐々に失い，厚い形状になりにくくなる。したがって，近くのものを見る際に，毛様体が収縮してチン小帯が緩んでも，水晶体が厚くなりにくいため，焦点距離が短くならず，近くのものにピントが合いにくい。このとき像を結ぶ位置（焦点）は網膜よりも後ろにずれている。

問4. 瞳孔の大きさを変化させる筋肉には2種類あり，瞳孔を小さくして眼に入る光量を少なくする際には，瞳孔括約筋が収縮する。一方，瞳孔を大きくして眼に入る光量を多くする際には，瞳孔散大筋が収縮する。

問5. 暗順応は，眼が暗い状態に慣れ，薄暗がりでも徐々にものが見えるようになる反応である。この暗順応の過程では，明るいところで分解されていた視物質（ロドプシン）が徐々に再合成され，その量が増加する。ロドプシンは少量の光で分解され，その際に桿体細胞を興奮させるので，大脳で視覚情報として知覚される。

問6. 図2より，視細胞Aは錐体細胞，視細胞Bは桿体細胞である。色覚に関与するのは視細胞Aの錐体細胞であり，赤色に反応する赤錐体細胞，緑色に反応する緑錐体細胞，青色に反応する青錐体細胞の3種類がある。赤錐体細胞または緑錐体細胞のどちらかの機能が失われることにより，赤色と緑色の識別が難しい色覚異常がおこる。

問7. 図3のXには視細胞が存在しないので，Xは盲斑であることがわかる。盲斑は視神経の束が網膜を貫く場所である。図3のYには視細胞A（錐体細胞）が集中して存在しているので，黄斑であるとわかる。黄斑は錐体細胞が集中しており，明所で最も解像度が高い場所である。

② **解答**　**問8.** (5)　**問9.** (1)　**問10.** (4)　**問11.** (3)　**問12.** (2)

解説

《タンパク質とその立体構造》

問8. 神経細胞同士の接続部分であるシナプスでは，シナプス前細胞の神経終末（軸索末端）から神経伝達物質が放出され，これがシナプス後細胞の細胞膜に存在する受容体に結合する。この受容体は，神経伝達物質が結合すると開くイオンチャネルとしてはたらく。興奮性の神経伝達物質が放出された場合，神経伝達物質は受容体に結合し，チャネルが開いて Na^+ がシナプス後細胞に流入する。その結果，興奮性のシナプス後電位が発生し，これが閾値を超えるとシナプス後細胞で活動電位が発生する。よって，(5)を選ぶ。

問9. フォールディング前のタンパク質は疎水性のアミノ酸部分が表面に出た状態になっている。細胞質基質（水が溶媒）中ではフォールディング前のタンパク質は疎水性のアミノ酸部分で互いに結合して凝集する。よって，(1)を選ぶ。

問10. シャペロンは，タンパク質の正しいフォールディングを助ける役割を果たしている。よって，(4)を選ぶ。

問11. タンパク質は，高温，pH の変化（一般的に pH 4 以下や，pH 10 以上）によりその立体構造が失われ，本来の機能を果たすことができなくなる。トリプシンはすい臓から分泌される消化酵素であり，すい液は弱アルカリの pH 8 なのでトリプシンはその pH では正常にはたらくが，強酸性条件下の pH 2 では正常な立体構造が失われる。よって，(3)を選ぶ。

問12. プリオン病は，異常な立体構造のプリオンタンパク質が正常な立体構造のプリオンタンパク質にはたらきかけて，正常なものを異常な立体構造に変化させる。異常なプリオンタンパク質同士は凝集して，神経細胞にダメージを与える。よって，(2)を選ぶ。

3 **解答**　**A．問13.** (2)　**問14.** (4)
B．問15. (3)　**問16.** (4)　**問17.** (3)

解説

《葉の表裏の決定に関わる遺伝子，光合成産物の輸送》

A．問14. 実験1・2から茎頂分裂組織から葉原基1に対して，領域Xが表側になるように促す因子が分泌されていることがわかる。実験3より，遺伝子群Pは葉原基の領域Xに表側構造をつくらせるようにはたらく遺伝子であることがわかる。実験4より，遺伝子群QとRは葉原基の領域Yに裏側構造をつくらせるようにはたらく遺伝子であることがわかる。よって，(4)を選ぶ。

B．問15. 孔辺細胞のフォトトロピンが青色光を受容すると，孔辺細胞にカリウムイオンが取り込まれる。その結果，周囲の細胞よりも孔辺細胞内の浸透圧が高くなり，孔辺細胞に水が流入する。水の流入により孔辺細胞の膨圧が高まり，1対の孔辺細胞が湾曲して気孔が開く。気孔が開くと蒸散が盛んに起こるようになるので，葉全体の浸透圧が上昇して道管から水が引き上げられて，道管内の水の流れは加速する。よって，(3)を選ぶ。

問16. 環状除皮は，表皮とともに師管などを含む茎の外側の組織を取り除く処置である。したがって，選択肢の中から師管を介して輸送されるものの組み合わせを選ぶ。フロリゲンは葉で合成され，茎頂に運ばれて芽が花芽になるようにはたらきかける。葉で光合成により合成された糖は師管を通って植物体のさまざまな部位に運ばれる。これを転流という。よって，(4)を選ぶ。

問17. $^{14}CO_2$を与えたのは葉9のみである。葉9で気孔から取り込まれた$^{14}CO_2$は光合成に利用されて，^{14}Cは糖に含まれるようになる。若い葉1～5（特に葉1）で^{14}Cに由来する放射線が検出されているので，葉9で合成された^{14}Cを含んだ糖は若い葉1～5（特に葉1）に輸送されていることがわかる。よって，(3)を選ぶ。

4　解答

問18. (5)　**問19.** (3)　**問20.** (5)　**問21.** (1)　**問22.** (5)
問23. (1)　**問24.** (1)

解説

《皮膚の構造，皮膚・口腔内の構造物の形成》

問18. (ア)は毛を立てる際に収縮する立毛筋である。(イ)は外分泌腺であり，選択肢から汗腺と判断できる。(ウ)は感覚器官の圧覚器官であると判断できる。よって，(5)を選ぶ。

問19. 手のひら（手掌）は，外界知覚のために手の甲（手背）よりも触覚点や温点などさまざまな感覚器官が数多く存在する。よって，(3)を選ぶ。

問20. 図3より，ヒトは体毛が少ないが汗腺が多いことがわかる。チンパンジーなどの類人猿は森の生活に適応しているが，ヒトの祖先は森からサバンナに進出した。直射日光を受けるようなサバンナでの生活に適応するため，汗腺の密度が上昇したと考えられる。よって，(5)を選ぶ。

問23. 背中の真皮と肢の表皮の組み合わせからは羽毛が，肢の真皮と背中の表皮の組み合わせからは鱗が生じた。このことから，羽毛と鱗のどちらを形成するかは，真皮の由来によって決まることがわかる。つまり，真皮が形成体としてはたらき，表皮に対して羽毛または鱗への分化を誘導する。よって，(1)を選ぶ。

問24. ニワトリの口には歯がなくくちばしが生じる。しかし，ニワトリの口腔上皮とマウスの口腔の真皮を組み合わせると，ニワトリの口腔上皮に歯が形成された。この結果は，ニワトリの口腔上皮はマウスの真皮からの誘導には反応できることを示している。また，ニワトリの口腔の真皮は口腔上皮を歯に誘導する能力を失っていることがわかる。よって，(1)を選ぶ。

「死期……をうやむや」が的外れである。(2)・(3)は看護師の所作に焦点が当てられているため不適。ここは医師の行動についての描写である。(4)は〈体裁を取りつくろう〉ために〈結果的に〉行なった行為に焦点を当てており、〈理由〉たり得ず、〈因果転倒〉で不適。よって「理由」たりえる(5)が正解。

問21 傍線部の前に、父が「まるで……大切にとっておいたかのような……明瞭な言葉で、大きく」目から涙をあふれさせながら言った、「ありがと。志乃。ありがと」という言葉を聞いた「志乃」の反応である。弱り切った父からはっきりと発せられた感謝の言葉に、死の接近を察し（「打たれたように……」）、悲しみが溢れたのである（「両手で顔を覆うと……」）。これらに合う(4)が正解。(1)は「活気」、(2)は「こちらが励まされている」、(3)は「心的均衡を失った」、(5)は「見るに忍びなくなった」が、それぞれ不適である。

問22 傍線部後に「ある日、死はきて……瞬時に去る……どんな感情もさしはさむ余地がない」とあり、その内容に合致する(2)が正解。

問23 傍線部「私の恥」とは、直前に「父が生きているあいだにその汚辱を雪ぎえなかったのは私の恥だ」とあるように、父にまつわることである。そして「汚辱を雪ぎえなかった」結果、当該段落の前半にあるように、「恥、悲しみ、……およそ安楽とは無縁」な感情が「七十年にわたって父をさいなみつづけ」ることになってしまったと「私」は考えているのである。よって、これらの内容を捉えた(1)が正解。他の選択肢では、(4)も父について言及しているが、「父の本心を理解」するだけでは「汚辱を雪」ぐことにはならないので不適。

問24 「そのとき」とは、前文にあるように、「死だけがそれをなしえた」ときである。すなわち、「死」が父の表情を「豊かな」ものになしえたときであり、それは父が「汚辱」から解放されたこと、そして「私の恥」を雪げる機会が二度とこないという「悔恨」（前段落）に私が気付いたときであり、「私」と「父」との今生の〈別れ〉を〈実感〉したときであった。(1)・(3)は「私」の感情に偏っており、(4)は「死」、(5)は「父の死に顔」と、「父」の側に偏っており、全て不適。したがって「私」と「父」の関係の終わり、というニュアンスと、「私」の後悔の意を含む(2)が正解。

きる。したがって(3)が正解。

問16 「口さがない」とは〝言うことに遠慮がない・あしざまに言いふらす〟等の意。文脈からも、前文に「ねむり薬の弟、身投げの家の子とよばれて」とあること、また「裏道」こそ「不敵で口さがない子が多い」ので「野の道」を行かざるを得なかったということから、「裏道」では遠慮なくあしざまに言われたのだと読み取れる。(4)が正解。(1)は「単刀直入に告げる」が不適。(2)は「悪口」はよいが、「大声で」とは限らないので不適。(3)は「人を下に見るような」が不可欠の要素とは言えず不適。(5)は「語彙力が足りずに不正確な言い方」が不適。

問17 直前に「まだ誰もしらない自殺の方法をいくつか発見し」とあり、そのことに対して「頬をほてらせ」ているのだから、〈自負（＋）〉を含んでいると思われるが、しかし「自殺の方法」であるから〈暗さ（－）〉も伴うはずである。つまり、〈逆説＝矛盾を含むこと〉の構造を持っていなければならない。(1)は「家族に恥を感じさせる」、(3)は「多大な不安を感じていた」がマイナスのみであり、また、(4)は「得意になっていた」、(5)は「誇らしく死ぬことができそうだった」がプラスのみと言え、不適。よって「動揺（－）」と「高揚（＋）」の両面を持つ(2)が正解。さらに(1)は「家族」、(4)は「人」という〈客体〉の要素を含んで〈主客混同〉という点で不適とも言える。

問18 前文からのつづきで、〈父親が死んだら泣くか〉という自問に対し「自信がなかった」とある。だから、「肉親をうしなった友人」の気持ちがわからず、忖度することができないので、「丁寧に叩頭」するしかなかったのである。したがって、(1)が正解。(2)は「意味合いが全く理解できていなかった」、(3)は「不幸なことを……口に出す」、(5)は「人と接することが苦手であった」が不適である。(4)は「羞恥の対象」という表現のために不適である。「羞恥の対象」は兄たちや姉たちであって「父」ではない。

問19 〈小才が利く〉とは〝その際の状況に応じて、適切な対応ができること〟を言う。よって(2)が正解。

問20 傍線部を含む段落の内容を捉えておけばよい。「痰のとり方」の見本を見せるように命じられた看護婦が失敗したのを見て、慌てて医者自らが父の「痰」をとり、「強心剤を一本打って」その場を収めようとしたのである。(1)はがともに文脈になく不適。(5)は「コミュニケーションが希薄になる」では、〈「批評感覚」の低落〉の要素を含まず、不十分。

問14　「同じ事柄を場合によって違う名前で呼称すること」が、いわば〈世界の（再）創造〉の方法であるから、それを「人の認識を混乱させる」としている(3)が正解。

②

出典　三浦哲郎「恥の譜」（『忍ぶ川』新潮文庫）

解答

問15	(3)
問16	(4)
問17	(2)
問18	(1)
問19	(2)
問20	(5)
問21	(4)
問22	(2)
問23	(1)
問24	(2)

解説

問15　次々段落「長兄の不始末」、傍線部4の次の段落「二十のとき、東京へでて、次兄と会った……その兄が……逐電した」という内容から、二人の兄を「生きながらにしてうしなった」とは、〈不祥事による失踪〉のことだと理解で

問10　傍線部直前の「その命名経験の不発」について説明している当該段落の内容を参照する。子供の命名が可能なのは「その交渉の中で物が……特有の相貌を現わすから」であり、「子供に対して世界が生き生きとした固有の姿を現わす」からである。よって、その「交渉」を断ち切られると、子供にとって「世界の死滅」になる、という文脈である。この内容に合致する⑸が正解。⑴の「発育に支障が出る」、また⑶の「名前はひとつだけとは限らない」はともに文脈と合わず不適。⑵の「全ての言語が色彩を失う」、⑷の「発言できなくなる」は〈言語行為〉に限定しており不十分。

問11　傍線部の後を参照する。聖地を「ナシラズ」、神木を「ナナシノキ」と呼び、名づけを避けた理由は、「神聖な場や物に対する人々のイフが、日常的な名前の世界からの敬遠と遮断を強いた」からだと述べられている。この内容に添う⑵が正解。⑴は「名づけの秩序が乱れてしまう」、⑶は「多様性を表現できなくなる」、⑷は「命名するという思考が停止してしまう」が文意にあわず不適。⑸は「固有の名を付けないことが逆に特別な価値を生み出す」が見出されず不適。

問12　傍線部直前に「しかし」とあり、その前の内容を逆接でつなぐ構造で説明されていることに留意する。「現実世界を……『狂名』のもとに身をやつ」し、名を変えることで「変相」を「実現」しようとしたが、それは「いまや辛うじて瞬時的」にしか成立せず、「変身しきれ」なかった、という文意である。その内容に合致する⑴が正解。⑵は「のびのびとした自由さがなかった」とは述べられておらず不適。⑶は「俗物でその狂名にふさわしくなかった」、⑷は「周囲がそれを理解できなかった」、⑸は「異質」が文意に合わず不適。

問13　傍線部「綽名をつける能力」に必要な要素として、前の段落に「対象への周到な観察と的確な表現、つまりは批評力」とあり、また傍線部直前に「相手への最大限の関心の注入と微細にわたる注目の集中」とあることに着目する。これらと、傍線部そのものの文意に合致する⑴が正解。⑵は「綽名」に必要な「高度な知性」を否定して不適。⑶の「綽名をつけるという行為を批判する類の人間」、⑷の「西洋的な個人主義による他人への無関心と生活水準の低下」

解説

問6 「端的」は〝はっきりしている様子・明白であること〟をあらわす。文脈としても、直前の「大汝　少彦名の　神こそば　名づけ初めけめ」という神話的表現が「世界に対する関与の在りかた」を遠回しでなくはっきりと語っているということだから、(1)が正解。

問7 傍線部直後から、「それ」=〈『生きられる』空間の創造〉とわかり、また「それ」の指示内容は前の「名前の体系」について述べられている箇所である。それらに合致する(2)が正解。(1)の「事物の存在を手中にすること」、(4)の「昔の人の苦闘が含まれている」は不適である。また(3)の「認知の空間」では「『生きられる』空間」に対して不十分である。(5)については、「先人の知恵」が「名称」に含まれるのであるから、〈名称の付与〉によって「先人の知恵を受け継ぐ」というのは〈通時性=物事の順番〉が転倒している。

問8 傍線部直前の「その」は直前の「一つの世界をつくり上げる」ことを指し、さらにその前の文「所与性への正当な無視」と「名前にもとづく創造」という内容を指している。(1)の「定義を無視して自在に言葉を使いこなすこと」、(2)の「特別な言語感覚を実際に発揮すること」では、「創造」「つくり上げる」という意を欠き、不十分。(3)の「言葉の意味を取り違えて使うこと」、(5)の「自身の世界を守ること」は文意に反し不適。よって(4)が正解（(4)「その子のみの体験を通じて」に〈所与性への無視〉の要素が入りうる）。

問9 「生きた関係」とは、〈子供と、子供によって名づけられた物との関係〉のことである。当該段落の傍線部前の内容を参照ポイントにする。「生きた」としているのは、子供が「既存の社会が与える名前の体系から離脱して、その物との不断の付き合いの中から」名づけるからである。よって(2)が正解。「『口承』における定型」と「子供の遊びの構造」との関与を述べているのに、(1)は「口承」を、(3)は「伝承」を否定していて不適。(4)は「生きた」のニュアンスが「生命のある昆虫」へと転移していて不適。(5)は言葉の次元に内容が限定されており、「生きた」に含まれる〝経験〟のニュアンスを欠いて不十分。

国語

①

出典 市村弘正『増補「名づけ」の精神史』（平凡社ライブラリー）

解答

問1 (4)
問2 (2)
問3 (2)
問4 (1)
問5 (4)
問6 (1)
問7 (2)
問8 (4)
問9 (2)
問10 (5)
問11 (2)
問12 (1)
問13 (1)
問14 (3)

学生採用試験（第２次試験）

問 題 編

▶試験科目

	科　　　　目
自衛官候補看護学生	口述試験および身体検査
技官候補看護学生	小論文，口述試験および身体検査

▶備　考

第２次試験は第１次試験合格者について行われる。

設問　筆者が述べている、「がん患者とのコミュニケーション」に関して要約しなさい。その上で、今後、看護師として働く際、どのような視点やスキルを身に付ける必要があり、その視点やスキルがどのように看護実践に影響を及ぼすか、あなたの考えを八〇〇字以内で述べなさい。

を一番知った方がいいのは、病気と関係のない健康な人だ。

大きな地震がきたら落下物から身を守り、海から離れることを知っているように、病気のことも知っておいてほしい。いま健康な人も自分や家族や友人が、いつかがんになる可能性が高いわけだから備えてほしい。がんという病気は個人に起きる大災害のようなものだ。人生がガラリと大きく変化する。

まず知っておいてほしいことだけど、自分の周囲にがん患者がいても「頑張れ」という声掛けはやめたほうがいい。なぜならがん患者はすでに限界近くまで頑張っているからだ。がん患者だけに。うつ病の人に「頑張れ」という声掛けがＮＧなのと一緒だ。がんになったばかりのときは心の状態がうつ病とよく似ている。

「頑張れ」という言葉をかけられると本当にきつい。対処法としてぼくは本気で頑張らないようにしている。いまだってすでに誕生日の朝から2日も経過している。本気で頑張らない状態でいると「頑張れ」と言われても「たしかに、頑張ろうかな」という素直な気持ちになれる。

「神様は乗り越えられない試練は与えない」なんて言葉もやめたほうがいい。クリスチャンでもないのに神様を引き合いにする人のことをぼくはインスタントクリスチャンと命名している。

こういった根拠のない安易な励ましの類は一切やめたほうがいい。ナイチンゲールも１８５９年に出版した本で「安易な励ましはやめとけ」と書いている。病気の話は関心がなければ１６０年たっても広がらないのだ。

じゃあどんな言葉をかければいいんだ?って思うかもしれないけど、そもそも言葉をかけるのではなくて、言葉を聞けばいいのだ。みんな言葉をかけて励ましたがるけど話を聞いてはくれない。がんになったときは絶望感と孤独感でいっぱいだ。神様なんて引き合いに出さなくても、話を聞いてくれるだけで救われるのだ。

（『がん患者に「頑張れ」はＮＧ　傾聴だけで救われる』　幡野広志　日本経済新聞　電子版　二〇二三年三月十二日）

出題にあたり、冒頭の一段落を省略。

小論文

▲技官候補看護学生▼

（九〇分）
（解答例省略）

次の文章を読み、設問に答えなさい。

ぼくはどこにでもいる一児の父だ。仕事は写真家をしている。たまにこうやって文章を書いたりもする。趣味は料理と手品と皿まわしだ。それからがん患者でもある。34歳のときに多発性骨髄腫という血液がんに罹患（りかん）した。当時息子はまだ1歳だった。現在も治療はしているものの、残念ながらぼくの病気は治らない。

父親であることだって、写真を撮っていることだって普通だ。がんという病気は一年間に約100万人が罹患する。1981年からずっと日本人の死因のトップであるから普通と言えば普通だ。ただ30代でがんになるのはめずらしいかも。人間誰だって一つ一つの経歴は普通なんだけど、普通がいくつか重なるからめずらしい人やおもしろい人になる。人生はマージャンのようなものだ。

これからがんという病気になったらどうなるかをつらつら書いていくけど、そもそも病人の話を聞くのはおなじ病気の人や、その家族の人になりがちだ。病気の話は関心がなければつまらない話だからだ。だけど病気になったらどうなるか

//////////////////// · memo · ////////////////////

· memo ·

//////////////////// · memo · ////////////////////

//////////////////// · **memo** · ////////////////////

2023年度

問題と解答

問題編

▶試験科目

<table>
<tr><th></th><th></th><th>教　科</th><th>科　　　目</th><th>試験区分</th></tr>
<tr><td rowspan="6">自衛官候補看護学生</td><td rowspan="5">第1次試験</td><td>英　語</td><td>コミュニケーション英語Ⅰ・Ⅱ・Ⅲ，英語表現Ⅰ・Ⅱ</td><td rowspan="4">択一式</td></tr>
<tr><td>数　学</td><td>数学Ⅰ・A</td></tr>
<tr><td>理　科</td><td>「物理基礎，物理」，「化学基礎，化学」，「生物基礎，生物」から1科目選択</td></tr>
<tr><td>国　語</td><td>国語総合（古文・漢文を除く）</td></tr>
<tr><td>小論文</td><td colspan="2"></td></tr>
<tr><td colspan="2">第2次試験</td><td colspan="2">口述試験および身体検査</td></tr>
<tr><td rowspan="5">技官候補看護学生</td><td rowspan="4">第1次試験</td><td>英　語</td><td>コミュニケーション英語Ⅰ・Ⅱ・Ⅲ，英語表現Ⅰ・Ⅱ</td><td rowspan="4">択一式</td></tr>
<tr><td>数　学</td><td>数学Ⅰ・A</td></tr>
<tr><td>理　科</td><td>「物理基礎，物理」，「化学基礎，化学」，「生物基礎，生物」から1科目選択</td></tr>
<tr><td>国　語</td><td>国語総合（古文・漢文を除く）</td></tr>
<tr><td colspan="2">第2次試験</td><td colspan="2">小論文，口述試験および身体検査</td></tr>
</table>

▶備　考

- 自衛官候補看護学生について，第1次試験の合格者は，択一式試験の結果により決定する。小論文については第2次試験受験者について採点し，第2次試験の結果とあわせて最終合格の決定に用いる。
- 第2次試験は第1次試験合格者について行われる。

英語

（60分）

I　（　　）に適当な語（句）を選びなさい。

問1　This room is for （　1　） use of women.

(1) exclusively
(2) exclude
(3) excluding
(4) exclusive
(5) exclusivism

問2　Eight （　2　） by seven makes fifty-six.

(1) covered
(2) multiplied
(3) divided
(4) put
(5) selected

問3　Developing drugs can be （　3　）, but now a tiny, DNA-based sensor may help streamline the task.

(1) hit or miss
(2) more or less
(3) hit and run
(4) large or small
(5) unevenness

問4　A stream is a system. It includes not just the water coursing between the banks （　4　） the earth, life and water around and under it.

(1) only　　(2) also
(3) but　　(4) whether

(5) and

問5　The cruel shelling caused thousands of civilian (　5　).

(1) blessings
(2) casualties
(3) morbidities
(4) poisoners
(5) salvation

問6　A：What happened to your eye?　It's red and swollen.
B：I got (　6　) by a mosquito.

(1) scratched
(2) chewed
(3) cut
(4) inserted
(5) bitten

II　英文を読み，下記の問いに答えなさい。

Like a tiny submarine, the chambered nautilus(7) speeds through the ocean on little jets that it creates by sucking in water and spitting it out.

However, as ways of movement go, jet propulsion is not usually a very good use of energy(8). In the ocean's depths where oxygen gets thin, the nautilus seems to be putting itself at risk by expending so much effort on movement. Fish use far less energy by pushing at the water with their fins. So how does it manage to jet around unscathed in the ocean's depths?

Graham Askew, a biomechanics professor at the University of Leeds, set out with a graduate student, Thomas Neil, to understand better how this shellfish(9) moves. They found that the nautilus is actually a highly efficient jet-propelled creature, wasting much less energy than marine organisms like squid or jellyfish that get around in a similar way.

The researchers began their study, which was published Wednesday in *Royal Society Open Science*, by liberally sprinkling an (10)aquarium with minuscule floating particles of aluminum oxide. Then, one by one, they put five chambered nautiluses into the tank, and let them jet about.

They used high-speed cameras, a laser that lit up the particles and software that could record the particles' movements. In the constellation of specks, they saw the animals sucking in water, then forcing it out in the direction they were moving away from, with the pocket of (11) water and the nautilus shooting apart at velocities they could readily calculate.

When they ran the numbers, the researchers saw that the nautilus was able to use 30 to 75 percent of the energy it transferred to the water to move.

That was much higher than other similar swimmers. "Squid, they tend to be about 40 to 50 percent efficient," said Dr. Askew.

Bell-shaped jellyfish, which pulse their bells to squirt out water, also tend to have lower than 50 percent efficiency.

問7 下線部(7)the chambered nautilusとは何かを選びなさい。

(1) ダイオウイカ

(2) ジュール・ベルヌの『海底二万マイル』に出てくる潜水艦

(3) オウムガイ

(4) アンモナイト

(5) 鑑賞用水中植物

問8　海中において下線部(8)となる理由として適当なものを選びなさい。

(1)　酸素の少ない海底で多くのエネルギーを移動に費やすことになるから。

(2)　海底では酸素濃度が濃く，より多くのエネルギーを必要とするから。

(3)　深い海での移動は身を危険にさらすことになるから。

(4)　海底では原子力で推進するから。

(5)　魚類は水中で推進するヒレを持っているから。

問9　下線部(9)this shellfishとは何かを選びなさい。

(1)　submarine　　(2)　jet plane

(3)　oyster　　(4)　chambered nautilus

(5)　octopus

問10　下線部(10)aquariumのアクセントのある場所の番号を選びなさい。

a / quar / i / um

(1)　(2)　(3)　(4)

問11　(　11　)に入れる適当な語を選びなさい。

(1)　expelled　　(2)　inhaled　　(3)　exaggerated

(4)　exited　　(5)　included

問12　本文と内容が合致するものを選びなさい。

(1)　Squid was able to use 30 to 75 percent of the energy it transferred to the water to move.

(2)　Squid's swimming efficiency is much higher than other similar swimmers'. "It tends to be about 40 to 50 percent inefficient," said Dr. Askew.

(3)　The chambered nautilus propels itself by sucking in and shooting out water, and uses far less energy to do it than other swimmers that use jet propulsion.

(4)　The researchers saw that Olympic swimmers were able to use 30 to 75 percent of the energy they transferred to the water to move.

(5)　Bell-shaped jellyfish, which pulse their bells to squirt out water, also tend to have higher than 50 percent efficiency.

問13　本文につけるもっとも適当なタイトルを選びなさい。

(1) Loving the Chambered Nautilus to Death
(2) What Eats What: A Landlubber's Guide to Deep Sea Dining
(3) The Cuttlefish, a Master of Camouflage, Reveals a New Trick
(4) The History of the First Nuclear Submarine
(5) The Chambered Nautilus Is the Ocean's Most Efficient Jet Engine

III 英文を読み，下記の問いに答えなさい。

For most prey, (14) is over once they've been swallowed. But one species of beetle can escape from a toad's stomach nearly two hours after being eaten, according to a new study.

Found in wooded areas on nearly every continent, bombardier beetles — a group that consists of more than 500 species — get their name from their signature defense mechanism: When threatened, they shoot a hot chemical spray from their rear end. In Japan, the insects have long been known as "the farting bug."

Toads have been observed vomiting bombardier beetles after eating them, but no one knew exactly why, or (15) the beetles survived after their brush with digestion.

To better understand the beetle's defenses, two biologists from Kobe University fed a species of bombardier beetle to two different species of toad collected from forests in central Japan. One toad species shared its natural habitat(16) with that particular species of beetle, while the other was unlikely to encounter it in the wild.

After the beetles were swallowed, a small explosion could be heard inside each toad, indicating that the insects were firing their defenses. Overall, 43 percent of the toads vomited the beetles, taking anywhere from 12 to 107 minutes.

Most important (at least to the insects): Despite being covered in mucus, meaning they had entered the toads' digestive system, every evicted beetle was still alive, and all but one survived for another two weeks. No toads died on account of eating the beetles.

"It surprised us that the beetles vomited by toads were still alive and active," said Shinji Sugiura, an author of the study, which was published Tuesday in the journal *Biology Letters*.

But some toads were better able to digest the beetles than others. Only 35 percent of the toads that shared habitat with the beetles coughed them up, compared to 57 percent of the toads with no common habitat. The findings suggest that regular exposure to bombardier beetles has allowed some toads to (17) a tolerance to their poison.

Size mattered, too. Large beetles escaped more frequently than small beetles, and small toads were more likely to vomit beetles than large toads. The reason, presumably, is that large beetles are able to produce more poison, and smaller toads are less able to tolerate it, said Dr. Sugiura.

To be sure that the beetles were using their spray to escape, the researchers also fed the toads beetles that (18) to expel their poison just before being consumed. Nearly all of those beetles were successfully digested.

問14 (14) に適当な語(句)を入れなさい。

(1) the game

(2) the love

(3) the miracle play

(4) school

(5) the opera

問15 (15)に適当な語句を入れなさい。

(1) how long (2) how many

(3) how much (4) what if

(5) what time

問16 下線部(16)habitatと同じ意味の語を選びなさい。

(1) nativity (2) routine (3) tendency

(4) territory (5) visitor

問17 (17)に適当な語を入れなさい。

(1) exhaust (2) erode (3) weaken

(4) evolve (5) diminish

問18 (18)に適当な語句を入れなさい。

(1) have been forced

(2) have not been forced

(3) had forced

(4) have forced

(5) had been forced

問19 本文の内容と合致するものを選びなさい。

(1) Overall, 43 percent of the bombardier beetles vomited the toads, taking anywhere from 12 to 107 minutes.

(2) After bombardier beetles are swallowed by a toad, researchers found that they sometimes managed to escape by releasing a poison.

(3) After the bombardier beetles had entered the toads' digestive system, every evicted beetle was still alive, and all of them survived for another week.

(4) Only 35 percent of the toads with no common habitat with the bombardier beetles coughed them up, compared to 57 percent of the toads that shared habitat with them.

(5) Small beetles escaped more frequently than large beetles

because small beetles were less likely to be covered in mucus than large beetles.

問 20　本文につけるタイトルとして適当なものを選びなさい。

(1) How a Beetle Gives a Toad a Slipped Disk

(2) The Difference Between a Frog and a Toad

(3) Toads Eat Beetles. Sometimes, Beetles Make Them Regret Their Meal Choice

(4) Saving Tiny Toads Without Home

(5) Dinner With a Dung Beetle

Ⅳ

問 21〜問 25　語群から（　　）に適当な語を選びなさい。ただし，同じ語を複数回使ってはならない。また，同じ番号には同じ語が入る。

Chimps Catch Insects to Put on Wounds. Is It Folk Medicine?

Chimpanzees design and use tools. That is well known. But is it possible that they also use medicines to treat their own and others' injuries? A new report suggests they do.

The procedure was similar each time. First, the chimps caught a (21) insect; then they immobilized it by (22) it between their lips. They placed the insect on the wound, moving it around with their fingertips. Finally, they took the insect out, (23) either their mouths or their fingers. Often, they put the insect in the wound and took it out several times.

The researchers do not know what insect the chimps were (23), or precisely how it may help heal a wound. They do know that the bugs are small (21) insects, dark in color. There's no evidence that the chimps are (24) the insects — they are definitely (22) them with their lips and then (25) them to the wounds.

語群：(1)　applying　(2)　flying　(3)　eating

(4)　squeezing　(5)　using

数学

(60分)

1 問1～5の解答として正しいものを，(1)～(5)の中からそれぞれ1つ選び，解答用紙にマークせよ。

［1］　2つの実数 $\sqrt{39-12\sqrt{3}}$，$\sqrt{61-28\sqrt{3}}$ は有理数 a，b，c を用いてそれぞれ $a-\sqrt{3}$，$b-\sqrt{3}c$ と表すことができる。また，x，y，k を有理数とし，以下の式がある。

$$\sqrt{39-12\sqrt{3}}\,x+\sqrt{61-28\sqrt{3}}\,y=x^2-\sqrt{3}\,x-\sqrt{3}\,k$$

$k=2$ のとき，この式が成り立つ x と y の組 $(x,\ y)$ は $(d,\ e)$ と $(f,\ g)$ の2組である $(d<f)$。また，この式が成り立つ x と y の組 $(x,\ y)$ がただ1組になるような k は h であり，$k=h$ のときにこの式が成り立つような x と y の組は $(i,\ j)$ である。このとき，以下の問に答えよ。

問1　$a+b+c$ の値はいくらか。

(1)　15　　(2)　16　　(3)　17　　(4)　18

(5)　上の4つの答えはどれも正しくない。

問2　$d+e+f+g$ の値はいくらか。

(1)　5　　(2)　6　　(3)　7　　(4)　8

(5)　上の4つの答えはどれも正しくない。

問3　$h+i+j$ の値はいくらか。

(1)　$-\dfrac{3}{7}$　　(2)　$-\dfrac{4}{7}$　　(3)　$-\dfrac{5}{7}$　　(4)　$-\dfrac{6}{7}$

(5)　上の4つの答えはどれも正しくない。

［2］　2つの正の整数 m と n について，$mn=385$ となる m と n の組 $(m,\ n)$ は α 組あり，$mn=770-2m$ となる m と n の組 $(m,\ n)$ は β 組ある。このとき，以下の問に答えよ。

問4　α の値はいくらか。

(1)　4　(2)　8　(3)　12　(4)　16

(5)　上の4つの答えはどれも正しくない。

問5　β の値はいくらか。

(1)　10　(2)　12　(3)　14　(4)　16

(5)　上の4つの答えはどれも正しくない。

2

問6～10の解答として正しいものを，(1)～(5)の中からそれぞれ1つ選び，解答用紙にマークせよ。

関数 $f(x)=x^2+8x+6$，$g(x)=mx-10$（m は実数）があり，座標平面に放物線 $C: y=f(x)$ と直線 $l: y=g(x)$ がある。このとき，以下の問に答えよ。

問6　放物線 C の頂点の座標はどれか。

(1)　$(-4,\ -10)$　(2)　$(-4,\ 6)$　(3)　$(4,\ -10)$

(4)　$(4,\ 6)$

(5)　上の4つの答えはどれも正しくない。

問7　放物線 C と x 軸の交点は2つある。この2交点間の距離はいくらか。

(1)　$\sqrt{10}$　(2)　$1+\sqrt{10}$　(3)　$2+\sqrt{10}$　(4)　$3+\sqrt{10}$

(5)　上の4つの答えはどれも正しくない。

問8　$f(x)<0$ となる x の値の範囲はどれか。

(1)　$x<-4+\sqrt{10}$

(2)　$-4-\sqrt{10}<x<-4+\sqrt{10}$

(3)　$x<-4-\sqrt{10}$ または $-4+\sqrt{10}<x<0$

(4)　$-4-\sqrt{10}<x<0$

(5)　上の4つの答えはどれも正しくない。

問9　放物線 C と直線 l が異なる2つの共有点をもつような m の値の範囲はどれか。

(1)　$m>0$　(2)　$m<16$　(3)　$0<m<16$

(4)　$m<0$ または $16<m$

(5)　上の4つの答えはどれも正しくない。

問10　放物線 C と直線 l が異なる2つの共有点をもち，どちらの共有点

も x 座標と y 座標が共に負であるような m の値の範囲はどれか。

(1)　$-\dfrac{20}{3}-\dfrac{5\sqrt{10}}{3}<m<-\dfrac{20}{3}+\dfrac{5\sqrt{10}}{3}$

(2)　$-\dfrac{20}{3}-\dfrac{5\sqrt{10}}{3}<m<0$

(3)　$-\dfrac{20}{3}+\dfrac{5\sqrt{10}}{3}<m<0$

(4)　$-\dfrac{20}{3}+\dfrac{5\sqrt{10}}{3}<m$

(5)　上の 4 つの答えはどれも正しくない。

3

問 11〜15 の解答として正しいものを，(1)〜(5)の中からそれぞれ 1 つ選び，解答用紙にマークせよ。

大小 2 つのサイコロを振り，出た目をそれぞれ X，Y とし，$Z=X(Y-1)$ とする。また，事象 A，B，C を以下のように定義する。

A：$X=Y$

B：$X \leqq Y$

C：X が偶数

事象 M が起こったときの事象 N が起こる条件つき確率を $P_M(N)$ と表すとすると，確率 $P(A)=a$，$P_B(A)=b$，$P_B(C)=c$ である。また，B が起こったときに $Z=k$ となる条件つき確率を $P_B(Z=k)$ と表すとすると，$P_B(Z=2)=d$ である。ここで，i と j を 0 以上の整数とすると，$P_B(Z=i)\neq 0$ かつ $P_B(Z=i)=2P_B(Z=j)$ を満たす i と j の組 $(i,\ j)$ は e 組ある。このとき，以下の問に答えよ。

問 11　a の値はいくらか。

(1)　$\dfrac{5}{36}$　　(2)　$\dfrac{1}{6}$　　(3)　$\dfrac{7}{36}$　　(4)　$\dfrac{2}{9}$

(5)　上の 4 つの答えはどれも正しくない。

問 12　b の値はいくらか。

(1)　$\dfrac{1}{7}$　　(2)　$\dfrac{2}{7}$　　(3)　$\dfrac{3}{7}$　　(4)　$\dfrac{4}{7}$

(5)　上の 4 つの答えはどれも正しくない。

問 13　c の値はいくらか。

(1) $\frac{1}{7}$ (2) $\frac{2}{7}$ (3) $\frac{3}{7}$ (4) $\frac{4}{7}$

(5) 上の 4 つの答えはどれも正しくない。

問 14 d の値はいくらか。

(1) $\frac{2}{23}$ (2) $\frac{1}{11}$ (3) $\frac{2}{21}$ (4) $\frac{1}{10}$

(5) 上の 4 つの答えはどれも正しくない。

問 15 e の値はいくらか。

(1) 52 (2) 53 (3) 54 (4) 55

(5) 上の 4 つの答えはどれも正しくない。

4

問 16～20 の解答として正しいものを，(1)～(5)の中からそれぞれ 1 つ選び，解答用紙にマークせよ。

四角形 ABCD は点 O を中心とする半径 2 の円に内接しているものとし，線分 AC と線分 BD の交点を E とする。$AB=BC=2\sqrt{2}$，$\angle ADB=45°$，$\angle CBD=75°$ であるとき，以下の問に答えよ。

問 16 $\angle COD$ の大きさはいくらか。

(1) 90° (2) 125° (3) 130° (4) 150°

(5) 上の 4 つの答えはどれも正しくない。

問 17 $\angle ABC$ の大きさはいくらか。

(1) 60° (2) 75° (3) 90° (4) 105°

(5) 上の 4 つの答えはどれも正しくない。

問 18 線分 AC の長さはいくらか。

(1) 3 (2) $2\sqrt{3}$ (3) $\sqrt{15}$ (4) 4

(5) 上の 4 つの答えはどれも正しくない。

問 19 四角形 ABCD の面積はいくらか。

(1) 4 (2) 5 (3) 6 (4) 7

(5) 上の 4 つの答えはどれも正しくない。

問 20 線分 EC の長さはいくらか。

(1) $1+\frac{2\sqrt{3}}{3}$ (2) $1+2\sqrt{3}$ (3) $2+\frac{2\sqrt{3}}{3}$ (4) $2+2\sqrt{3}$

(5) 上の 4 つの答えはどれも正しくない。

物理

（60分）

1

次の文章（A・B）を読み，下の問い（問1～5）に答えよ。

A　エレベーターの水平な床に質量 m の物体が置かれた状態で，エレベーターが鉛直方向に上昇している。その間，物体は床から離れなかった。重力加速度の大きさは g とする。

問1　大きさ a で上向きの加速度でエレベーターが上昇している場合，物体がエレベーターの床から受ける垂直抗力の大きさはいくらか。最も適当なものを，次の(1)～(5)のうちから一つ選べ。［ 1 ］

(1)　0　　(2)　mg　　(3)　ma

(4)　$m(g+a)$　　(5)　$m(g-a)$

問2　大きさ b で下向きの加速度でエレベーターが上昇している場合，物体がエレベーターの床から受ける垂直抗力の大きさはいくらか。最も適当なものを，次の(1)～(5)のうちから一つ選べ。［ 2 ］

(1)　0　　(2)　mg　　(3)　mb

(4)　$m(g+b)$　　(5)　$m(g-b)$

B　図のようにエレベーターの水平な床に直方体で質量 m_1 の物体1が置かれ，その上に少し小さい直方体で，質量 m_2 の物体2が置かれている。その状態でエレベーターが上昇している。

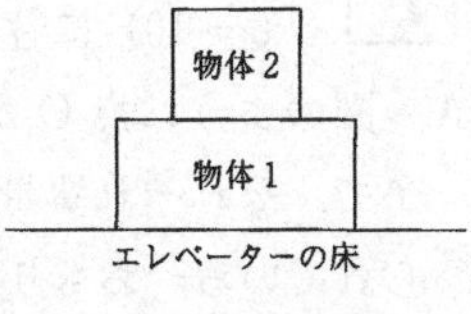

床と物体1，物体1と2の接触する面は水平であり，それらは離れずに運動している。床と物体1の間に作用する垂直抗力の大きさを N_1，物体1と物体2の間に作用する垂直抗力の大きさを N_2 とし，重力加速度の大きさを g とし，エレベーターが大きさ c で上向きの加速度で鉛直方向に上昇している。

問3　物体1の運動方程式はどのようになるか。最も適当なものを，次

の(1)～(5)のうちから一つ選べ。[3]

(1)　$0=-m_1g+N_1-N_2$

(2)　$m_1c=-m_1g+N_1-m_2g$

(3)　$m_1c=-m_1g+N_1-N_2$

(4)　$m_1c=-m_1g+N_1$

(5)　$m_1c=N_1-N_2$

問 4　物体 2 の運動方程式はどのようになるか。最も適当なものを，次の(1)～(5)のうちから一つ選べ。[4]

(1)　$0=-m_2g+N_2-N_1$

(2)　$0=-m_2g+N_2$

(3)　$m_2c=-m_2g+N_2-N_1$

(4)　$m_2c=-m_2g+N_2$

(5)　$m_2c=N_2-N_1$

問 5　垂直抗力の大きさ N_1，N_2 はそれぞれいくらか。最も適当な組合せを，次の(1)～(5)のうちから一つ選べ。[5]

(1)　$N_1=(m_1+m_2)g$,　　$N_2=m_2g$

(2)　$N_1=(m_1+m_2)(g+c)$,　$N_2=m_2(g+c)$

(3)　$N_1=(m_1+m_2)g$,　　$N_2=m_2(g+c)$

(4)　$N_1=(m_1+m_2)g$,　　$N_2=m_2(g-c)$

(5)　$N_1=(m_1+m_2)(g-c)$,　$N_2=m_2(g-c)$

2

次の文章（**A**・**B**・**C**）を読み，下の問い（問 6～10）に答えよ。

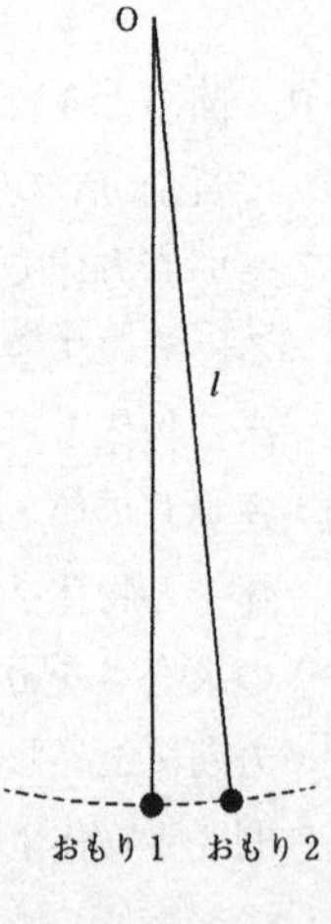

A　図のように点 O から十分に軽く長さが l の 2 本の糸で，それぞれ質量が m のおもり 1 と 2 がつり下げられている。おもり 1，2 の大きさ，糸の伸縮と空気抵抗は無視できるものとし，重力加速度の大きさを g とする。

問 6　おもり 1 は O の真下につり下げたまま，おもり 2 のみ糸がたるまないように O の真下から移動させてそっと放した。このとき，おもり 2 は鉛直平面内で運動し，その運動は近似的に直線上を移動していると見なせるほど糸の鉛直方向に対する振れ角は小さかった。おもり2がおもり1にはじめて衝突するまでの時間はいくらか。最も適当なものを，次の(1)〜(5)のうちから一つ選べ。[6]

(1) $\frac{1}{2}\pi\sqrt{\frac{l}{g}}$　　(2) $\pi\sqrt{\frac{l}{g}}$　　(3) $2\pi\sqrt{\frac{l}{g}}$

(4) $\pi\sqrt{\frac{l}{2g}}$　　(5) $2\pi\sqrt{\frac{l}{2g}}$

問7　おもり1と2を同時に糸がたるまないようにOの真下から左右対称になる位置まで移動させてそっと放した。このとき，2つのおもりは同一の鉛直平面内で運動し，その運動は近似的に直線上を移動していると見なせるほど糸の鉛直方向に対する振れ角は小さかった。2つのおもりが初めて衝突するまでの時間はいくらか。最も適当なものを，次の(1)〜(5)のうちから一つ選べ。[7]

(1) $\frac{1}{2}\pi\sqrt{\frac{l}{g}}$　　(2) $\pi\sqrt{\frac{l}{g}}$　　(3) $2\pi\sqrt{\frac{l}{g}}$

(4) $\pi\sqrt{\frac{2l}{g}}$　　(5) $2\pi\sqrt{\frac{2l}{g}}$

B　右図のように点Oから十分に軽く長さが l の糸で質量が m のおもりをつり下げて，糸がたるまないように移動させてOの真下の位置から高さ d 上昇した位置でそっと放した。その後，おもりは鉛直平面内で運動しOから鉛直方向に沿って固定された壁に垂直に衝突した。おもりと壁の反発係数を $e>0$ とし，おもりの大きさ，糸の伸縮と空気抵抗は無視できるものとし，重力加速度の大きさを g とする。

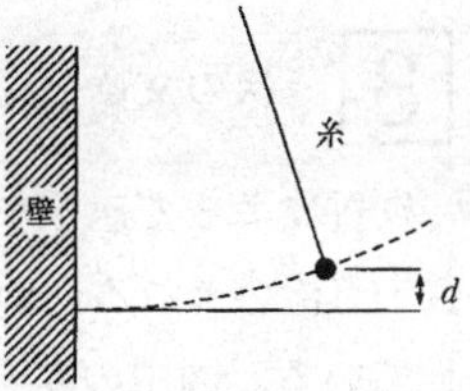

問8　おもりと壁が衝突した位置を基準として，おもりが壁との衝突後に達する最高点の高さはいくらか。最も適当なものを，次の(1)〜(5)のうちから一つ選べ。[8]

(1) ed　　(2) em　　(3) ed^2　　(4) em^2　　(5) e^2d

問9　おもりの質量を2倍にした場合，おもりと壁が衝突した位置を基準としておもりが壁との衝突後に達する最高点の高さはいくらか。最

も適当なものを，次の(1)〜(5)のうちから一つ選べ。[9]

(1)　ed　　(2)　$2em$　　(3)　ed^2　　(4)　$4em^2$　　(5)　e^2d

C　**A**と同じように，点Oから十分に軽く長さがlの2本の糸で，それぞれ質量がmのおもり1と2がつり下げられている。おもり1はOの真下につり下げたまま，おもり2のみ糸がたるまないように移動させてOの真下の位置から高さd上昇した位置でそっと放した。その後，おもり2はOの真下の位置まで動いておもり1に衝突し，おもり1も動き始めた。おもり1，おもり2の大きさ，糸の伸縮と空気抵抗は無視できるものとし，重力加速度の大きさをgとする。

問10　おもり1と2の反発係数を$e>0$とした場合，衝突する前のおもり1の位置を基準としておもり1が衝突後に達する最高点の高さはいくらか。最も適当なものを，次の(1)〜(5)のうちから一つ選べ。[10]

(1)　ed　　(2)　$\frac{1+e}{2}d$　　(3)　$\frac{1-e}{2}d$

(4)　$\left(\frac{1+e}{2}\right)^2 d$　　(5)　$\left(\frac{1-e}{2}\right)^2 d$

3　次の文章を読み，下の問い（問11〜15）に答えよ。

媒質によって速さが異なる水面波を考える。図中の斜線は，水面波が媒質1（深いところ）から媒質2（浅いところ）へ進むときの山の波面を表している。図中の左右方向の直線は媒質の境界であり，図中の角θ_1，θ_2はそれぞれ媒質1，媒質2での波面が媒質の境界となす角を表している。

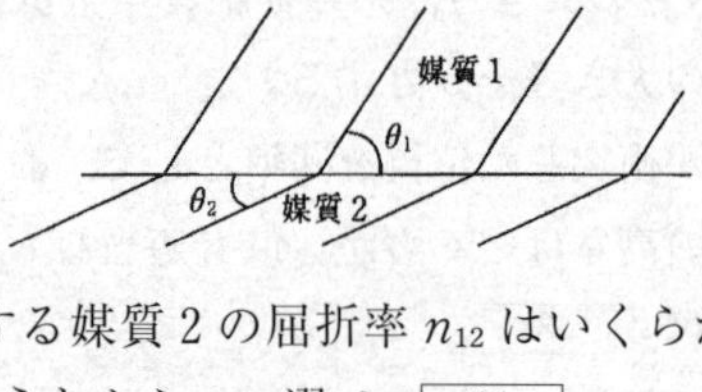

問11　媒質1に対する媒質2の屈折率n_{12}はいくらか。最も適当なものを，次の(1)〜(5)のうちから一つ選べ。[11]

(1)　$\frac{\sin\theta_1}{\sin\theta_2}$　　(2)　$\frac{\sin\theta_2}{\sin\theta_1}$　　(3)　$\frac{\cos\theta_1}{\sin\theta_2}$

(4)　$\dfrac{\cos\theta_2}{\sin\theta_1}$　　(5)　$\dfrac{\cos\theta_1}{\cos\theta_2}$

問 12　隣り合う波面の間隔が媒質 2 では Δx_2 であったとすると，媒質 1 の波面の間隔はどのように表されるか。最も適当なものを，次の(1)～(5)のうちから一つ選べ。 12

(1)　$\dfrac{\sin\theta_1}{\sin\theta_2}\Delta x_2$　　(2)　$\dfrac{\sin\theta_2}{\sin\theta_1}\Delta x_2$　　(3)　$\dfrac{\cos\theta_1}{\sin\theta_2}\Delta x_2$

(4)　$\dfrac{\cos\theta_2}{\sin\theta_1}\Delta x_2$　　(5)　$\dfrac{\cos\theta_1}{\cos\theta_2}\Delta x_2$

問 13　媒質 2 のある点を波面が通過してから，次の波面が通過するまでの時間は Δt_2 であった。媒質 1 のある点を波面が通過してから次の波面が通過するまでの時間 Δt_1 はどのように表されるか。最も適当なものを，次の(1)～(5)のうちから一つ選べ。 13

(1)　$\dfrac{\sin\theta_1}{\sin\theta_2}\Delta t_2$　　(2)　$\dfrac{\sin\theta_2}{\sin\theta_1}\Delta t_2$　　(3)　$\dfrac{\cos\theta_1}{\sin\theta_2}\Delta t_2$

(4)　$\dfrac{\cos\theta_2}{\sin\theta_1}\Delta t_2$　　(5)　Δt_2

問 14　媒質 2 での水面波の速さ v_2 は，媒質 1 の隣り合う波面の間隔 Δx_1 と媒質 1 のある点を波面が通過してから次の波面が通過するまでの時間 Δt_1 を用いてどのように表されるか。最も適当なものを，次の(1)～(5)のうちから一つ選べ。 14

(1)　$\dfrac{\sin\theta_1}{\sin\theta_2}\dfrac{\Delta x_1}{\Delta t_1}$　　(2)　$\dfrac{\sin\theta_2}{\sin\theta_1}\dfrac{\Delta x_1}{\Delta t_1}$

(3)　$\dfrac{\cos\theta_1}{\sin\theta_2}\dfrac{\Delta x_1}{\Delta t_1}$　　(4)　$\dfrac{\cos\theta_2}{\sin\theta_1}\dfrac{\Delta x_1}{\Delta t_1}$

(5)　$\dfrac{\cos\theta_1}{\cos\theta_2}\dfrac{\Delta x_1}{\Delta t_1}$

問 15　媒質 1 に対する媒質 2 の屈折率 n_{12} は，それぞれの媒質での波面の間隔 Δx_1，Δx_2 を用いて表した場合，どのように表されるか。最も適当なものを，次の(1)～(5)のうちから一つ選べ。 15

(1)　$\dfrac{\sin\theta_1}{\sin\theta_2}\dfrac{\Delta x_1}{\Delta x_2}$　　(2)　$\dfrac{\sin\theta_2}{\sin\theta_1}\dfrac{\Delta x_1}{\Delta x_2}$

(3)　$\dfrac{\Delta x_1}{\Delta x_2}$　　(4)　$\dfrac{\cos\theta_2}{\cos\theta_1}\dfrac{\Delta x_1}{\Delta x_2}$

(5) $\dfrac{\cos\theta_1}{\cos\theta_2}\dfrac{\Delta x_1}{\Delta x_2}$

4

次の文章を読み，下の問い（問16〜20）に答えよ。

1気圧の下，注射器の中に質量 m の水を満たし気泡を抜きながら凍らせた。次に注射器内の物質に単位時間当たり Q の熱のエネルギーを連続して与えて加熱した。図は時刻 t の変化に対する注射器内の物質の温度 T の変化を表している。時刻 t_1 から t_2 までは T_0 で一定，時刻 t_3 以降は $T_1(>T_0)$ で一定であった。なお，注射器の熱容量は注射器内の物質の熱容量に比べて無視できるものとする。

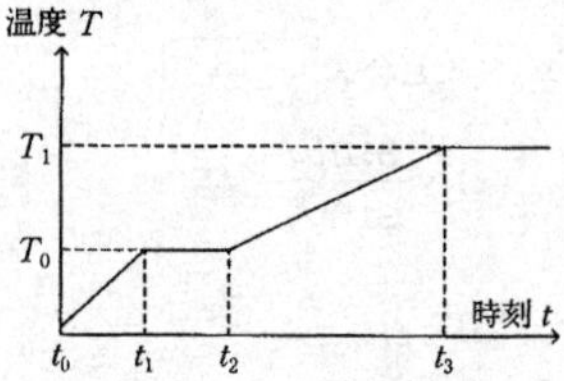

問16　図の時刻 t_0 から t_1 までの区間での注射器内の物質の状態はどうなるか。最も適当なものを，次の(1)〜(5)のうちから一つ選べ。 16

(1) 氷　(2) 氷と水
(3) 水　(4) 水と水蒸気
(5) 水蒸気

問17　図の時刻 t_1 から t_2 までの区間での注射器内の物質の状態はどうなるか。最も適当なものを，次の(1)〜(5)のうちから一つ選べ。 17

(1) 氷　(2) 氷と水
(3) 水　(4) 水と水蒸気
(5) 水蒸気

問18　温度 T_0 は何 ℃ であるか。最も適当なものを，次の(1)〜(5)のうちから一つ選べ。 18 ℃

(1) −273　(2) 0　(3) 4　(4) 5　(5) 100

問19　温度 T_1 は何 ℃ であるか。最も適当なものを，次の(1)〜(5)のうちから一つ選べ。 19 ℃

(1) -273　(2) 0　(3) 4　(4) 5　(5) 100

問20 注射器内の物質が氷から水に変わる場合の潜熱 L はいくらか。最も適当なものを，次の(1)〜(5)のうちから一つ選べ。 20

(1) Q　(2) $\dfrac{Q}{m}$　(3) $Q(t_1-t_0)$

(4) $\dfrac{Q(t_2-t_1)}{m}$　(5) $Q(t_2-t_1)$

5 次の問い（問21〜25）に答えよ。

図のように，起電力 E と内部抵抗 r からなる直流電源と抵抗値が R の外部抵抗からなる回路を考える。

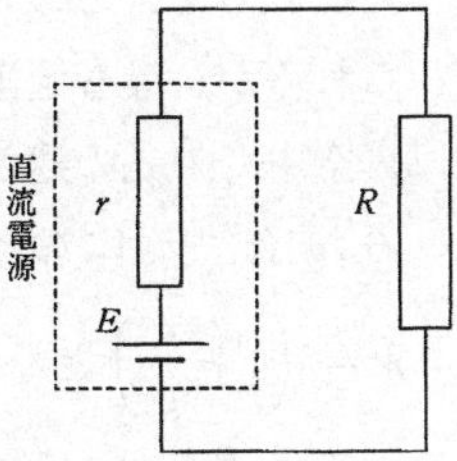

問21 以下の選択肢の中で外部抵抗に流れる電流が最大になる条件はどれか。最も適当なものを，次の(1)〜(5)のうちから一つ選べ。 21

(1) $R=0\,\Omega$　(2) $R=1\,\Omega$　(3) $R=\dfrac{r}{\sqrt{2}}$

(4) $R=r$　(5) $R=\sqrt{2}\,r$

問22 以下の選択肢の中で外部抵抗にかかる電圧が最大になる条件はどれか。最も適当なものを，次の(1)〜(5)のうちから一つ選べ。 22

(1) $R=0\,\Omega$　(2) $R=\dfrac{r}{\sqrt{2}}$　(3) $R=r$

(4) $R=\sqrt{2}\,r$　(5) $R=2r$

問23 次のａ)，ｂ)，ｃ)の文章中の**太字**で示された放射線に関する量の測定単位の正しい組合せはどうなるか。最も適当なものの組合せを，次の(1)〜(5)のうちから一つ選べ。 23

ａ) 原子核が毎秒１個の割合で崩壊するときの**放射能**の強さ

ｂ) 放射線が物質に入るとき，物質が吸収するエネルギー（放射線が物質に吸収されるとき，放射線が物質に与えるエネルギー），**吸収線量**

ｃ) 放射線の吸収線量が同じでも，人体への影響は放射線の種類やエ

ネルギーによって異なる。それらの違いを考慮した係数を吸収線量にかけた**等価線量**

(1)　a）ベクレル，　b）グレイ，　c）シーベルト
(2)　a）ワット，　b）ジュール，　c）シーベルト
(3)　a）グレイ，　b）ジュール，　c）シーベルト
(4)　a）シーベルト，　b）ベクレル，　c）グレイ
(5)　a）シーベルト，　b）ジュール，　c）グレイ

問24　地球から遠く離れた天体が発する波長 6.56×10^{-7} m の水素の輝線スペクトルが地表で波長 7.87×10^{-7} m の線スペクトルとして観測された。このときこの天体は地球に対してどのような運動をしていると考えられるか。最も適当なものを，次の(1)～(5)のうちから一つ選べ。なお，真空中での光の速さを c，地球に対して天体が相対的な速さ u で遠ざかる場合，天体の発する光の波長 λ は，簡単のため，地表では $\lambda'=\lambda\left(1+\dfrac{u}{c}\right)$ となると考えること。［24］

(1)　光速の83％で地球から遠ざかっている
(2)　光速の20％で地球から遠ざかっている
(3)　地球に対して距離も向きも変化していない
(4)　光速の20％で地球に近づいている
(5)　光速の83％で地球に近づいている

問25　熱容量 90 J/K の容器に水が 150 g 入っていて，全体の温度が 22℃ であった。その中へ 97℃ に温めた 75 g の金属球を入れて水をかき混ぜたところ，水，容器と金属球の温度は 25℃ になった。容器の外側との熱のやり取りはないものとし，水の比熱を 4.2 J/(g·K) として，金属球の比熱はいくらであるか。最も適当なものを，次の(1)～(5)のうちから一つ選べ。［25］$\times10^{-1}$ J/(g·K)

(1)　1.0　　(2)　2.0　　(3)　3.0　　(4)　4.0　　(5)　5.0

化学

（60分）

特に指定がない限り，気体は理想気体としてふるまうものとする。
必要があれば以下の数値を用いよ。
原子量：H＝1.0　C＝12　O＝16　F＝19　Na＝23　Mg＝24　S＝32
Cl＝35.5　K＝39　Cu＝64　Br＝80　I＝127

次の問（問1～問20）に答えよ。選択肢(1)～(5)の中からあてはまるものを一つ選べ。

問1　次の物質1gを水100mLに溶かしたときに，同一温度での浸透圧が最も高くなるものはどれか。なお，電離する溶質は溶液中で完全に電離するとし，溶質の溶解による溶液の体積変化は無視する。

(1)　$NaCl$
(2)　KCl
(3)　$C_6H_{12}O_6$（グルコース）
(4)　Na_2SO_4
(5)　$MgSO_4$

問2　次の物質を溶かした水溶液が，緩衝液とならない組合せはどれか。

(1)　酢酸と酢酸ナトリウム
(2)　クエン酸とクエン酸二水素カリウム
(3)　硝酸と硝酸ナトリウム
(4)　アンモニアと塩化アンモニウム
(5)　乳酸と乳酸ナトリウム

問3　H_2O，HF，CH_4の沸点の大小が正しいものはどれか。

(1)　$H_2O > HF > CH_4$
(2)　$CH_4 > HF > H_2O$
(3)　$H_2O > CH_4 > HF$

(4)　$HF>CH_4>H_2O$

(5)　$HF>H_2O>CH_4$

問4　気体Xは圧力 p〔Pa〕，温度 T〔K〕で，水1Lに n〔mol〕溶け，溶けた気体の体積は V〔L〕であった。温度 T〔K〕のまま，圧力を $4p$〔Pa〕にしたとき，水1Lに溶けるXの物質量と体積を，それぞれ n と V を使って正しく表した組合せはどれか。ただし，体積は接触している気体の圧力の下で表すものとする。また，Xの水への溶解ではヘンリーの法則が成り立つとし，水蒸気の分圧は無視する。

	物質量〔mol〕	体積〔L〕
(1)	n	$4V$
(2)	n	V
(3)	n	$\frac{V}{4}$
(4)	$4n$	V
(5)	$4n$	$\frac{V}{4}$

問5　次の文章中の空欄㋐～㋒にあてはまる数式および単位が付いた数値の組合せとして最も適当なものはどれか。

温度が一定に保たれた密閉容器内で気体Aと気体Bが反応して気体Cが生成する以下の反応がある。

$$2A+B \rightleftarrows 2C$$

この化学反応は可逆反応であり，反応時間が十分に経過すると平衡状態に達する。A，B，Cの濃度はそれぞれ［A］，［B］，［C］とする。Cを生成する正反応とその逆反応の反応速度はそれぞれ v_1，v_2，反応速度定数はそれぞれ k_1，k_2 とする。正反応において，［A］だけを2倍，あるいは［B］だけを2倍にするといずれの場合も v_1 は2倍になった。また，Cの分解反応では，［C］を2倍にすると分解速度は4倍になった。この実験結果から，v_1＝［　㋐　］，v_2＝［　㋑　］と求めることができた。

10Lの密閉容器に0.10molのAと0.10molのBをいれ，温度を一定に保ったところ，反応は平衡に達し，Cは0.080mol存在した。この実験結果から，濃度平衡定数 K_C は［　㋒　］と求めることができた。

	㋐	㋑	㋒
(1)	k_1[A][B]	k_2[C]^2	2.7×10^3 L/mol
(2)	k_1[A]^2[B]	k_2[C]^2	5.3 L/mol
(3)	k_1[A][B]	k_2[C]^2	2.7×10^3 mol/L
(4)	k_1[A]^2[B]	k_2[C]	2.7×10^3 L/mol
(5)	k_1[A]^2[B]^2	k_2[C]	5.3 mol/L

問6　次の塩の水溶液が酸性を示すものはいくつあるか。

(a)　NH_4Cl　　(b)　K_2CO_3　　(c)　$NaHCO_3$

(d)　$NaHSO_4$　　(e)　$NaNO_3$

(1)　1　　(2)　2　　(3)　3　　(4)　4　　(5)　5

問7　次の文章中の空欄㋐～㋕には F_2，Cl_2，Br_2，I_2 のうち，それぞれ一つ以上があてはまる。Cl_2 があてはまるものをすべて正しく選んだ組合せはどれか。

ハロゲンの単体である F_2，Cl_2，Br_2，I_2 はいずれも酸化力があり，それらの酸化力の違いは水や水素との反応性でみることができる。水との反応では，［㋐］は反応性が高く，ハロゲン化水素と酸素を生じるが，［㋑］は水に少し溶け，その一部が反応してハロゲン化水素と次亜ハロゲン酸を生じる。ハロゲンの単体は，水素との反応によりハロゲン化水素を生じるが，光照射下で爆発的に反応するのは［㋒］であり，触媒の存在下で加熱することを必要とするのは，［㋓］である。ハロゲン化物イオンからハロゲン単体が遊離する反応からも酸化力の違いがわかる。例えば，水溶液中で Br^- に［㋔］を加えると Br_2 が遊離する。一方，［㋕］を加えても Br_2 は遊離しない。

(1)　㋐，㋒，㋔　　(2)　㋐，㋓，㋕　　(3)　㋑，㋒，㋔

(4)　㋑，㋒，㋕　　(5)　㋑，㋓，㋔

問8　周期表15族の非金属元素ならびにその単体と化合物に関する記述として下線部が正しいものはどれか。

(1)　原子は<u>6個</u>の価電子をもつ。

(2)　濃硝酸は銀を酸化して溶かし，<u>一酸化窒素NO</u>を発生する。

(3)　窒素 N_2 と水素 H_2 からアンモニアが生成する反応は発熱反応である。ハーバー・ボッシュ法において，一定圧力の条件下では温度を<u>高</u>

くするほど，平衡状態におけるアンモニアの生産量が多い。

(4)　リン酸はヌクレオシドのヒドロキシ基とリン酸エステル結合を形成し，ヌクレオチドとなる。

(5)　リン酸カルシウム $Ca_3(PO_4)_2$ は，水によく溶け，リン肥料として使われる。

問9　次の文章はナトリウムの化合物に関する記述である。空欄㋐～㋓にあてはまる語句としてすべて正しい組合せはどれか。

塩化ナトリウムの飽和水溶液にアンモニアを十分に吸収させた後，二酸化炭素を吹き込むと ㋐ が沈殿する。この沈殿を焼くと ㋑ が生成する。㋑ を水に溶かした後，濃縮すると ㋑ の十水和物が結晶として析出する。この結晶を空気中に放置すると ㋒ して，㋑ の ㋓ となる。

	㋐	㋑	㋒	㋓
(1)	炭酸水素ナトリウム	炭酸ナトリウム	風解	一水和物
(2)	炭酸水素ナトリウム	炭酸ナトリウム	潮解	一水和物
(3)	炭酸水素ナトリウム	水酸化ナトリウム	潮解	無水物
(4)	炭酸ナトリウム	炭酸水素ナトリウム	潮解	一水和物
(5)	炭酸ナトリウム	炭酸水素ナトリウム	風解	無水物

問10　次の金属の単体のうち，塩酸や希硫酸と反応して水素を発生するが，高温水蒸気とは反応しないものはどれか。

(1)　マグネシウム　　(2)　アルミニウム　　(3)　鉄

(4)　銅　　(5)　スズ

問11　硫酸銅(Ⅱ)の60℃における飽和水溶液140gを20℃まで冷却すると硫酸銅(Ⅱ)五水和物が析出した。その析出量として最も適当なものはどれか。ただし，水100gへの硫酸銅(Ⅱ)の溶解度は60℃で40g，20℃で20gとする。

(1)　27g　　(2)　29g　　(3)　31g　　(4)　33g　　(5)　35g

問12　オストワルト法における次の反応に用いられる触媒はどれか。

$$4NH_3 + 5O_2 \longrightarrow 4NO + 6H_2O$$

(1)　Pd　　(2)　Pt　　(3)　Fe_3O_4

(4)　V_2O_5　　(5)　ZnO

問 13　分子式が $C_xH_yO_4$ で表される化合物がある。この化合物 146 mg を完全に燃焼させたところ，水 90 mg と二酸化炭素 264 mg が生成した。$C_xH_yO_4$ の x と y の組合せとして適当なものはどれか。

	x	y
(1)	4	6
(2)	5	8
(3)	6	10
(4)	7	12
(5)	8	14

問 14　次の二つの条件を満たすアルケン X はどれか。

条件 1　1.0 mol/L の臭素の四塩化炭素溶液 10 mL にアルケン X を加えていくと，0.70 g 加えたところで溶液の赤褐色が消失する。

条件 2　白金触媒を用いてアルケン X に水素を付加すると，枝分かれをした炭素鎖をもつアルカンが得られる。

(1)　$CH_2=\underset{\underset{CH_3}{|}}{C}-CH_3$

(2)　$CH_3-\underset{\underset{CH_3}{|}}{C}=CH-CH_3$

(3)　$CH_3-CH_2-CH=CH-CH_3$

(4)　$CH_3-\underset{\underset{CH_3}{|}}{C}=CH-CH_2-CH_3$

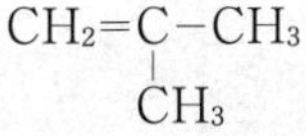

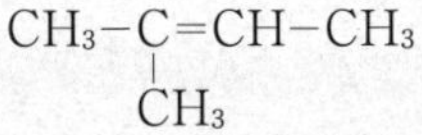

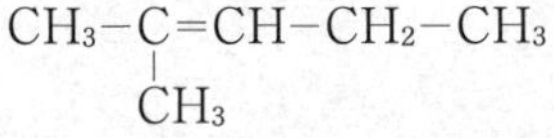

(5)　$CH_3-CH=CH-CH_2-CH_2-CH_3$

問 15　分子式 $C_5H_{12}O$ のアルコール A〜G は次の(a)〜(e)の性質を示し，A は下記の化学構造式をもつ。B〜G の化学構造式を㋐〜㋖からそれぞれ正しく選んだ組合せはどれか。

$$CH_3-CH_2-\underset{\underset{OH}{|}}{CH}-CH_2-CH_3$$

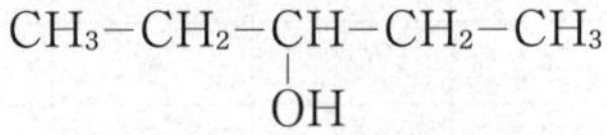

アルコール A の化学構造式

(a)　B，C，D は不斉炭素をもつ。B，C，D のうち，酸化されることで，銀鏡反応を引き起こす化合物となるのは B のみである。

(b)　C を濃硫酸で脱水して得られるアルケンのうち一つは，A を同様に脱水して得られるアルケンと同一である。ただし，シス－トランス（幾何）異性体を考慮しない。

(c)　A は酸化されてケトンを生じるが，E は酸化されにくい。

(d)　A と F をそれぞれ濃硫酸で脱水して得られるアルケンに，水素を付加すると，同一の生成物が得られる。

(e)　D と G をそれぞれ濃硫酸で脱水して得られるアルケンに，水素を付加すると，同一の生成物が得られる。

㋐　$CH_3-CH_2-CH_2-CH_2-CH_2-OH$

㋑　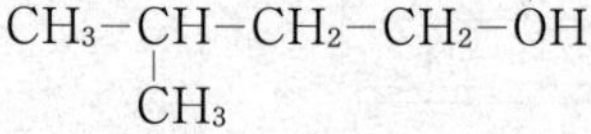

㋒　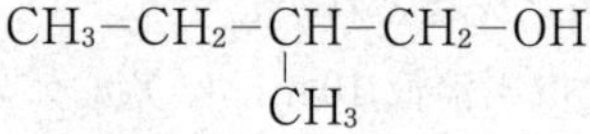

㋓　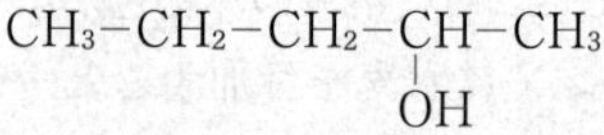

㋔　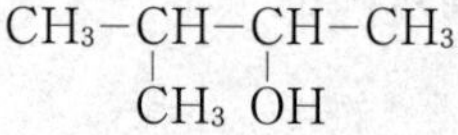

㋕　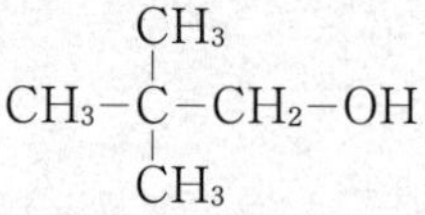

㋖　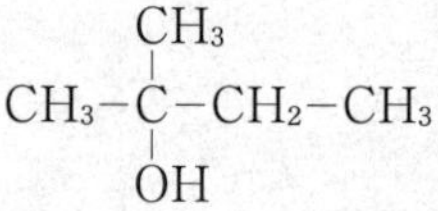

	B	C	D	E	F	G
(1)	㋒	㋓	㋔	㋖	㋑	㋐
(2)	㋔	㋒	㋓	㋕	㋑	㋐
(3)	㋒	㋓	㋔	㋕	㋑	㋐
(4)	㋒	㋓	㋔	㋖	㋐	㋑
(5)	㋔	㋒	㋓	㋖	㋐	㋑

問 16　次の文章中の空欄㋐と㋑にあてはまる化合物として正しい組合せはどれか。

フェノールは工業的には，プロペンとベンゼンから ㋐ （慣用名クメン）を合成し，空気中で酸化した後，希硫酸で分解することで合成される。このとき，フェノールと同時に［㋑］も生じる。

	㋐	㋑
(1)	プロピルベンゼン	2-プロパノール
(2)	プロピルベンゼン	アセトン
(3)	イソプロピルベンゼン	2-プロパノール
(4)	イソプロピルベンゼン	アセトン
(5)	プロピルベンゼン	エタノール

問17　次の文章中の空欄㋐～㋒にあてはまる最も適当な語句や数字として正しい組合せはどれか。

六員環構造をもつシクロヘキサン C_6H_{12} は，多くの場合，正六角形の構造式で表されるが，実際には6個の炭素原子は同一平面上になく［㋐］形の立体構造をとる。シクロヘキサンの環を構成する各々の炭素原子の結合角は，［㋑］度である。

各々の炭素原子の結合角が［㋑］度の六員環構造としては，［㋒］形の立体構造も考えられるが，非常に不安定で観測不能な構造であるため，シクロヘキサンのほとんどは［㋐］形である。実際には環が一方またはその反対にねじれ，不安定さが少し軽減されたねじれ［㋒］形として［㋐］形以外にごくわずか存在する。

	㋐	㋑	㋒
(1)	舟	109.5	いす
(2)	舟	90	いす
(3)	いす	60	舟
(4)	いす	90	舟
(5)	いす	109.5	舟

問18　ポリエチレンテレフタラートはテレフタル酸とエチレングリコールが縮合した構造をもっている。平均分子量 4.0×10^5 のポリエチレンテレフタラート1分子に含まれるエステル結合の個数として最も近い数値はどれか。

(1)　2.1×10^2　　(2)　2.1×10^3　　(3)　4.2×10^3

(4)　2.1×10^4　　(5)　4.2×10^4

問19　次のうち，熱可塑性樹脂をすべて正しく選んだ組合せはどれか。

㋐　メラミン樹脂

㋑　ポリスチレン

㋒　ポリプロピレン

㋓　尿素樹脂

㋔　フェノール樹脂

㋕　ナイロン66

(1)　㋐，㋑，㋒　　(2)　㋐，㋒，㋔　　(3)　㋐，㋓，㋕

(4)　㋑，㋒，㋕　　(5)　㋓，㋔，㋕

問20　次の文章中の下線部㋐～㋔のうち，誤っているものをすべて選んだ組合せはどれか。

セルロースは㋐β-グルコースが直鎖状に繰り返し縮合した構造をもつ天然高分子である。セルロースに無水酢酸，氷酢酸および少量の濃硫酸を作用させると，セルロースのヒドロキシ基がすべてアセチル化された㋑トリアセチルセルロースが生成する。この生成物のエステル結合の一部を加水分解することで，㋒アセテートの原料が得られる。

セルロースを濃い水酸化ナトリウム水溶液に浸してアルカリセルロースとしたのち，㋓二酸化硫黄と反応させ，薄い水酸化ナトリウム水溶液に溶かすと，ビスコースと呼ばれる粘性のある赤褐色のコロイド溶液になる。ビスコースからセルロースを薄膜状に再生させると㋔キュプラが得られる。

(1)　㋐，㋑　　(2)　㋐，㋒　　(3)　㋑，㋔

(4)　㋒，㋓　　(5)　㋓，㋔

生物

（60分）

1

次のA，Bの文章を読み，以下の設問1～7に答えよ。

A　光学顕微鏡は，生きた細胞や組織標本などの観察で使用する生物学で最も重要な実験器材の一つである。ただし，対象をはっきりと観察するためには，正しい操作方法を習得する必要がある。

光学顕微鏡は，[ア]を調節して試料を照らし，試料を透過した光を接眼レンズと対物レンズの組み合わせで拡大して観察する①。観察は最低倍率から始める。まず観察したい試料の場所を見つけたら，試料に焦点を合わせる。観察倍率を上げたい場合には，[イ]を持ってゆっくり回して対物レンズを交換する。また，ミクロメーターを使うと，観察している細胞などの大きさを測ることができる②。

問1　本文の空欄[ア][イ]に当てはまる語句として正しいのを1つ選べ。

	ア	イ
(1)	反射鏡	レボルバー
(2)	クリップ（クレンメル）	レボルバー
(3)	反射鏡	調節ネジ
(4)	クリップ（クレンメル）	調節ネジ
(5)	反射鏡	絞り

問2　下線部①について，接眼レンズの倍率が10倍の光学顕微鏡を使用しているとする。変倍操作によって対物レンズの倍率を20倍から40倍に変化させた。変倍操作後の視野面積は何倍に変化し，視野の明るさはどう変化したか，正しい組み合わせを1つ選べ。

	視野面積の変化	視野の明るさの変化
(1)	$\frac{1}{2}$倍	より明るい

(2)　$\frac{1}{4}$ 倍　　　　より明るい

(3)　2 倍　　　　より明るい

(4)　$\frac{1}{4}$ 倍　　　　より暗い

(5)　2 倍　　　　より暗い

問 3　下線部①について，光学顕微鏡で一個の全体像を観察するのに適した生物試料の組み合わせはどれか，１つ選べ。

(1)　乳酸菌　　――葉緑体
(2)　HIV　　　――ゾウリムシ
(3)　アメーバ　――カブトムシ
(4)　ミカヅキモ――ヘモグロビン
(5)　大腸菌　　――ナトリウムポンプ

問 4　下線部②について，接眼ミクロメーターを入れた光学顕微鏡で，１目盛りが 10 μm の対物ミクロメーターを観察したところ，図１Ａのようだった。この倍率のままで，ウニの４細胞期の胚を観察したところ，図１Ｂの観察像が得られた。ウニ胚の割球Ｘの直径に最も近い値はどれか，１つ選べ。

(1)　0.5 μm　　(2)　5 μm　　(3)　50 μm　　(4)　150 μm　　(5)　5 mm

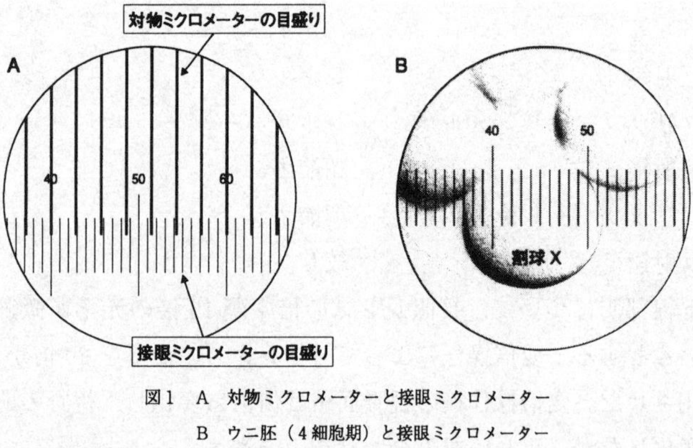

図１　A　対物ミクロメーターと接眼ミクロメーター
　　　B　ウニ胚（４細胞期）と接眼ミクロメーター

B　図２は動物細胞の模式図である。

真核細胞の細胞膜は，③物質の選択的な輸送などの機能を備えた生体膜である。細胞膜に囲まれた細胞内には，更に④生体膜で囲まれた多様な細胞小器官が配置されている。細胞小器官はそれぞれ異なる役割を担って連携し，細胞の生命活動を支えている。そのため，⑤細胞小器官の間での物質の輸送が盛んに行われている。

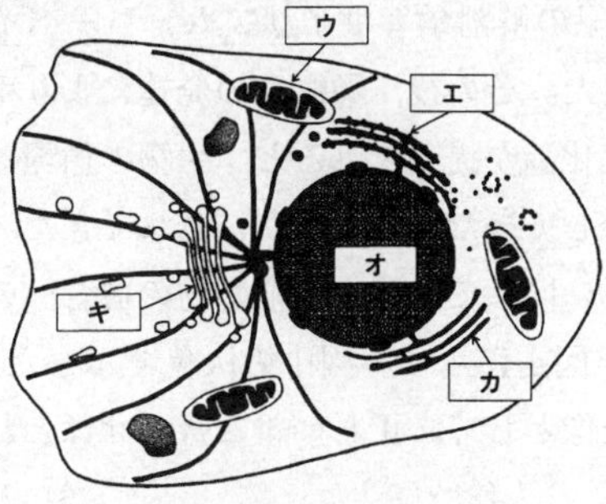

図2　動物細胞の模式図

問5　下線部③について，細胞膜を介した能動輸送（イオンポンプ）が直接関わっている細胞現象を1つ選べ。

(1)　受精膜の形成

(2)　腎臓での原尿のろ過

(3)　網膜の桿体細胞の光受容

(4)　マクロファージによる貪食

(5)　神経細胞の静止膜電位の維持

問6　下線部④について，図2の細胞小器官 ウ ～ キ とその主な働きの正しい組み合わせはどれか，1つ選べ。

	細胞小器官	主な働き
(1)	ウ	分泌タンパク質を合成している。
(2)	エ	細胞呼吸の場である。
(3)	オ	染色体を保存して転写が行われる。
(4)	カ	翻訳の場である。
(5)	キ	高濃度の分解酵素類を含んでいる。

問7　下線部⑤について，図2の細胞小器官 ウ ～ キ で，分泌タンパク質を含む小胞の輸送経路として正しいものを1つ選べ。

(1)　ウ→エ　　(2)　ウ→オ　　(3)　エ→オ

(4)　エ→キ　　(5)　キ→カ

2 循環に関する次の文章を読み，以下の設問8～13に答えよ。

生命に必要な成分が，身体のどこかで吸収され①血管を通じて体内に配分され，老廃物が排出される②ということは古くから認識されていた。しかし循環の存在は17世紀の解剖学者ウィリアム・ハーベイ③の発見によってようやく明らかとなった。その後，顕微鏡の発達により毛細血管④の存在が確かめられた。また進化論が提唱されると，生物の循環器がいつ生まれ⑤，その後どのように発達してきたか⑥が明らかにされてきた。

問8　下線部①と②に関して，陸上脊椎動物の血管への吸収と排出経路を簡略化したものを図1に示す。図中の灰色で示した経路Aにのみ存在する組織を描いた像として，正しい組み合わせはどれか，1つ選べ。

(1)　(ア)と(ウ)　　(2)　(ア)と(エ)　　(3)　(イ)と(ウ)

(4)　(イ)と(エ)　　(5)　(ウ)と(エ)

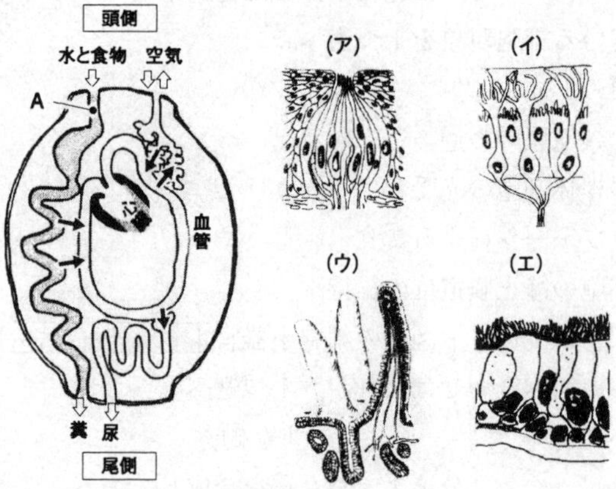

図1　陸上脊椎動物の吸収と排出の経路

問9　下線部①と②に関して，炭素化合物の血管への吸収場所と，血管からの排出場所の組み合わせとして正しいものを1つ選べ。

	吸収	排出
(1)	小腸上皮	細尿管
(2)	小腸上皮	肺胞
(3)	小腸上皮	小腸上皮
(4)	肺胞	細尿管
(5)	肺胞	肺胞

問10　下線部③に関して，ウィリアム・ハーベイは生きている人の血管の観察実験から循環の存在を明らかにした。まずヒジの近位部をヒモで軽く縛ったところ，複数の弁を持つ血管が浮き上がった（図２Ｂ）。ここで図２Ｃのように，一方の指でａの弁を押さえながら他方の指でａの弁からｂの弁まで血管を押し動かした場合（実験操作Ｘ）と，図２Ｄのように，一方の指でｂの弁を押さえながら他方の指でｂの弁からａの弁まで血管を押し動かした場合（実験操作Ｙ）を比較した。すると，いずれかの条件でａ～ｂの区間における血管の浮き上がりが消失したままとなった（図２Ｅ）。なお弁を押さえたままの指は図２Ｅ中に示していない。図２に示される血管と，血管の浮き上がりが消失した実験操作の正しい組み合わせを１つ選べ。

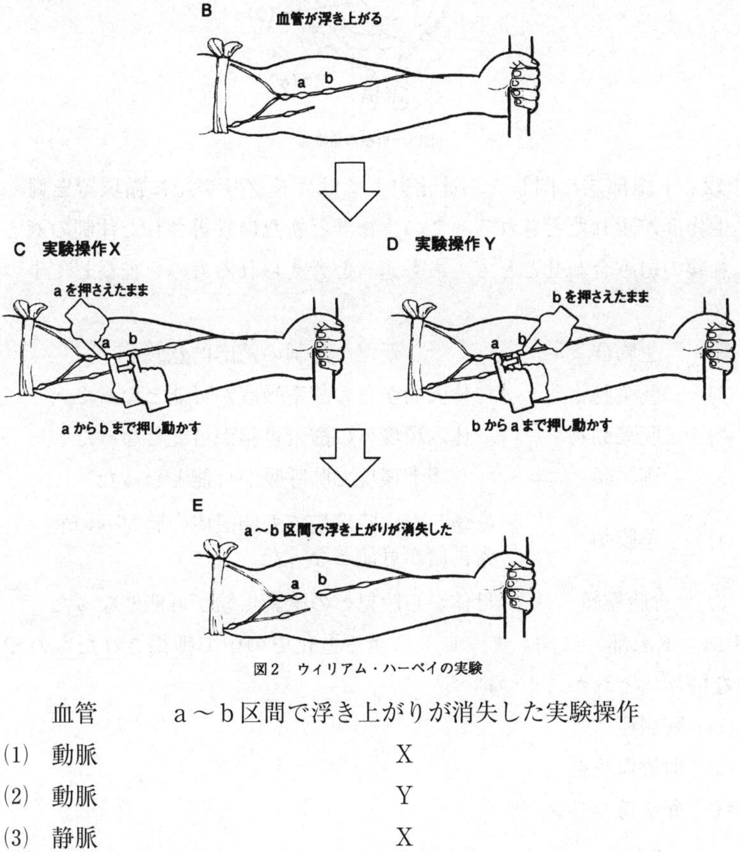

図２　ウィリアム・ハーベイの実験

	血管	ａ～ｂ区間で浮き上がりが消失した実験操作
⑴	動脈	Ｘ
⑵	動脈	Ｙ
⑶	静脈	Ｘ

(4)　静脈　　Y

(5)　静脈　　XおよびY

問11　下線部④に関して，腎臓にも毛細血管が存在する。これを実体顕微鏡で観察するため，ブタの腎動脈から墨汁を注入する実験を行った。図3に示す腎臓の組織図において墨汁で染まる場所はどこか，正しい組み合わせを1つ選べ。

(1)　(カ)と(キ)　　(2)　(カ)と(ク)　　(3)　(カ)と(ケ)

(4)　(キ)と(ク)　　(5)　(キ)と(ケ)

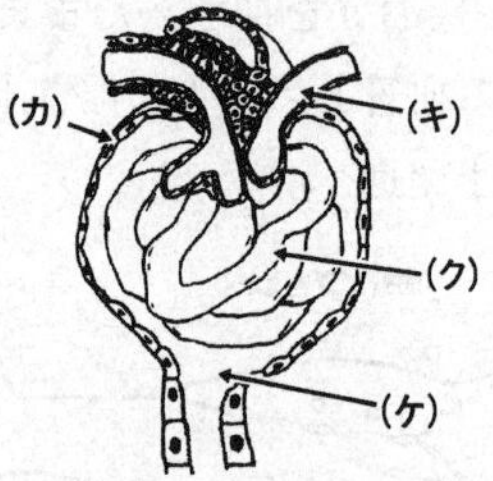

図3　腎臓の組織図

問12　下線部⑤に関して，進化史上ではカンブリア紀に循環器を備えた生物群が現れたとされる。この生物群と新たに獲得された体制の適応的意義の組み合わせとして，最も適当と考えられるものを推察して1つ選べ。

	生物群	新たな体制の適応的意義
(1)	二胚葉動物	体表面からの酸素吸収が可能となった
(2)	三胚葉動物	体内環境への酸素供給が可能となった
(3)	両生類	陸上環境で肺呼吸が可能となった
(4)	羊膜類	乾燥した内陸環境でも卵殻内の胎児への酸素供給が可能となった
(5)	有胎盤類	母体から胎児への酸素供給が可能となった

問13　下線部⑥に関して，ヒトに至る進化史の中で**獲得されたものではない**のはどれか，1つ選べ。

(1)　肺循環

(2)　開放血管系

(3)　弁を持つリンパ管

(4)　厚い壁を持つ動脈

(5)　２つの心室を分ける壁

3　植物の屈性に関する次の文章を読み，以下の設問 14～19 に答えよ。

①植物が光や接触などの刺激を感受して一定の方向に屈曲する性質を屈性という。刺激が光のときは光屈性，重力のときは重力屈性という。そして刺激の側に向かう屈性を正の屈性，反対側への屈性を負の屈性と呼ぶ。

光屈性において，光刺激の応答に関わる植物ホルモンはオーキシンである。②オーキシンの存在を確定的にしたのは 1926 年にフリッツ・ウェントが行ったマカラスムギの幼葉鞘の屈曲実験だった（図１：実験１，２）。③オーキシンに対する光感受性は組織によって異なり，ある濃度では茎と根で反応が異なる。また，④重力屈性にもオーキシンが働いていることが後に判明した。

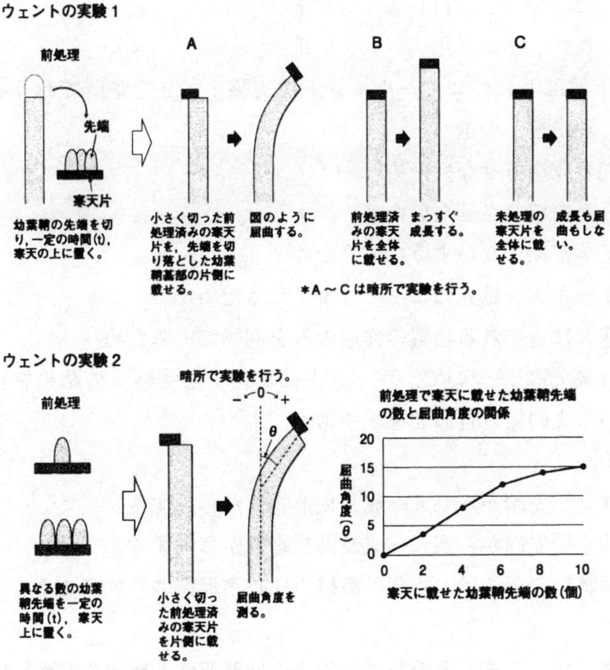

図１　マカラスムギの幼葉鞘を用いたウェントの光屈性の実験

問14 下線部①について，表1は植物の一般的な屈性をまとめたものである。表1中の空欄 ア ～ ウ に当てはまる語句の組み合わせとして正しいのを1つ選べ。

表1 屈性の種類と茎と根の屈曲方向

刺激	屈性の種類	方向性（正・負）
光	光屈性	茎（正） 根（負）
重力	重力屈性	茎（ ア ） 根（ イ ）
水	水分屈性	根（ ウ ）

	ア	イ	ウ
(1)	正	負	負
(2)	正	正	負
(3)	負	正	負
(4)	負	負	正
(5)	負	正	正

問15 下線部②について，ウェントは実験1，2を暗所で行う必要があった。理由を1つ選べ。

(1) 光合成をさせないため
(2) 日長を感じさせないため
(3) 子葉が開かないようにするため
(4) オーキシンは光によって分解されるため
(5) 寒天に含まれる物質の作用のみを調べているため

問16 下線部②について，ウェントの実験1と実験2の結果を正しく示している文の組み合わせを1つ選べ。

実験1

(エ) 幼葉鞘先端から寒天へ成長促進物質が移動する。
(オ) 幼葉鞘先端から寒天へ成長抑制物質が移動する。
(カ) 幼葉鞘の屈曲は，片側の組織の伸長が促進されて起こる。

実験2

(キ) 寒天片に含まれる成長促進物質の分解速度と屈曲角度が比例する。
(ク) 寒天片に含まれる成長促進物質濃度と屈曲角度が比例する。

(ケ)　寒天片に含まれる成長抑制物質濃度と屈曲角度が反比例する。

(1)　(エ), (カ), (キ)　　(2)　(エ), (カ), (ク)　　(3)　(オ), (ケ)

(4)　(オ), (ク), (ケ)　　(5)　(カ), (キ)

問17　植物組織内でのオーキシンの輸送は，頂端部側から基部側へという一方向性を示すことが知られている。この輸送を何と呼ぶか，1つ選べ。

(1)　蒸　散

(2)　転　流

(3)　極性移動

(4)　原形質流動

(5)　エキソサイトーシス

問18　下線部③について，下のグラフにおいて茎と根が光に対して正負逆の屈性を示すオーキシンの濃度領域と，光を感受する光受容体名の正しい組み合わせを1つ選べ。

	濃度領域	光受容体名
(1)	(a)	フォトトロピン
(2)	(b)	フォトトロピン
(3)	(b)	クリプトクロム
(4)	(c)	フォトトロピン
(5)	(c)	フィトクロム

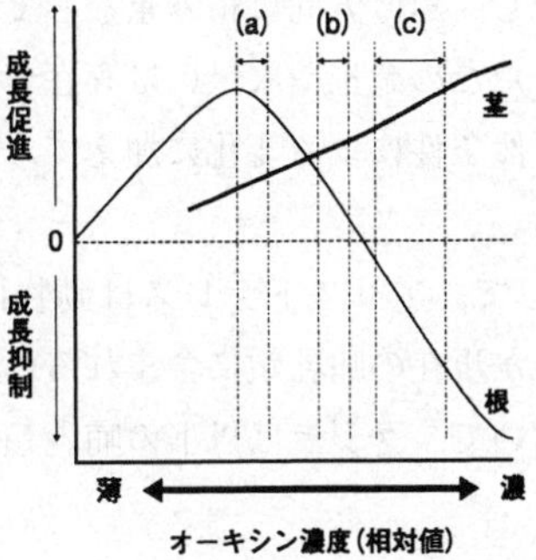

問19　下線部④について，マカラスムギ幼葉鞘の重力感受性と，それに対応したオーキシンの移動について以下のような実験を行った。正しい結果を示していると思われるものを1つ選べ。

重力とオーキシン濃度の実験

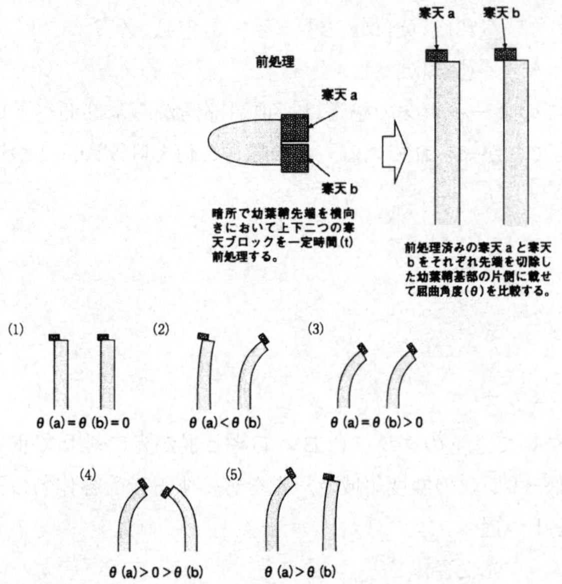
前処理
寒天 a
寒天 b
暗所で幼葉鞘先端を横向きにおいて上下二つの寒天ブロックを一定時間(t)前処理する。
寒天 a
寒天 b
前処理済みの寒天 a と寒天 b をそれぞれ先端を切除した幼葉鞘基部の片側に載せて屈曲角度(θ)を比較する。
(1)
θ(a)=θ(b)=0
(2)
θ(a)<θ(b)
(3)
θ(a)=θ(b)>0
(4)
θ(a)>0>θ(b)
(5)
θ(a)>θ(b)

4

土壌に関する次の文章を読み，以下の設問 20～25 に答えよ。

①アリストテレスは著作の動物誌で，「ミミズは②土における腸である」と述べている。土壌には③ミミズのような生物によって④処理された有機質と岩石由来の無機質が混合し，鉛直方向に積み重なっている。土壌は⑤長い生物進化に伴って形成されたため金星や火星には存在しない。その地球上の土壌も不変ではなく，自然条件による変化に加えて，現在⑥ヒトによる大規模な改変が行われている。

問 20　下線部①に関して，アリストテレスは動物同士の類縁関係を初めて体系化し，クジラが現在の哺乳類に含まれることも明らかにした。現代の分子系統樹において，クジラは以下の哺乳類のどの種に最も近いか，1つ選べ。

(1)　カ　バ

(2)　マメジカ

(3)　カモノハシ

(4)　キタオポッサム

(5)　ジャイアントパンダ

問 21　下線部②は，ミミズが森林生態系の食物網で落葉・落枝や動物遺体を摂食するデトリタス食者の代表であることを示している。干潟生態系の食物網において，これと同じ役割を担っている生物はどれか，1つ選べ。

(1)　アサリ

(2)　マハゼ

(3)　ケイソウ

(4)　ホウロクシギ

(5)　メダイチドリ

問 22　下線部③に関して，ミミズはどの分類群に属するか，1つ選べ。

(1)　軟体動物　(2)　輪形動物

(3)　扁形動物　(4)　環形動物

(5)　線形動物

問 23　下線部④を多く含む地質層は迅速な二次遷移の基礎的条件となる。その理由として最も適切なものはどれか，1つ選べ。

(1)　地衣類が生育しやすいため

(2)　母岩の風化が進みやすいため

(3)　水やミネラルが保たれるため

(4)　雨水が地表に流れやすくなるため

(5)　陰樹芽生えの生育が促進されるため

問 24　下線部⑤に関して，土壌形成の必要条件となる地球史上の出来事はどれか，1つ選べ。

(1)　オゾン層の形成

(2)　パンゲアの形成

(3)　種子植物の登場

(4)　果実植物の登場

(5)　大型は虫類の絶滅

問 25　下線部⑥について，熱帯雨林を穀物生産に適した土壌に改変するために焼き畑農業が行われている。熱帯雨林における焼き畑農業の拡大がもたらしうるリスクとして**当てはまらない**のはどれか。1つ選べ。

(1)　大気の汚染

(2)　水害の発生

(3)　オゾン層の破壊

(4)　在来動植物の減少

(5)　温室効果ガスの増加

(5) 読み手に受け入れられ易くすることが強い伝達力を発揮させるということ。

問24 問題本文の趣旨としてふさわしくないものを次から選べ。

(1) 実感や真実というものはそれ自体が終着点なのでそれ以上に発展させることは難しい。
(2) 言い切りの文章では人間心理が包含する複雑さを書き漏らしてしまうように思われる。
(3) 語り手の存在を感じさせずに小説を構築しうるのは日本語の特質のひとつである。
(4) よい小説を構成しようとする際には要素を全くのランダムで配置すべきである。
(5) 読み手の存在を考えずに書かれた作品は読み手によって評価されない。

(3)　何者とも見なすことのできない語り手。
(4)　作品の中で名前を呼ばれることがない登場人物。
(5)　小説の世界の外側にいるのが当然な作者。

問21　傍線部7の内容として最も適当なものを次から選べ。
(1)　作者の誤った判断基準が意図せず作品に反映されてしまうこと。
(2)　読み手が作品中の語り手を作者その人だと考えてしまうこと。
(3)　作者の優柔不断によって言い切ることができずにいると思われること。
(4)　作者の思い込みによる叙述によって内容が誤解されてしまうこと。
(5)　断定しない書き方が作者の意思によって採用されていると思われること。

問22　傍線部8の意味として最も適当なものを次から選べ。
(1)　対象から遠ざかること。
(2)　多角的に考えること。
(3)　気軽に接すること。
(4)　大きく構えること。
(5)　順番に解決すること。

問23　傍線部9の内容として最も適当なものを次から選べ。
(1)　バラバラな要素を並立的に描くことで強いメッセージが打ち出せること。
(2)　断定的でない文を累積することで作者の意図を効率よく伝達できること。
(3)　実体化しえた文章よりも作者の抱いている理想は高い所にあるということ。
(4)　いまだ文章では伝えきれていない作者が持っている考えをも伝えること。

(1) 表現する際に内容を度外視する執筆姿勢。
(2) 文章の美しさのみに力点を置く書き方。
(3) 作品の説得力とは関わりのない修辞。
(4) まず形式的に文章の構造を強化する方法。
(5) 執筆を楽しむための仕掛けを用意すること。

問18 傍線部4の内容として最も適当なものを次から選べ。
(1) 時流の最先端。
(2) 時間の流れ方。
(3) 読み手の読解力。
(4) 安定しない精神状態。
(5) 当時の受け取り方。

問19 傍線部5の意味として最も適当なものを次から選べ。
(1) 自身の行ったことによって報いを受けること。
(2) 信念に則って自分の行動を規制すること。
(3) 一切の責任を自分ひとりだけで背負いこむこと。
(4) 自らの発言などで身動きが取れなくなること。
(5) 自分の行為の結果を自身で省みること。

問20 傍線部6の内容として最も適当なものを次から選べ。
(1) 作中の世界全てを意のままにできる主体。
(2) 小説の中で自然と立ち現れてくる作者の意図。

(5) 管理者のキョダクを得ている。

問14 オ　ヨギ

(1) その法案に関してはギギを抱いている。
(2) 多大なギセイを払って前進する。
(3) この活動にはイギを感じて参加している。
(4) 重要な式典を前にイギを正した。
(5) 発言の有無に関してシンギを問いただす。

問15 傍線部1の理由として最も適当なものを次から選べ。

(1) 読み手の解釈をあさっての方角に誘導してしまいそうだから。
(2) 読者とのやり取りが不完全なものになりそうだから。
(3) 描写の奥行きや広がりが保てないように感じるから。
(4) その場しのぎの叙述技法が使えなくなりそうだから。
(5) 言いきって良いのかどうか自信が持てないから。

問16 傍線部2のように考える理由として最も適当なものを次から選べ。

(1) 芥川龍之介のことをよく知った人の発言だったから。
(2) 人間の心の中は押しなべて入り組んでいるものだから。
(3) 感情を分析して類別することができる人の言葉だったから。
(4) 人間観察に秀でる小説家の特性を理解できたから。
(5) 芥川は作品中で多様な心理状態を描き分けていたから。

問17 傍線部3の説明として最も適当なものを次から選べ。

(3) ストレスでジョウチョが不安定になる。
(4) 八をジジョウすると六十四となる。
(5) 適当な価格で地権をジョウトした。

問11 イ　スイジャク
(1) 物流の効率化をスイシンする。
(2) 彼はチャイコフスキーにシンスイしている。
(3) 落ち着いて任務をスイコウする。
(4) 平家一族のセイスイを描く物語。
(5) 自由貿易圏の拡大をコスイする。

問12 ウ　カンゲイ
(1) その説にはジャッカンの疑問がある。
(2) 部活動に新入生をカンユウする。
(3) 大会二連覇の快挙にカンセイがあがる。
(4) ここからの眺めはソウカンだ。
(5) ここの商店街はカンサンとしている。

問13 エ　キョギ
(1) 沿岸部に貿易のキョテンを構える。
(2) 時流に踊らされるクウキョな人たち。
(3) 片務的に思える提案をキョゼツした。
(4) 契約切れ後のキョシュウが注目される。

ここまでは芸術として許されうる世界であって、従って最も広く、暢達な歩みを運ぶこともできるのである。表面の形は低俗であっても、最も暢達の世界であるために、結果に於て最も低俗ならざる深さ高さ大いさに達することができるのだ。左様《さよう》な考えから、今日の神経に許されうる最も便宜的な世界に於て、真実らしき文章の形式を考案したいと考えているのである。

（坂口安吾「文章の一形式」による）

註
○弥縫＝欠点や失敗を一時的につくろうこと。
○宇野浩二＝明治二四（1891）～昭和三六（1961）作家。芥川とは一緒に旅行するなど懇意であった。
○ひねこびた＝「ひねこびる」は、ませている、こまっしゃくれる、素直でなくなるの意。
○narrateur＝（仏語）ナレーター。語り手。
○penseur＝（仏語）考える人。思想家。
○闖入＝突然、無断で入ること。
○暢達＝のびのびしていること。
○反撥＝反発に同じ。
○ディアレクティクマン＝（仏語）dialectiquement 弁証法的に。
○聯絡＝連絡に同じ。
○ディアレクティク＝（仏語）dialectique 弁証法。弁論術。
○モンタージュ＝本来は組み立て、はめ込みの意。映画のフィルム編集技法をいう。

二重傍線部ア～オのカタカナを漢字に直した場合に同じ字になるものを選べ。

問10　ア　ジョウヨ
(1) サプリメントのカジョウな摂取はよくない。
(2) この方法ならガンジョウな建物ができる。

継起する必然性は人間の動きに於ては決してないので、それ本来の条件としては寧ろ偶発的、分裂的と見る方が至当であり、これらの動きに一々必然的な聯絡をつけ、組織づけようとすると、ここでも却ってその真実らしさを失うことになるであろう。

ドストイェフスキーの作品では、多くの動きが、その聯絡が甚だ不鮮明不正確で、多分に分裂的であり、それらの雑多な並立的な事情が極めてディアレクティクマンに累積され、或いはディアレクティクなモンタージュを重ねて、甚だしく強烈な真実感をだしている。組織的に組み立てようとするよりも、むしろ意識的に分裂的散乱的に配合せんとすることを狙《ねら》っていて、いわば彼にあっては、分裂的に配合することが、結果に於て組織的綜合的《そうごうてき》な総和を生みだすことになっている。そうして徒《いたず》らに組織立てようとしないために、無理にする聯絡のカラクリがなく、労せずして（実は労しているのであろうが、文章に表われた表面では――）強烈な迫力をもつ真実らしさを我物としている。この手法は私の大いに学びたいと思うところのものである。

脈絡のない人物や事件を持《も》ち来《きた》って棄石《すていし》のように置きすてて行く、そういうことも意識的に分裂的配分を行う際に必要な方法であろうし、探したならば、そのための色々都合のいい、効果的な、面白い手法を見付けだすこともできると思う。要するに、事件と事件が各々分裂的で、強いてする組織的脈絡がないということは、一章句が断定的でなく強いて曖昧であることの効果と同じ理由で、それ自体が真実そのものであることを表面の武器としない代りに、真実を摑み損ねた手違いは犯していないというそれ自らとしては消極的な効能ながら、それによって読者の神経に素直に受け入れられることができ、つづいて斯様に分裂的な数個の事情を累積することによって、積極的な真迫力も強め得て、9言葉以上に強力な作者の意志を伝えることもできようと思うのである。

蛇足ながら最後に一言つけ加えておくと、私は「真実らしさ」の「らしさ」に最も多くの期待をつなぐものであって、それ自体として真実である世界は、それがすでに一つの停止であり終りであることからも、興味がもてない。「らしさ」はあらゆる可能であり、かつ又最も便宜的《べんぎてき》な世界である。芸術としては最も低俗な約束の世界であろうが、然しともかく雑多岐な働きをすることもできようと思うのである。とまれ然ういう文章の構成法を様々に研究してみたら、極めて軽妙に文章の真実らしさを調《ととの》えることもでき、従而《したがって》言おうとする内容を極めて暢達《ちょうたつ》に述べとおすこともでき、色々とひっかかる左右の問題にも8軽く踵《きびす》をめぐらして応接することができはしないかと思うのである。

別な見方からすれば、内容を萎縮《いしゅく》せしめる形式が最もいけないのであって、その逆の形式をもとめるべきであり、私自身はその形式の必要を痛感しつつもはや長く悩まされ通しているばかりである。

第四人称の問題は別として、らしい、とか、何々のようであった、ように見えた、という言い方は、却々《なかなか》面白い手段ではあるまいか。とかく今日の神経は、断定的であったり、あくまで組織的であろうとすると直ちに反撥《はんぱつ》を感じ易く、いわば今日の神経はそれ自らが解決のない無限の錯雑と共にあがきまわっているようなもので、むしろ曖昧《あいまい》な形に於て示された物に対しては能動的な感受力を起してきて、神経自らが作品の方を真実らしく受けとってくる、そういうことも考えられると思うのである。過去に於ては作者も読者も陶酔的であったらしいが、今日では作者は同時に自らの批評家であることが免れがたい状態で、そういう作者は作品の制作に当って、自分と同じ批評家としての読者しか予想できないものである。つまりは今も昔も変りなく、自分の意に充《み》つるようにしか書けないわけのものであろうが、そこで私は自分の状態をのべると、あくまで断定的ならざる又組織的ならざる形態で示したものが、それ自体としては真実を摑んでいないにせよ、真実を摑みそこねてはいないので、真実らしく見えるのである。且又《かつまた》斯様に分裂的な曖昧な言い方を曖昧なままディアレクティクマンに累積することによって、ともかく複雑な襞をはらんだ何物かを言い得たように思われる場合が多いようにみられるのだ。

このことは又、章句の場合に限らず、小説全体の構成に就ても同断である。小説に首尾一貫を期そうとし、あくまで組織づけようとすると、その聯絡毎《れんらくごと》に概して無理がともないがちで、あくまで真実らしくしようとすると、ここでも進行不能の渋滞を惹起《じゃっき》しがちのものであり、その反対には不当な曲芸を犯してしまうことが多い。人間の動きは数理のようには行かない。あらゆる可能を孕《はら》んでいて、それのいずれもが同時に可能であることが多々ある。Ａの事情からＢの事情が験によると、内容的な真実（実感）を先に立てると、概《おおむ》ね予定通りの展開もできないような卑屈な渋滞状態をひきおこし、却って真実を逸しがちであるばかりか、渋滞状態の悪あがきの中では、真実を強調するための一種自己催眠的なキョギすら犯してしまうのである。これらの危険を避け、書きたいことを自由に書きのばすために、私に考えられる唯一の手段は、新らたな形式をもとめ、形式の真実らしさによって逆に内容の発展を自由ならしめようということである。

　四人称を設けることは甚だうまい方法で、この方法によって確かに前述の自縄自縛がかなりにまぬかれるに違いない。然しながら私は、日本語に於《お》ける四人称に一つの疑いを持つものである。

　元来この目的のための四人称は記号の如《ごと》きもので、肉体を持つとそれは又別の意味のものになる。多少の肉体を具《そな》えた四人称は、これは又特別のニュアンスをもつもので、私のここでふれたい問題は完全に肉体を持たない四人称に限られている。

　英語や仏蘭西《フランス》語や独逸《ドイツ》語は主格なしに句をつくることができない。そこで作中の人物でもなく、作家自らでもなく、いわば作品の足をおろした大地からは遊離した不即不離の一点に於て純理的存在をなすところの一談話者兼一批判者（形の上では、つまりnarrateurとpenseurが一致したような体裁である）、一でも多でも全でもあり、同時に形態としては無であるところの第四人称が、外国語では文法的に必ず設立をヨギなくされるわけである。この種の「私」は不完全ながらも外国文学には時々用いられてきたようである。

　日本語は幸か不幸か必ずしも主格の設置を必要としない。彼は斯々《かくかく》に考えたらしい、とか、斯々に考えた様子にも見えた、という風に言葉を用いて第四人称をはぶくことも出来ない相談ではないようである。「らしい」という主体が作者の主観に間違われる心配は、その前後の語法に多少の心を用いればまず絶対にないとみていい。それに私という第四人称が顔を出さないだけに、この無形の説話者はいささかの文章上の混乱をまねくことなく作品のあらゆる細部に説をなすことができ、最も秘密な場所に闖入《ちんにゅう》してつぶさに観察する時にも文章上の不都合をまねかない。同時に、第四人称の私が文法的な制約から必ず第四人称に限定されるに比べれば、この無形の説話者は第五人称にも第六人称にもなりえて、益々《ますます》複れたところから、全然新らたな意味とか、いわば内容の真実らしさも生れてくるのではないかと考えている。如上の私の言う形式ということが、3文章上の遊戯とは思えないのである。

　これを先《ま》ず小さなところから言えば、先程も述べたような、断定的な言い方が気になって仕方がないということであるが、これは必ずしも私の神経が断定を下すにも堪《た》えがたいほど病的なイスイジャクをきたしているから、とばかりは言えないようである。

　意識内容の歪《ゆが》み、襞《ひだ》、からみ、そういうものは断定の数をどれほど重ねても言いきれないように思われる。又、私の目指す文学は、それを言いきることが直接の目的でもないのである。小説の部分部分の文章は、それ自らが停止点、飽和点であるべきでなく、接続点であり、常に止揚の一過程であり、小説の最後に至るまで燃焼をつづけていなければならないと思う。燃焼しうるものは寧《むし》ろ方便的なものであって、真に言いたいところのものは不燃性の「あるもの」である。斯様《かよう》なものは我々の知能が意味を利用して暗示しうるにとどまるもので、正確に指摘しようとすると却って正体を失うばかりでなく、真実らしさをも失ってしまう。

　文章の真実らしさは絶対的なものではなく、4時の神経（ほかに適当な言葉が見当らない）に応じて多分に流動的である。この神経を無視して、強いてする正確さは、その真実の姿を伝える代りに、却って神経の反撃を受けて、真実らしさを失いがちなものである。然《しか》しながら近頃文章を批評するに、この文章には真実（実感）がある、真実がない、という言い方が流行し、この実感を嗅《か》ぎ出す神経が極度に発達しているように見受けられるが、私はこの傾向を余りウカンゲイしない。実感は芸術以前の素朴なもので、文章で言えば手紙や日記に寧ろ最も多く見出されるものであり、それ自体としての真実は持つにしろ、だいたいあんまり本当のことを言われても挨拶《あいさつ》のしようがないことと同じように、御尤《ごもっと》もですという以外の幅も広さもないのである。むしろ一々の文章にこういうひねこびた真実を強いられると、飛躍した高処に何物の姿をもとらえることができなくなってしまうばかりだ。そのうえ、それ自らとして独立した実感を持つにしても、部分と部分との連絡の際に、曲芸を行わない限り自由に進行もできないような5自縄自縛《じじょうじばく》におちいる危険はありはしまいか。私の経

(4)　多摩蘭坂の形状が視覚的に人間に落ち着きをもたらす効果を持っていたから。

(5)　ものごとを逆から眺めることで他の人には見えないものを得たように思えたから。

2

次の文章を読んで以下の問いに答えよ。

私は文章を書いていて、断定的な言い方をするのが甚だ気がかりの場合が多い。心理の説明なぞの場合が殊に然《そ》うで、1断定的に言いきってしまうと、忽《たちま》ち真実を摑《つか》み損ねたような疑いに落ちこんでしまう。そこで私は、彼はこう考えた、と書くかわりに、こう考えたようであった、とか、こう考えたらしいと言う風に書くのである。つまり読者と協力して、共々言外のところに新《あ》らたな意味を感じ当てたいという考えであるが、これは未熟を弥縫《びほう》する卑怯《ひきょう》な手段のようにも見えるが、私としては自分の文学に課せられた避くべからざる問題をそこに見出さずにいられない気持である。

芥川龍之介《あくたがわりゅうのすけ》の自殺の原因に十ほど心当りがあるという話を宇野浩二氏からおききしたことがあったが、2当然ありそうなことで、また文学者のような複雑な精神生活を持たない人々でも、これ一つというアジョウヨなしのハッキリした理由だけで自殺することの方が却《かえ》って稀《まれ》なことではないだろうか。

自殺なぞという特異な場合を持ちだすまでもなく、日常我々が怒るとか喜ぶとか悲しむという平凡な場合に就《つい》て考えてみても、単に怒った、悲しんだ、喜んだ、と書いただけでは片付けきれない複雑な奥行きと広がりがあるようである。それにも拘《かか》わらず多くの文学が極めて軽く単に、喜んだ、悲しんだ、叫んだ、と書いただけで済ましてきたのは、その複雑さに気付かなかったわけではなく、その複雑さは分っていても、それに一々拘泥《こだ》わるほどの重大さを認めなかったからと見るのが至当であろう。実際のところ、特殊な場合を除いて、これらの一々に拘泥しては大文章が書けないに極《きま》っている。

私は文章の「真実らしさ」ということに就て、内容の問題も無論あるが、形の上の真実らしさが確立すれば、むしろ内容はそれに応じて配分さるべきものであり、それに応じて組織さるべきものでもあり、こうして形式と結びついて配分さ

(2) 興味のある地名を曲にできるような才能がないのが無念であること。
(3) 直接的に欲求を周囲に訴える率直さを失ったことへの郷愁。
(4) 年齢を重ねることで感受性が鈍化してしまったことへの悔恨。
(5) 若者の感情表現を客観的に見る姿勢を自覚したもの懐かしさ。

問7 傍線部7の発言の説明として最も適当なものを次から選べ。
(1) 音楽は母親だけとの関係のものだとしていたところに父親も割り込んできたことを伝えた。
(2) 母親と二人で以前からよい評価をしていた曲を父親も同様に気に入ったようだと伝えた。
(3) この種の音楽の理解者ではないはずの父親が自分たちの仲間入りをしそうだということを伝えた。
(4) 父親が持つ曲への関心の深層にあるものをくみ取り概要をかいつまんで母親に伝えた。
(5) 興味がないはずの類の音楽に対して意外にも父親が評価したことに仰天して母親に伝えた。

問8 傍線部8の表現が期待する効果として最も適当なものを次から選べ。
(1) 仕事がある平日とは違って自由に時間を使える余暇を過ごしていることを示す。
(2) 自分が探し求めている種の書籍が実用書の量に圧迫されていることへの不満を示す。
(3) 日々の生業の中で積もり重なったストレスを振り払うための行動であることを示す。
(4) 世の中の潮流に背を向ける自由人たらんとして精一杯の虚勢を張る様子を示す。
(5) 日常と切り離された心の落ち着きどころを探るごく個人的な行為であることを示す。

問9 傍線部9の理由として最も適当なものを次から選べ。
(1) 坂の由来が自分の思った通りの筋道で解明できるように感じたから。
(2) どうにもできない凡庸さに対する感慨を共有できる者がいたように思えるから。
(3) 日頃の不平や不満を「たまらん」の一語で乗り越えられるように感じたから。

問3　傍線部3の理由として最も適当なものを次から選べ。
(1)　騒々しい曲から少し穏やかな曲に変わって人心地がつけるようになったから。
(2)　興味がない音楽の中ですがることができるものが歌詞だけであったから。
(3)　曲の伴奏がやかましくて歌詞を聞き取るのが精いっぱいであったから。
(4)　歌詞の内容が自分の年齢から見るとくだらないことのように感じられたから。
(5)　自分の静かな時間を奪われて息子に付き合うことを強いられていたから。

問4　傍線部4の理由として最も適当なものを次から選べ。
(1)　自身が思い込んでいた漢字の宛てかたと違ったから。
(2)　自分が記憶していた看板は平仮名で書かれていたから。
(3)　漢字表記だと持っているイメージとずれてしまうから。
(4)　漢字だと地名の解釈が固定化されてしまうから。
(5)　「多摩蘭坂」の「蘭」の部分の意味が通じないから。

問5　傍線部5のようにいう理由として最も適当なものを次から選べ。
(1)　歌詞の内容を吟味したところ「蘭」のことが含まれていなかったから。
(2)　もう一度聴き返して曲の印象を確認したら思い通りのものだったから。
(3)　初めから坂のことを落武者が逃げゆくような場所だと思い描いていたから。
(4)　地名の由来については何らかの資料が残っているはずだと考えていたから。
(5)　思い込んでいる地名の印象と呼応しそうなことがらが出現したから。

問6　傍線部6の内容として最も適当なものを次から選べ。
(1)　痛切な気持ちを表現することができなくなったことを惜しむこと。

武者の影に守られ、抱き取られるようで心が和んだ。たまらんなあ、と低く呟くと、なにがたまらんのか言葉を発した者自身がよくはわからないのに、たまらん、たまらん、と背後で深い声が答えてくれた。その落武者が誰であるのかを要助は知りたかった。いつの時代のいかなる人物であるかがわかれば落武者は一層親しい存在となり、その影と共に安心して坂を登れそうな気がしてならなかった。

（黒井千次「たまらん坂」による）

註　○国立＝くにたち。東京都中部の市。市名は国分寺と立川の両駅間にある、双方の頭文字をとった国立駅にちなむ。

問1　傍線部1の理由として最も適当なものを次から選べ。

(1)　関係がぎくしゃくしている家族が帰宅したから。
(2)　息子が大音量で音楽を聴こうとしているのを感じとったから。
(3)　がさつな性格の息子が同じ空間にいることになったから。
(4)　家の中でひとりきりで過ごす時間が終わりになったから。
(5)　体格の良い息子の存在が暑苦しく感じられたから。

問2　傍線部2の理由として最も適当なものを次から選べ。

(1)　息子と一緒にロック音楽を聴く妻の姿が想像できなかったから。
(2)　やかましい音楽を聴いているときの妻の表情が恐ろしかったから。
(3)　家族のなかで自分だけが蚊帳の外になっているのがわかったから。
(4)　妻が自分にひた隠しにしていることがあるのが知れたから。
(5)　自分があずかり知らぬ妻の一面を垣間見たように感じたから。

つき合いに巻き込まれて帰りの遅くなる夜が続いた。家路につくまでは坂のことなど思い浮かべる暇もないのに、帰りの電車が国立駅に近づくと、なにやら身の重いものがおもむろに頭を擡げるようにして、要助の中に落武者のいる坂が立上って来るのだった。

南口に降り、駅前広場のロータリーを迂回して、一橋大学や国立高校、桐朋学園などのある広々とした大学通りを右手に残し、要助は斜め左に延びる旭通りへとはいって行く。シャッターの下された商店が静かに軒を連ねる間を五、六百メートル歩くと、やがて道は信号の下の複雑な五差路にぶつかる。バスの停留所ではここが「旭通り坂下」である。坂下とはいっても、その交差点からすぐ坂にかかるわけではない。角を左折し、バス通りをしばらく進む間はまだ平らな道である。ただここまで来れば前方にまっすぐ押上って行く坂がいやでも眼にはいる。「多摩蘭坂」の特徴は、助走するかのようなこの平坦路から坂を登り詰める頂きまでが一直線に見渡せることだろう。ああ、坂がある、とそれを眼に収めながら一歩一歩近づいて行く。

「大学寮前」の停留所の辺りから気がつかぬほどの傾斜が始っている。ふくら脛に鈍い重みの溜って来るのでそれがわかる。

地名辞典の説明が、国分寺市から国立市へ向けて上からくだる急坂として記されていたことを要助はふと思い出した。「多摩蘭坂」という項目のすぐ脇に〈国分寺市〉と所在地の市名が記入されていたので、国分寺側を基点として坂を説明したものだろう、とその時は考えた。しかし坂のすべてが国分寺市に属するのではない。国立方面から国分寺市に向けて登る坂と説明することも可能である筈だ。坂を登りながらそれを思い起す度に要助は不満を覚えた。落武者は叢林の小道を下って逃げたのではなく、腰を折り、地面に向けた顔を小枝に突かれながら残る力を振り絞って喘《あえ》ぎ喘ぎここを登って行ったのだ。そう考えていると、いつか自分の姿が遠い昔の戦に敗れた武者の影に似て来るように思われた。9なぜか、それは不思議に心の静まる光景だった。現代の己を際立った落後者とも敗残者とも感じているのではなかったが、晴れがましく勝利した者でないことだけは明らかだった。夜毎、坂を登って家へ帰って行くそんな自分が、暗く分厚く、温かな落とになるらしい。とりわけ有名なものでもない限り坂の呼び名が地名辞典の対象にはならないだろう、と考えながらも、古代から現代までの全地名を収録したという帯の言葉に惹かれて、要助はその厚味のある箱を棚から下し、本を抜いてぱらぱらと頁を繰った。音引きに編集された辞典で「多摩」の項をみつけ出すのに時間はかからなかった。「多摩川」があり、「多摩湖」「多摩村」がとびとびに眼にはいり、そして要助は「多摩蘭坂」にぶつかった。僅か五行の横書きの記事を彼はむさぼり読んだ。

「国分寺市内藤町一丁目六・八番の間あたりから西北に、国立市の旭通り商店街へくだる切り通しの急坂。昭和六年、一橋大学が当時の北多摩郡谷保村へ神田一ツ橋から移ってきた頃、箱根土地会社が叢林の中の小道を切り開いてつくった。」

それだけだった。「多摩蘭坂」が地名辞典に記載されていたこと自体は要助を喜ばせたが、その内容に彼は失望せぬわけにはいかなかった。坂の名の縁《ゆかり》に触れられていなかっただけではなく、その坂が昭和になってから土地会社の手で造られた、と書かれていたからだ。記述には息子の口にした落武者の影などはいり込む隙もない。ただ微かな希望は、土地会社が切り通しの坂を造る前に、そこに「叢林の中の小道」があったことである。戦に敗れ、郎党とも逸《はぐ》れた武者が一人とぼとぼと落ち延びるのが叢林の中の小道であって悪かろう筈がない。たとえ現在のような坂道の出来たのが新しくとも、なにかを手繰っていけば昔の小道に辿り着き、その登り詰めた果てにやや滑稽で淋しげな坂の名前を見出すことが出来るのではあるまいか。

記載されている文章のどこにも、「たまらん坂」という表現の出て来ないのが要助には不服だった。辞典の中では、坂は昭和のものと割り切られ、名称の文字による表現は「多摩蘭坂」と限定されていた。

こうなった以上、最早別の伝《つて》から「叢林の中の小道」を探ってみる他にない、と心に定めて要助は重い地名辞典を書店の棚に押し込んだ。

息子に言われた通り、図書館にでも行けば手掛りが摑めるかもしれない、と考えながらも日が過ぎた。仕事に追われ、君の口に似ているからキスしてくれ、などと到底自分では歌えはしなかったが、若い日々に特有の切実で甘美な味わいは、時の距《へだた》りを置いて触れるとまた6別の感傷を生むものでもあるらしかった。

「『ブルー』を買ったよ。」

　気づかぬうちに帰宅して買物の紙袋を下げたまま部屋の入口に立った妻に、息子はテーブルの上のＬＰレコードのカバーを示して大きな声を投げた。妻は顎をしゃくってみせた。

「7おやじが『多摩蘭坂』という曲はいいってさ。」

　ステレオの音に消されて聞えなかったのか、妻は息子の方に身を傾けた。ようやく言葉を聴きとると、彼女は口唇を尖らせ、大袈裟な驚きの表情を作った後、ふと笑いを残して台所の方へ歩み去った。

　翌日の日曜日から要助の詮索は始った。煙草を買いに出たついでに、折よく通りかかったバスをつかまえ、駅前まで乗って本屋にはいった。その気になって捜すと、表題に武蔵野とか多摩とかの地名のはいった本は意外に多く書店の棚に並べられていた。それは地名そのものの由来を解くやや堅い書物であったり、民話や伝説を集めた絵入りのものであったり、郷土夜話ふうの本であったり、民俗学の資料に属するものであったりした。

　しかし、そのどれを抜き出して調べても、要助の求めるものにはたやすく出会えそうになかった。伝説にしても、地名にしても、この近辺で多くの本が興味を示す対象はほぼ共通して重複しており、武蔵国分寺であり、恋ケ窪であり、大国魂神社であり、二枚橋であり、そして国立では谷保天神だった。自分の中に伸び上っている「たまらん坂」がひどく蔑《ないがし》ろにされ、誰からも相手にされていないことが要助には腹立たしかった。と同時に、幾冊かの本を手に取ってめくっていくうち、その坂が次第に小さく、貧しいものに感じられても来るのだった。

　さほど離れていないもう一軒の本屋でも、事情は変らなかった。8ビジネス関係の本のぎっしりと並ぶ棚を避けるようにして店内を一巡した要助は、辞書類の集められた片隅に「東京都地名大辞典」と緑の帯を巻かれた分厚い辞典の立っているのに眼をとめた。『角川日本地名大辞典』の十三巻が東京都篇に当り、その宣伝文句が「東京都地名大辞典」というこ

「昔どこかこの近くで戦《いくさ》があってえ、一人の落武者がここの坂を登って逃げながら、たまらん、たまらん、て言ったのでそういう名前がついたとか、そう言う話じゃなかったかな。」

「その雑誌があるか。」

「なんで読んだか忘れちゃったよ。清志郎だったと思うんだけど、違ったかもしれない……。」

要助が強い興味を示して詰め寄ると息子は急に自信なげに言葉を濁らせた。

「やっぱりそうか、落武者か。そんな言い伝えがあるのか。みろ、多摩の蘭なんて嘘っぱちじゃないか。」

「そんなこと知るかよ。でも、今の坂の名前は多摩の蘭の坂で、清志郎はその坂の歌を作ったんだから。」

「それは仕方がないけど、おい、雑誌の名前を思い出さないか。」

息子のあやふやな言葉に誘い出されたかのように、要助の胸の内に不思議に生温い体温を持つ一人の落武者の影が生れていた。その士をずっと前から知っていたような気さえした。

「忘れたなあ。清志郎のことを読みたいの。」

「いや、坂のことを知りたいんだ。」

「自分で調べれば。」

「どうやって。」

「さあ。図書館にでも行ったらなにか本があるでしょ。」

言われてみればその通りだった。記憶も曖昧な雑誌の記事を捜すより、郷土史の本にでも当る方が確実なのは明らかだ。夢中で息子を問い詰めようとした自分が滑稽に思えて要助は苦笑した。

「『多摩蘭坂』はいい歌だよ。」

気になっていた坂のことを歌った曲のあるのを教えてくれた息子への感謝の気持ちをこめて要助は言った。息子の方により近い歳頃の若者が、あの坂の歌を作っているのが理由もわからずに嬉しかった。あれほど素直に、窓から見える月がの若者達が大型トラックの運転台のように見える横長いガラス窓に貼りついている写真をひっくり返すと、二つ折りの最終面にサイド1とサイド2に分けて横書きの歌詞が並んでいる。要助の眼は忙しく走って曲のタイトルを捜した。

「『多摩蘭坂』だ。」

要助はがっかりしてソファーに身を落とした。

「そう言ったじゃないか。」

「いや、4平仮名の『たまらん坂』かと思ったのさ。」

曲は多摩蘭坂の途中の家を借りて暮らしている若者の、どこか淋しげで甘美な心情を乾いた声で歌い続けている。

「あの坂は多摩の蘭の坂と書くんだよ。」

そんなことも知らなかったのか、と言いたげに息子は要助を見た。しかし坂の途中にある駐車場の看板には、平仮名で「たまらん坂」と書かれているぞ、と要助は言い返したが、息子の方は、へえ、と興味なさそうに応じただけだった。

窓からのぞいているお月さまに、キスしておくれよ、とせがんだ後、音が静かに引き揚げて行くようにして曲は終った。

「もう一度今の歌を聴かせてくれないか。」

歌詞の書かれた紙を睨んだまま要助は頼んだ。

「いいよ。気に入ったの。」

息子は身軽に椅子を離れ、野太いギターの音とドラムの響きが重なりかけている次の曲から針をあげると、レコードの溝の切れ目を探って再び針を落とした。

「やはり、多摩の蘭ではなくて、堪らない坂だよ、この歌は。」

繰り返された曲が終った時、要助は独り言のように呟いた。

「そう言えば、清志郎か誰かがこの曲のことを雑誌かなんかに書いていてえ……。」

息子はふと記憶を探る眼付きになった。なんと書いてあった、と要助は沈んでいたソファーから身を乗り出した。

曲が変って前よりはややメロディーのある歌が流れ出して来た時、要助は息子に対してそれ以上の小言をいい立てる気持ちを失っていた。細かくリズムを刻まれながらその上を流れていく言葉が、少しずつ耳にはいるようになって来たためらしかった。言葉がなにを喚いているのかわからぬ英語ではなく、日本語であるのがせめてもの救いだった。三曲目は慎しやかなギターの伴奏に導かれてすぐ歌詞が現れた。スローテンポの、言葉を引き伸ばした上で切り離し、一つ一つ眼の前に貼りつけていくような歌い方だった。夜の夢が電話のベルで醒まされた、と告げる少し掠れた男の声を

3要助の耳は仕方なしに追っていた。

その曲が途中まで進んだ時だった。

「おい、今なんて言った。」

要助は突然横の息子の肩を摑んで揺すり上げた。

「なにが。」

「忘れたことがあって、その次はなんと言った。」

「多摩蘭坂を登り切る……。」

「多摩蘭坂と言ったのか。」

「だって、『多摩蘭坂』という曲だもの。」

「そこの多摩蘭坂のことか。」

「そうだよ。忌野清志郎はたしか国立に住んでいるんだから。」

「この変った声で歌っている奴がか。」

「これは作詞も作曲も清志郎だろ。」

「歌詞を書いた紙があるか。」

父親の勢いに押されたのか、息子は素直にレコードのカバーの中から大きな四角い紙を引き出して要助に渡した。五人

　要助は思わずソファーから飛び起きて息子に呼びかけたが、スピーカーからの音に掻き消されて相手には聞えないらしい。ステレオの前をゆっくり離れて横の椅子に沈もうとする息子の肩を突いた。振り向いた息子に、ボリュームを絞れ、と要助は手首を激しく左に捻ってみせた。不承不承ステレオに近づいた息子がようやく音量を少し下げて椅子に戻る。

「なんだ、これは。」

　椅子の背もたれから出ている頭に口を寄せて要助は同じ問いを繰り返した。

「アール・シー。」

「なんだって。」

　女に不自由はしないぜ、という叫ぶような歌詞の向うから、「RCサクセションだよ」と答える面倒臭げな息子の声がやっと要助の耳に届いた。

「ロックのバンドなのか。」

「『ロックン・ロール・ショー』っていう曲だから、きっとそうなんでしょ。」

　揶揄《やゆ》する口振りで息子が言った。

「もう少し音を小さくするか、ヘッドフォーンで聴けよ。近所から苦情が来るぞ。」

「平気だよ。昼間はいつもこのくらいの音で聴いているもの。」

「ママは文句を言わないのか。」

「一緒に聴いてるよ。」

　その答えが要助を驚かせた。こんな騒々しい音楽に子供と共に耳を傾ける妻があるとは信じ難かった。どういう顔をして聴いているのか、と想像すると、滑稽であるよりなにか空恐ろしい気分に襲われた。それが夫には決して見せることのない妻のもう一つの顔であるような気がしたからだ。歌というより騒音にのった叫びか語りに近い声に曝されながら、[2]彼は反撥とは別の落着きのない気分に陥った。

国語

（六〇分）

1

次の文章を読んで以下の問いに答えよ。

　鍵のかかっていなかった玄関の扉が大きな音をたてて閉じられ、最近急に身長が伸びて父親を抜くまでになった息子の姿がぬうっと部屋にはいって来た。お帰り、と声をかけても口の中で小さくなにか呟く気配を見せただけで、ろくに返事もしない。重そうな鞄を床に音たてて落し、それとは反対に手にしていたレコードをひどく慎重にテーブルの上に置くと、息子は台所の方に出て行った。

　ささやかな静謐《せいひつ》もこれで終りか、と[1]要助はがっかりした。首筋に汗を光らせ、鼻の下の薄い髭が眼につくようになった息子の図体が、家の中の暑苦しさを一層募らせた。

　台所で水を飲んで来たらしい息子は口の脇を手の甲で拭いながら、ママは、とさして気にしているふうでもなく訊ねた。紀ノ国屋まで買物に出た、との要助の言葉には反応もみせず、息子はポケットから引き出した汚れたハンカチで丁寧に手をふくとすぐステレオにスイッチを入れてレコードをのせた。

　いきなりドラムの音が、天井と壁と床と窓とソファーとテーブルと、部屋にあるすべての物を叩き出した。重く粘るギターの電気音がそれに絡んで立上ると、「ほら、もういっちょう」と掛け声が飛んだ。

「なんだ、これは。」

だと思う読者もいるかも知れない。あなたは、どう思うだろうか。

（小林亜津子著『看護のための生命倫理』ナカニシヤ出版　二〇〇四年）

※　ＥＬＳＩ＝Ethical Legal and Social Issues　倫理的・法的・社会的課題。

設問　右記の文章を読み、筆者の述べる「知る権利」と「知らないでいる権利」について、QUESTION の事例を用いてあなたの考えを八〇〇字以内で述べなさい。

ことが分かると、彼／彼女の血縁者の半数が、この病気であるということが分かってしまうことになる。血縁者の人たちが何も知らないうちに、彼らの遺伝情報が判明してしまうわけである。家族のなかで誰か一人が遺伝子診断を受けるということが、血縁者全員の個人情報にかかわる問題になってくるのである。これが、今までの医療にはなかったＥＬＳＩ[※]を生み出している。

医療者の側からみれば、このことは遺伝病の告知の問題とつながってきている。遺伝病の告知の場合、通常の病名告知とはまったく違って、本人への告知が、かなりの確率でその血縁者に対する告知にもなるからである。告知が、目の前の患者さん一人の問題ではなく、その家族全員の問題となってくるのである。

現在のアメリカでは、遺伝子診断の前に、必ず本人と血縁者に対して遺伝カウンセリングを行ない、診断に対して、血縁者の理解と同意を得ることが義務づけられているところもある。だが、妹の主張する「知る権利」も、けっしてないがしろにはできないだろう。血縁者全員の同意を得ない限り、自分の遺伝情報を知ることができないというのは、「知りたい」と望んでいる側の人からすれば、納得のいかない状況であるかもしれない。

ＤＮＡのらせん構造を発見した科学者の一人であるワトソンは、つぎのようにいっている。

「かつてわれわれは、自分たちの運命は天体の運行のなかにあると考えていた。今やわれわれは、それが大枠においては、みずからの遺伝子のなかにあることを知っている」。

私たちの生まれもったＤＮＡの塩基分子の配列が、私たちの寿命や体質、性格、能力などを決定する。こうした考え方を「生物学的決定論」という。「生物学的決定論」とは、くだいて言うと「すべては遺伝子で決まっている」という考え方である。「ヒトゲノム」の解読が進むにつれて、こうした決定論が助長されるのではないかという懸念も生まれはじめている。自分の運命が遺伝子によって決定されていると考えたり、未来のリスクを知ったりすることが、私たちの人生をどのように変えてしまうのだろうか。必死になって自分の遺伝子を調べようとするよりは、青空でも眺めている方がまし

▲技官候補看護学生▼

（九〇分　解答例省略）

次の文章を読み、設問に答えなさい。

将来を予測してしまう、その情報が社会的差別を生み出してしまう、さらに知りたくないことを知らされてしまう、こうした問題の他に、遺伝子診断に固有の問題がまだある。つぎのようなQUESTIONを考えてみてほしい。

QUESTION

ある遺伝性疾患の家系と思われる姉妹がいて、妹の方が「遺伝子診断を受けたい」と言い出した。これに姉が反対したが、妹が受診すると言って聞かないので、姉は裁判を起こした。妹は「私には自分の身体について知る権利がある」と「知る権利」を主張した。これに対して、姉は「知らないでいる権利」を主張し、もし妹が診断を受けて「陽性」だったら、五〇％以上の確率で、自分も「陽性」になってしまう。しかし、自分はそれを知りたくない。「知らないでいる権利」があると主張した。妹の「知る権利」と姉の「知らない権利」、あなたはどちらを尊重すればよいと思うだろうか。

これは、アメリカで実際に起こった裁判である。姉妹の争いが提起しているのは、個人の遺伝情報が、家族（血縁者）との共有財産となっているということである。例えば、一人の人が遺伝子検査を受けて、ある病気の保因者であるといういる。日常と非日常が反転するその蝶番の場所にいつもいる。そういう場所は職業として割り切れない場所である。職業人になりきったら職業をまっとうできないという矛盾、顔をもったひとりの人間として他のひとに接する職業という、そういう深い矛盾をはらんだ仕事である。他人の世話をするという仕事の上でのしんどさをそのまま個人生活に持ち越さずにはいない仕事である。「燃えつき」はそういう場所で起こる。

（鷲田清一著『「聴く」ことの力　臨床哲学試論』筑摩書房　二〇一五年）

※1　キュアｃｕｒｅ……治療、治癒、対策、解決策。病気や怪我を治すための医学的処置。
※2　ケア　ｃａｒｅ……世話、介護、看護など、医療的・心理的援助を含むサービス。

設問　筆者が述べている、看護師に「燃えつき」という現象がしばしば発生する理由を要約し、そのような燃えつきが起こらないようにするにはどうしたらよいか、あなたの考えを八〇〇字以内で述べなさい。

ことではない。家族や友人のそれとて、おなじである。まさに非日常の出来事なのである。
　キュア[※1]を担当する医師は多くのばあい、その職務のなかにじぶんの行動を限定する。ケア[※2]を担当する看護チームは、看護師としてだけでなく、ひとりのひととしてもそれを見ている、というか、かかわらざるをえない。長患いになったら、なじみ、つまり職務以外の関係が生まれるので——じわりじわり食べられるようになったり食べられなくなったり、ゆっくり歩けるようになったりとうとう寝たきりになったりと、生きることそのことを共通の時間のなかで経験するのだから——、その果てにひとが生まれたり死んだりすると、こころを平らにしておくことができない。シンパシーということばはふつう同情と訳されているけれども、これはもともと苦しみをともにするという意味である。他人の苦痛が部分的にじぶんのそれになるということである。悲しみや喜びをじぶんももたずにいられない。それが複数の患者との関係で頻繁に起こる。ふつうのひとなら人生でたった一回しか起こらないようなことが、である。
　人生の大事な経験を、からだで覚え、からだの記憶からなかなか消えないような経験を、ふつうのひとの数十倍、数百倍の頻度で経験するのだから、ストレスが溜まらないはずはない。疲れないはずはない。こうして、病いとまではすぐにはいかないにしても、あきらかに深く疲弊し、休息を必要とするひとになる。看護師は、そういう心身の揺れの振幅が大きいし、頻度も高くて、じぶんで感じている以上の疲れをこころとからだの底に溜めているはずだ。
　くりかえすと、看護という職務にあたるひとが疲弊しているのは、仕事がハードだということももちろんあるが、それよりも、ふつうのひとにはごくたまにしか訪れないような感情のはげしいぶれが、一日のあいだになんども訪れるからだろう。ひとの死、ひとの誕生。入院のショックと退院の歓び。ひとつの感情に浸っているさなかに、それとは反対の感情へと大きく揺り戻される。頭にきていたかとおもうと、つぎの瞬間涙をいっぱい溜めている。そういう「存在のぶれ」に揺さぶられているうちに、ぷつんと糸が切れてしまうのだろうとおもう。
　人生の幸福と不幸がたえず裏がえる場所、そして患者の日常と治療・看護する側との日常が裏がえしになっている場所、そういう転回の起こる面が臨床の場所であるとすると、看護という職務にあたるひとはそういう場所にこそいつも立って

小論文

▲自衛官候補看護学生▼

（九〇分　解答例省略）

次の文章を読み、設問に答えなさい。

看護師には「燃えつき」という現象がしばしば発生する。職務を懸命に遂行しているうちに、やがて心身がひどい疲労に見まわれ、仕事に耐えられなくなる現象である。患者と医師にそれがないのはどうしてなのか。

看護師にはいつも二重の顔があるということ、そこに大きな理由があるのではないかとおもう。プロフェッショナルな職務の顔と、ひとりの個人としての顔。患者は病院ではたしかに医師の前で、あるいは看護師の前で患者という役割を演じはするが、しかし病んでいるのは「彼（女）」としてである。

むかしは医師がよく往診してくれ、その「彼（女）」の生活の場のなかで、あるいはライフサイクルのなかで、病むその「彼（女）」に接することが多かった。近頃は、赤ちゃんが生まれるのも、こころやからだを病むのも、そして死ぬのも、みな病院のなかである。生まれる、死ぬ。これらは人生で一度しかない大事件である。病む、これもそうそう起こる

解答編

英語

I **解答**　問1．(4)　問2．(2)　問3．(1)　問4．(3)　問5．(2)
問6．(5)

◀解　説▶

問1．「この部屋は女性専用だ」

空所直後にある「使用」の意の名詞 use を修飾する形容詞として適当なものは，(4)exclusive「独占的な」。直訳は，「この部屋は女性が独占的に使用するためにある」となる。他の選択肢はそれぞれ，(1)副詞「独占的に」，(2)動詞「～を排除する」，(3)は動名詞，(5)名詞「排他主義」の意。

問2．「8掛ける7は56である」

A multiplied by *B* makes〔equals / is〕*C*. は乗算で「*A* 掛ける *B* は *C* である」の意。multiply は他動詞で「～を掛ける」の意だが，この文では過去分詞として直前の *A* を修飾している。したがって，正解は(2)multiplied。

問3．「薬を開発することは運任せなところがあるが，今では DNA を用いたとても小さなセンサーがその作業を能率化する手助けとなるだろう」

(1)hit or miss は「成否が運任せで」の意のイディオム。hit and miss とも言う。したがって，正解は(1)。

問4．「ひとつの小川はひとつの組織だ。そこには，両岸の間を流れる水だけでなく，小川の周辺とその下にある土，生物，水が含まれている」

not just〔only〕*A* but (also) *B* で「*A* だけでなく *B* も」の意。したがって，正解は(3)but。

問5．「ひどい爆撃で何千人という犠牲者が出た」

(2)casualties は「死傷者，犠牲者」の意。civilian casualties で「民間人の犠牲者」となる。したがって，正解は(2)。この文は無生物主語構文なので，主語を副詞的に「原因（～によって)」，目的語を「主語（～が)」として訳すとよい。他の選択肢はそれぞれ，(1)blessings「恵み」，(4)poisoners

「毒殺者」，(5)salvation「救済（者）」の意。(3)morbidities の単数形は morbidity で「病的な状態」の意だが，通常は不可算名詞として扱われ，複数形にはならない。

問6．A「目をどうしたの。赤く腫れ上がっているわよ」

　　B「蚊に刺されたんだ」

bite は「～を刺す」の意。本文は，それが受身で get bitten となったもの。したがって，正解は(5)bitten。他の選択肢もすべて過去分詞だが，原形の意味はそれぞれ，(1)scratch「～に引っかき傷をつける」，(2)chew「～をかむ」，(3)cut「～を切る」，(4)insert「～を挿入する」の意。

Ⅱ　解答

問7．(3)　問8．(1)　問9．(4)　問10．(2)　問11．(1)
問12．(3)　問13．(5)

◆全　訳◆

≪オウムガイ――海で最も高効率のジェットエンジン≫

小さな潜水艦のように，オウムガイは，水を吸い込み，それを吐き出すことによって生み出すわずかな噴流（ジェット）で海を素早く移動する。

しかしながら移動方法として考えると，通常ジェット推進はエネルギーをうまく使うものではない。酸素が薄くなる深海では，オウムガイは移動に多大な労力を費やすことで自らを危険にさらしているように思える。魚はヒレで水を押すことによってずっと少ないエネルギーしか使わない。では，オウムガイはどのようにして深海で無事に水を噴き出して動き回ることができているのだろうか。

リーズ大学の生物力学の教授であるグラハム＝アスキューは，この甲殻類がどのようにして動いているのかをよりよく知るために，大学院生のトーマス＝ニールと研究に乗り出した。オウムガイは実際には高効率のジェット推進式の生物であり，似たような方法で動き回るイカやクラゲのような海洋生物よりもずっと少ないエネルギーしか浪費していない，ということを彼らは発見した。

その研究者たちは，水曜日に *Royal Society Open Science* 誌に発表されたこの研究を，酸化アルミニウムの非常に小さな浮遊粒子を水槽に大量にまき散らすことから始めた。それから彼らは5匹のオウムガイをひとつずつその水槽に入れ，水を噴き出させて動き回らせた。

彼らはハイスピードカメラ，粒子を照らすレーザー，粒子の動きを記録することのできるソフトウェアを使った。小さな点の集まりの中で，その生物たちが水を吸い込み，それからその水を自身が離れる方向に吐き出すと，吐き出されたひとまとまりの水とオウムガイが，難なく計算できる速度で別々の方向へさっと動いていくのを彼らは見た。

計算してみると，オウムガイは水中に送り出した30から75％のエネルギーを移動に使うことができることをその研究者たちは知った。

それは，水中を移動する他の似たような生物よりもずっと高かった。「イカは約40から50％の効率になる傾向にあります」とアスキュー博士は語った。

釣り鐘型のクラゲは自身の釣り鐘状の部分を脈動させて水を噴出するのだが，それもまた50％を下回る効率になる傾向にある。

◀解　説▶

問7．下線部の直前にLike a tiny submarine「小さな潜水艦のように」とあることと，下線部後方には「水を吸い込み，それを吐き出すことによって生み出すわずかな噴流（ジェット）で海を素早く移動する」とあることから，下線部の名詞は潜水艦そのものではなく，水中を移動する生物であることが推測できる。また，第3段第1文（Graham Askew, …）にthis shellfishとしても言い換えられていることと，続く第2文（They found that…）には「似たような方法で動き回るイカやクラゲのような海洋生物よりも…」とあることから，(1)でもないことがわかる。よって，(3)を選ぶのが妥当。

問8．この下線部の内容の理由は，後続の文（In the ocean's …）に述べられている。そこには，深海では酸素が薄くなること，移動に多くのエネルギーを費やし，自らを危険にさらしているように思える，といった内容が述べられていることから，正解は(1)。

問9．thisは前方に述べた単数のものを指しており，shellfishは「貝，甲殻類」の意。前方の第1・2段にある単数形で示された甲殻類はthe (chambered) nautilusのことだと推察できるので，正解は(4)。他の選択肢はそれぞれ，(1)submarine「潜水艦」，(2)jet plane「ジェット機」，(3)oyster「牡蠣」，(5)octopus「タコ」の意。

問10．aquariumは「水槽，水族館」の意で4音節から成り立っている。

発音は / əkwéəriəm / で第 2 音節にアクセントがある。よって，正解は(2)。

問 11．空所前後にある with the pocket … shooting apart の部分は with *A doing* で付帯状況を表し，空所前方にある forcing it out … away from と同時に発生している出来事，つまり，オウムガイが吐き出した水とオウムガイ自身が離れる様子が描写されていることに注目する。したがって，正解は(1) expelled。原形の expel の意は「～を押し出す，吐き出す」なので，expelled water で「吐き出された水」の意。他の選択肢の原形はそれぞれ，(2) inhale「～を吸い込む」，(3) exaggerate「～を誇張する」，(4) exit「～から退出する」，(5) include「～を含める」の意。

問 12．(1)「イカは水中に送り出した 30 から 75％のエネルギーを移動に使うことができた」 30 から 75％のエネルギーを使うのはイカではなく，オウムガイだということが第 6 段第 1 文後半（the nautilus was …）に述べられているので，この選択肢は本文の内容に合致しない。

(2)「イカが泳ぐ効率は他の似たような泳ぐ生物のものよりもずっと高い。『イカは約 40 から 50％非効率になる傾向にあります』とアスキュー博士が語った」 第 7 段第 1 文（That was much …）の That は前段で述べたオウムガイが移動する際のエネルギー効率のことを指しており，イカの効率性が他の生物よりも高いことは述べられていない。よって，本文の内容に合致しない。

(3)「オウムガイは水を吸い込み吐き出して前進し，ジェット推進の力を使って泳ぐ他の生物よりもずっと少ないエネルギーしか使っていない」 第 7 段第 1 文（That was much …）ではその効率が他の類似する生物よりも優れていると述べられていることから，オウムガイは他の生物よりも少ないエネルギーで移動していることがわかるので，本文の内容に合致する。

(4)「研究者たちは，オリンピックの水泳選手が水中に送り出した 30 から 75％のエネルギーを移動に使うことができるのを観察した」 オリンピック選手に関する話題は本文にないため，不一致。

(5)「釣り鐘型のクラゲは自身の釣り鐘状の部分を脈動させて水を噴出するのだが，それもまた 50％を上回る効率になる傾向にある」 クラゲの効率性については最終段（Bell-shaped jellyfish, …）に述べられているが，そこでは lower than 50 percent efficiency「50％を下回る」と述べられているため，この選択肢は本文の内容に合致しない。

問 13. 本文全体をとおして，energy や efficient，efficiency といった語が繰り返し使われており，オウムガイが海中での移動に使うエネルギー効率を話題にしていることがわかる。この内容を踏まえると，正解は(5)「オウムガイは海で最も高効率のジェットエンジンだ」。他の選択肢の意味は次のとおり。(1)「オウムガイが大好きだ」，(2)「何が何を食べているのか。海に慣れていない人に向けた深海の食事案内書」，(3)「擬態の達人，コウイカが新しい妙技を明らかにする」，(4)「初の原子力潜水艦の歴史」

III 解答

問 14. (1)　問 15. (1)　問 16. (4)　問 17. (4)
問 18. (5)　問 19. (2)　問 20. (3)

◆全　訳◆

≪甲虫を食べたヒキガエルの後悔≫

ほとんどの獲物にとって，いったん飲み込まれると勝負はついてしまう。しかし，ある新しい研究によると，ある種の甲虫は食べられて 2 時間近く経ったあとにヒキガエルの胃の中から脱出することができる。

ほぼどの大陸でも樹木に覆われた地域で見られるホソクビゴミムシは 500 以上の種から構成される一群で，特徴的な防御方法からその名がつけられている。危機を感じると，お尻から熱い化学物質を噴射するのだ。日本では，この昆虫は長い間「ヘッピリムシ（放屁虫）」として知られている。

ヒキガエルはホソクビゴミムシを食べたあとにそれを吐き出しているのをこれまで目撃されてきたが，その甲虫があわや消化されそうになったあとになぜ生き残るのか，あるいはどれくらいの時間なら生き残れるのか，正確には誰も知らなかった。

この甲虫の防御手段をより理解するために，神戸大学の 2 人の生物学者が，日本中部の森林で捕獲した異なる 2 種類のヒキガエルにホソクビゴミムシの一種を食べさせた。片方のヒキガエルはまさにその種の甲虫と本来の生息地が同じだったが，もう片方は自然の環境ではその甲虫に出会う可能性はなかった。

甲虫が飲み込まれたあと，それぞれのヒキガエルの中で小さな破裂音が聞こえたが，それは昆虫が防御物質を発射していることを意味していた。全体として，43%のヒキガエルが 12 から 107 分の間に甲虫を吐き出した。

（少なくとも昆虫たちにとって）何よりも重要なのは，粘液に覆われている，つまりヒキガエルの消化器系に入ったということを意味するのだが，それにもかかわらず，外に出されたどの甲虫もまだ生きており，１匹を除くすべてがさらに２週間も生き延びたのだ。甲虫を食べたことが理由で死んだヒキガエルは１匹もいなかった。

「ヒキガエルに吐き出された甲虫がまだ生きて動いているということに私たちは驚きました」と *Biology Letters* 誌に火曜日に掲載された当研究の一著者である杉浦真治氏が語った。

しかし，一部のヒキガエルは他のものよりも甲虫を消化する能力に優れていた。その甲虫と生息地が同じヒキガエルはわずか35％しか甲虫を吐き出さなかったのに対し，生息地が同じでないヒキガエルは57％であった。この調査結果は，ホソクビゴミムシに日常的に接することで，一部のヒキガエルは甲虫の毒に対する耐性を進化させることができたということを示している。

体の大きさも関係している。大型の甲虫は小型の甲虫よりも頻繁に助かっており，小型のヒキガエルは大型のヒキガエルよりも甲虫を吐き出すことが多かった。おそらくその理由は大型の甲虫はより多くの毒を分泌することができ，より小型のヒキガエルはそれにあまり耐えられないからだろう，と杉浦博士は語った。

甲虫が脱出するために分泌液を噴射しているということを確かめるために，この研究者たちは，飲み込まれる直前に毒を分泌させられた甲虫をヒキガエルに食べさせもした。そのような甲虫のほぼすべてがすんなりと消化された。

◀解　説▶

問14．この文の意味内容に注目する。空所後方の over は形容詞的な働きで「(～が) 終わって」の意。獲物にとって，いったん飲み込まれると終わるものを考える。game には「勝負」の意があることから，正解は(1) the game。The game is over〔up〕で「万事休す」の意。他の選択肢の意味は次のとおり。(2) the love「愛情」，(3) the miracle play「(キリストの生涯を扱った) 奇跡劇」，(4) school「学校」，(5) the opera「オペラ」

問15．空所には，前方にある他動詞 knew の目的語となる名詞節を導く疑問詞が入る。その名詞節内の動詞が継続を示す自動詞 survive であることを踏まえると，正解は(1)how long。(2)how many や(3)how much の many や much は形容詞なので，名詞＋S V が続くのが一般的。(4)what if は「もし～したらどうなるだろうか」の意だが，名詞節を導くことはない。(5)what time は継続を示す動詞とともに用いることはない。

問 16. habitat は名詞で「(動物の) 生息地」の意。したがって，正解は(4)territory で「(活動の) 領域，分野」の意。他の選択肢の意味は次のとおり。(1)nativity「誕生」，(2)routine「日課」，(3)tendency「傾向」，(5)visitor「訪問者」

問 17. 空所を含む文の The findings suggest … は「この調査結果は～を示している」の意なので，前文である第 8 段第 2 文（Only 35 percent …）の内容からわかることが他動詞 suggest に続く that 節内で述べられている。前文の調査結果を踏まえると，ヒキガエルが甲虫の毒に対して耐性がついているという流れにする必要がある。空所に続く a tolerance は名詞で「耐性」の意。したがって正解は(4)evolve で「～を進化させる」の意。他の選択肢の意味は次のとおり。(1)exhaust「～を使い尽くす」，(2)erode「～を浸食する」，(3)weaken「～を弱める」，(5)diminish「～を減らす」

問 18. force は force *A* to *do* で「*A* に（無理やり）～させる」の意。空所後方にはすぐに to 不定詞が続いており，*A* に相当する目的語がないことから，受動態の文になる(1)，(2)，(5)をまず選ぶ。空所前方には述語動詞として feed の過去形 fed があり，実験手順を示した内容としては空所に現在完了形を用いることはできない。したがって，正解は(5)。この文は，過去形 fed よりもさらに遡った時点で過去完了形 had been forced の出来事が発生したことを示している。

問 19. (1)「全体として，43%のホソクビゴミムシが 12 から 107 分かけてヒキガエルを吐き出した」　第 5 段第 2 文（Overall, 43 percent …）には，ヒキガエルがホソクビゴミムシを吐き出したと述べられていることから，この選択肢は本文の内容に合致しない。

(2)「ホソクビゴミムシがヒキガエルに飲み込まれたあと，ホソクビゴミムシは毒物を放つことで，時としてどうにか脱出しているということを研究者たちは発見した」　第 5 段（After the beetles …）にはヒキガエルがホソクビゴミムシを飲み込んだあとにそれを吐き出すことが述べられており，第7段（"It surprised us …）にはその様子を研究者たちが観察したことが述べられていることから，この選択肢が本文の内容に合致する。

(3)「ホソクビゴミムシがヒキガエルの消化器系に入ったあと，吐き出されたどの甲虫もまだ生きており，外に出された甲虫すべてがさらに1週間生き延びた」 吐き出されたどの甲虫も生きていたことは第6段第1文の中ほど（every evicted beetle …）に述べられているが，同文後半（and all but …）には，1匹を除くすべての甲虫がさらに2週間生き延びたと述べられていることから，この選択肢は本文の内容に合致しない。

(4)「そのホソクビゴミムシと生息地が同じでないヒキガエルはわずか35%しか甲虫を吐き出さなかったのに対し，生息地が同じヒキガエルは57%であった」 第8段第2文（Only 35 percent …）の内容とは生息地が同じか否かが逆になっているので，この選択肢は本文の内容に合致しない。

(5)「小さな甲虫は大きな甲虫よりも粘液に覆われる可能性がより低いので，小さな甲虫は大きな甲虫よりも頻繁に助かった」 頻繁に助かるのは大きな甲虫のほうだったと第9段第2文（Large beetles escaped …）に述べられていることから，この選択肢は本文の内容に合致しない。

問20. 第1段から第3段（For most prey, … brush with digestion.）ではホソクビゴミムシの特徴が述べられ，第4段（To better understand …）以下では，ホソクビゴミムシを飲み込んだヒキガエルがそれを吐き戻す様子を観察した生物学者の研究内容が紹介されている。吐き戻す理由は第5段第1文（After the beetles …）に，ホソクビゴミムシがヒキガエルの中で防御物質を発射するからだと述べられている。これらの流れを踏まえると，正解は(3)「ヒキガエルは甲虫を食べる。ときには，甲虫が原因でヒキガエルは食事の選択を後悔する」。他の選択肢の意味は次のとおり。

(1)「甲虫はどのようにしてヒキガエルを椎間板ヘルニアにかからせるのか」，(2)「カエルとヒキガエルの違い」，(4)「すみかのない小さなヒキガエルを守る」，(5)「フンコロガシと一緒にとる食事」

Ⅳ　**解答**　問21. (2)　問22. (4)　問23. (5)　問24. (3)
問25. (1)

◆全　訳◆

≪チンパンジーが行う民間療法≫

チンパンジーは昆虫を捕獲して傷口に塗る。それは民間療法なのか。

チンパンジーは道具を作って使う。そのことはよく知られている。しかし，自身や他のチンパンジーのけがを治療するために薬も使うということはありえるのだろうか。新しい研究がチンパンジーはそうしているということを示している。

手順は毎回よく似ていた。まず，チンパンジーは飛んでいる昆虫を捕まえ，それからくちびるの間でそれを押しつぶして動けなくした。チンパンジーはその昆虫を傷口にのせ，自身の指でその昆虫を円弧を描くように動かした。最後に，チンパンジーはその昆虫を口か指を使って取り除いた。多くの場合，チンパンジーは何度も昆虫を傷口にのせ，それを取り除いた。

研究者たちは，チンパンジーたちがどんな昆虫を使っていたのかわかっていないし，その昆虫が傷を治すのにどのように役立つ可能性があるのか正確にはわかっていない。彼らがわかっているのは，その虫が小さな飛ぶ昆虫で，色が黒っぽいということだ。チンパンジーがその昆虫を食べているという証拠はないが，確かにくちびるで押しつぶしてからそれを傷口に塗っていたのだ。

◀解　説▶

問21．空所には現在分詞が入り，直後の名詞 insect を修飾する構造。この修飾一被修飾構造の場合，現在分詞と名詞は，主語と動詞の関係になる。つまり，insect を主語とする動詞の現在分詞形を選べばよいので，正解は(2)flying。

問22．空所直後の it も，前方の it も，それらのさらに前方にある単数名詞 a flying insect を受けたもの。くちびるを使って空所の動作をすることで昆虫が動けなくなる，という話の流れから，正解は(4)squeezing。

問23．空所の後方には，their mouths や their fingers といった体の部分が目的語として続いていることから，正解は(5)using。

問24．空所直後にある the insects を目的語とする他動詞の現在分詞形を選ぶ。この文は There's no evidence で始まっているので，空所にはこれまでの文で証拠が示されていないチンパンジーの行動が入ると考える。正解は(3)eating。

問 25. 空所直後の them は，前方の複数名詞 the insects を受けたもの。apply *A* to *B* で，「*A* を *B* に塗る，つける」の意なので，正解は(1) applying。

数学

1 解答

［1］問 1．(1)　問 2．(4)　問 3．(4)

［2］問 4．(2)　問 5．(3)

◀解　説▶

≪小問 5 問≫

［1］問 1．

$$\sqrt{39-12\sqrt{3}}=\sqrt{39-2\sqrt{6^2\cdot 3}}=\sqrt{36+3-2\sqrt{36\cdot 3}}$$
$$=\sqrt{36}-\sqrt{3}=6-\sqrt{3}$$

$\therefore\quad a=6$

$$\sqrt{61-28\sqrt{3}}=\sqrt{61-2\sqrt{14^2\cdot 3}}=\sqrt{49+12-2\sqrt{49\cdot 12}}$$
$$=\sqrt{49}-\sqrt{12}=7-2\sqrt{3}$$

$\therefore\quad b=7,\ c=2$

よって　　$a+b+c=6+7+2=15$

問 2．$\sqrt{39-12\sqrt{3}}\,x+\sqrt{61-28\sqrt{3}}\,y=x^2-\sqrt{3}\,x-\sqrt{3}\,k$

において問 1 の結果を用いると

$$(6-\sqrt{3})x+(7-2\sqrt{3})y=x^2-\sqrt{3}\,x-\sqrt{3}\,k$$

両辺を整理すると

$$(6x+7y)+(-x-2y)\sqrt{3}=x^2+(-x-k)\sqrt{3}$$

$6x+7y,\ -x-2y,\ x^2,\ -x-k$ は有理数であり，$\sqrt{3}$ は無理数であるから

$$6x+7y=x^2\quad\cdots\cdots①$$
$$-x-2y=-x-k\quad\cdots\cdots②$$

②より　　$y=\dfrac{k}{2}$　……②′

$k=2$ のとき　　$y=\dfrac{2}{2}=1$

このとき，①より

$$x^2-6x-7=0$$
$$(x+1)(x-7)=0$$

　$\therefore\quad x=-1,\ 7$

ゆえに $(x,\ y)=(-1,\ 1),\ (7,\ 1)$ であるから

$$d=-1,\ e=1,\ f=7,\ g=1$$

よって　　$d+e+f+g=-1+1+7+1=8$

問3．②′を①に代入して

$$x^2-6x-\frac{7}{2}k=0\quad\cdots\cdots③$$

x の2次方程式③の判別式を D とすると，③の重解条件より

$$\frac{D}{4}=(-3)^2-1\cdot\left(-\frac{7}{2}k\right)=0$$

$$k=-\frac{18}{7}\qquad\therefore\quad h=-\frac{18}{7}$$

このとき，③より

$$x^2-6x-\frac{7}{2}\cdot\left(-\frac{18}{7}\right)=0$$

$$(x-3)^2=0$$

　$\therefore\quad x=3$

②′より

$$y=\frac{1}{2}\cdot\left(-\frac{18}{7}\right)=-\frac{9}{7}$$

　$\therefore\quad (i,\ j)=\left(3,\ -\frac{9}{7}\right)$

よって　　$h+i+j=-\frac{18}{7}+3+\left(-\frac{9}{7}\right)=-\frac{6}{7}$

［2］問4．$mn=385$ $(=5\cdot7\cdot11)$

これを満たす正の整数の組 $(m,\ n)$ を表にすると，次のようになる。

m	385	77	55	35	11	7	5	1
n	1	5	7	11	35	55	77	385

よって，8組あるから　　$\alpha=8$

問5．$mn=770-2m$ より

$$m(n+2)=770\ (=2\cdot5\cdot7\cdot11)$$

$m\geqq1$，$n+2\geqq3$ に注意して満たす組 $(m,\ n+2)$ を表にすると，次のようになる。

m	154	110	77	70	55	35	22	14	11	10	7	5	2	1
$n+2$	5	7	10	11	14	22	35	55	70	77	110	154	385	770
n	3	5	8	9	12	20	33	53	68	75	108	152	383	768

よって，14組あるから　　$\beta=14$

2　解答　問6．(1)　問7．(5)　問8．(2)　問9．(4)　問10．(3)

◀解　説▶

≪放物線と x 軸・直線との共有点≫

問6．$f(x)=x^2+8x+6=(x+4)^2-10$

よって，放物線 C の頂点の座標は $(-4,\ -10)$

問7．$f(x)=0$ より

$$x^2+8x+6=0 \qquad \therefore \quad x=-4\pm\sqrt{10}$$

よって，C と x 軸の2交点間の距離は

$$(-4+\sqrt{10})-(-4-\sqrt{10})=2\sqrt{10}$$

問8．$f(x)<0$ より

$$x^2+8x+6<0$$

$$\therefore \quad \{x-(-4-\sqrt{10})\}\{x-(-4+\sqrt{10})\}<0$$

よって　　$-4-\sqrt{10}<x<-4+\sqrt{10}$

問9．$C:y=f(x)$ と $l:y=g(x)$ を連立して

$$x^2+8x+6=mx-10$$

$$\therefore \quad x^2+(8-m)x+16=0$$

この2次方程式の判別式を D とすると，C と l が異なる2つの共有点をもつ条件は

$$D=(8-m)^2-4\cdot1\cdot16>0$$

$$m(m-16)>0$$

よって　　$m<0$ または $16<m$

問10．直線 $l:y=mx-10$ は，傾きが m で y 切片が -10 であるから，定点 $(0,\ -10)$ を通り傾き m が変化する直線である。よって，条件を満たす l の存在範囲は次図の2本矢印の範囲（l_0～l_1）となる。

l_0 は $m=0$ のときである。

l_1 は，l が点 $(-4-\sqrt{10},\ 0)$ を通るときであるから

$$0=m\cdot(-4-\sqrt{10})-10$$

より

$$m=-\frac{10}{4+\sqrt{10}}$$

$$=-\frac{10(4-\sqrt{10})}{(4+\sqrt{10})(4-\sqrt{10})}$$

$$=-\frac{5}{3}(4-\sqrt{10})$$

$$=-\frac{20}{3}+\frac{5\sqrt{10}}{3}$$

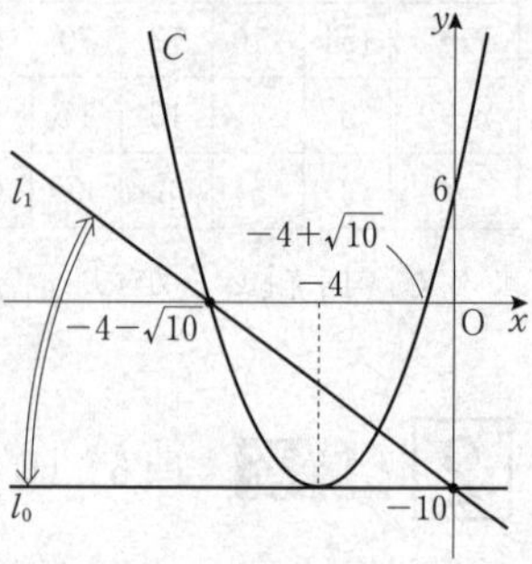

よって，求める m の範囲は

$$-\frac{20}{3}+\frac{5\sqrt{10}}{3}<m<0$$

3 **解答**　問11．(2)　問12．(2)　問13．(3)　問14．(3)
問15．(4)

◀解　説▶

≪2個のサイコロの目についての条件つき確率≫

問11．事象 A：$X=Y$ となるのは

$(X,\ Y)=(1,\ 1),\ (2,\ 2),\ \cdots,\ (6,\ 6)$ の6組であるから

$$a=P(A)=\frac{6}{6\times6}=\frac{1}{6}$$

問12．事象 B：$X\leqq Y$ となる $(X,\ Y)$ は，右表の○印の計21組であるから

Y＼X	1	2	3	4	5	6
1	○					
2	○	○				
3	○	○	○			
4	○	○	○	○		
5	○	○	○	○	○	
6	○	○	○	○	○	○

$$b=P_B(A)=\frac{P(B\cap A)}{P(B)}=\frac{P(A)}{P(B)}$$

$$=\frac{\frac{6}{6\times6}}{\frac{21}{6\times6}}=\frac{6}{21}=\frac{2}{7}$$

問13．事象 $B\cap C$：$X\leqq Y$ かつ X が偶数となる $(X,\ Y)$ は問12の表の□印で囲まれた計9組であるから

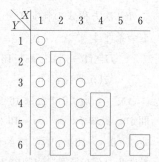

$$c=P_B(C)=\frac{P(B\cap C)}{P(B)}=\frac{\frac{9}{6\times6}}{\frac{21}{6\times6}}=\frac{9}{21}=\frac{3}{7}$$

問 14.　$Z=X(Y-1)$ より $Z=2$ となるのは，$X\leqq Y$ の条件下では $(X,\ Y)=(1,\ 3)$，$(2,\ 2)$ の 2 組であるから

$$d=P_B(Z=2)=\frac{P(B\cap(Z=2))}{P(B)}=\frac{\frac{2}{6\times6}}{\frac{21}{6\times6}}=\frac{2}{21}$$

問 15.　問 14 と同様に $Z=2$ 以外の値についても調べると，右表のようになる。

Y＼X	1	2	3	4	5	6
1	0					
2	1	②				
3	②	④	⑥			
4	3	⑥	9	⑫		
5	④	8	⑫	16	⑳	
6	5	10	15	⑳	25	30

ここで，表で○をつけた値は表中に 2 つずつあり，他の値はすべて 1 つずつであることに注意すると，与えられた条件 $P_B(Z=i)\neq0$ かつ $P_B(Z=i)=2P_B(Z=j)$ を満たすのは，i が表中で○がついた値，j が表中にあるが○がついていない値にそれぞれなる場合である。

i の値は $i=2,\ 4,\ 6,\ 12,\ 20$ の 5 個，j の値は $j=0,\ 1,\ 3,\ 5,\ 8,\ 9,\ 10,\ 15,\ 16,\ 25,\ 30$ の 11 個あるから，条件を満たす組 $(i,\ j)$ は

　　$5\times11=55$ 組

よって　　$e=55$

4　解答

問 16. (4)　問 17. (3)　問 18. (4)　問 19. (3)
問 20. (3)

◀解　説▶

≪円に内接する四角形の中の角度，長さ，面積≫

問 16.　同じ弧に対する中心角の大きさは円周角の大きさの 2 倍であるから

　　∠COD＝2∠CBD＝2×75°＝150°

問 17.　円周角の定理より

　　∠ACB＝∠ADB＝45°

△ABC において，AB＝BC（$=2\sqrt{2}$）より

$$\angle BAC=\angle ACB=45^\circ$$

よって

$$\angle ABC=180^\circ-(\angle ACB+\angle BAC)$$
$$=180^\circ-(45^\circ+45^\circ)=90^\circ$$

問 18. 円周角 90° に対する弧は半円弧であるから，問 17 の結果より AC は円の直径であるので

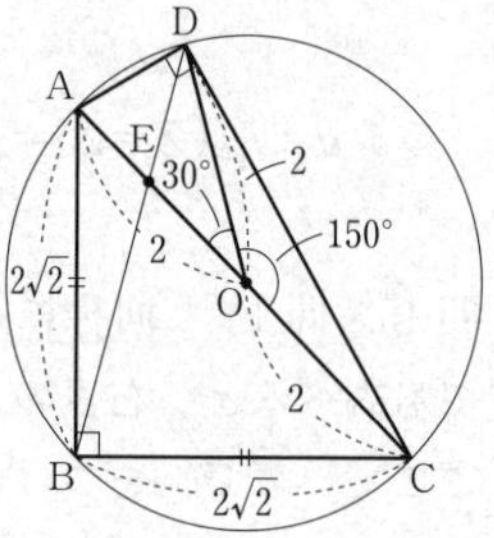

$$AC=2\times 2=4$$

問 19. 四角形 ABCD の面積 S は

$$S=(\triangle ABC\text{ の面積})$$
$$+(\triangle OAD\text{ の面積})$$
$$+(\triangle OCD\text{ の面積})$$
$$=\frac{1}{2}\cdot 2\sqrt{2}\cdot 2\sqrt{2}+\frac{1}{2}\cdot 2\cdot 2\cdot\sin 30^\circ+\frac{1}{2}\cdot 2\cdot 2\cdot\sin 150^\circ$$
$$=4+1+1=6$$

問 20. 円周角の定理より　　$\angle CAD=\angle CBD=75^\circ$

OA＝OD（＝2）より　　$\angle ADO=\angle DAO=75^\circ$

$\therefore\quad \angle EDO=\angle ADO-\angle ADE=75^\circ-45^\circ=30^\circ\ (=\angle EOD)$

よって，△OED は EO＝ED の二等辺三角形である。

△OED において点 E から辺 OD に下ろした垂線の足を H とすると

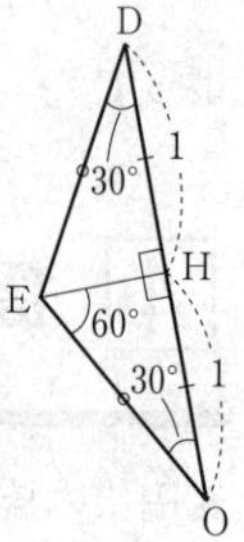

$$OH=DH=1$$

EO : OH＝2 : $\sqrt{3}$ より

$$EO=\frac{2}{\sqrt{3}}OH=\frac{2}{\sqrt{3}}\cdot 1=\frac{2\sqrt{3}}{3}$$

よって　　$EC=OC+EO=2+\dfrac{2\sqrt{3}}{3}$

物理

1 解答

A．問1．(4)　問2．(5)

B．問3．(3)　問4．(4)　問5．(2)

◀解　説▶

≪エレベーター内の物体が受ける力≫

問1～問4では鉛直上向きを正にとる。

A．問1．垂直抗力の大きさを R_1 とする。この物体の運動方程式は

$$ma=-mg+R_1$$

$$R_1=m(g+a)$$

問2．垂直抗力の大きさを R_2 とする。同様に

$$m(-b)=-mg+R_2$$

$$R_2=m(g-b)$$

B．問3．物体1の運動方程式は

$$m_1c=-m_1g+N_1-N_2$$

問4．物体2の運動方程式は

$$m_2c=-m_2g+N_2$$

問5．問3，問4の2式より

$$N_1=(m_1+m_2)(g+c),\quad N_2=m_2(g+c)$$

2 解答

A．問6．(1)　問7．(1)

B．問8．(5)　問9．(5)　C．問10．(4)

◀解　説▶

≪2つの単振り子の衝突≫

A．問6．単振り子の周期 T は

$$T=2\pi\sqrt{\frac{l}{g}}$$

はじめて衝突するまでの時間は $\frac{T}{4}$ であるので

$$\frac{T}{4}=\frac{1}{2}\pi\sqrt{\frac{l}{g}}$$

問 7．求める時間は問 6 と同じである。

B．問 8．壁に衝突する直前の速さを v，直後の速さを v' とする。反発係数は e であるので

$$e=\frac{v'}{v}$$

最高点の高さを D とする。力学的エネルギー保存則より

$$\frac{1}{2}mv^2+0=0+mgd$$

$$\frac{1}{2}mv'^2+0=0+mgD$$

3 式を解いて

$$D=e^2d$$

問 9．D は m によらないので，最高点の高さは問 8 と同じである。

C．問 10．衝突直後のおもり 1，2 の速度を，水平方向左向きを正にとり v_1，v_2 とする。運動量保存則と反発係数の式は

$$0+mv=mv_1+mv_2$$

$$e=-\frac{v_2-v_1}{v-0}$$

最高点の高さを D' とする。力学的エネルギー保存則より

$$\frac{1}{2}mv^2+0=0+mgd$$

$$\frac{1}{2}m{v_1}^2+0=0+mgD'$$

4 式を解いて

$$D'=\left(\frac{1+e}{2}\right)^2d$$

3 解答

問 11．(1) 問 12．(1) 問 13．(5) 問 14．(2)
問 15．(3)

◀解 説▶

≪水面波の屈折≫

問 11．入射角・屈折角は境界面の法線と射線とのなす角であるので，入

射角は θ_1，屈折角は θ_2 である。屈折の法則より

$$n_{12}=\frac{\sin\theta_1}{\sin\theta_2}$$

問 12. 媒質 1 での波面の間隔を $\varDelta x_1$ とする。屈折の法則より

$$n_{12}=\frac{\sin\theta_1}{\sin\theta_2}=\frac{\varDelta x_1}{\varDelta x_2}$$

$$\therefore\quad \varDelta x_1=\frac{\sin\theta_1}{\sin\theta_2}\varDelta x_2$$

問 13. 媒質 2 での周期は $\varDelta t_2$ であるので振動数は $\dfrac{1}{\varDelta t_2}$，媒質 1 での振動数は $\dfrac{1}{\varDelta t_1}$，振動数は変わらないので

$$\frac{1}{\varDelta t_1}=\frac{1}{\varDelta t_2}\qquad \therefore\quad \varDelta t_1=\varDelta t_2$$

問 14. 媒質 1 での速さ v_1 は

$$v_1=\frac{\varDelta x_1}{\varDelta t_1}$$

屈折の法則より

$$n_{12}=\frac{\sin\theta_1}{\sin\theta_2}=\frac{v_1}{v_2}$$

2 式より

$$v_2=\frac{\sin\theta_2}{\sin\theta_1}\frac{\varDelta x_1}{\varDelta t_1}$$

問 15. 波面の間隔は波長であるので，屈折の法則より

$$n_{12}=\frac{\varDelta x_1}{\varDelta x_2}$$

4 解答

問 16. (1)　問 17. (2)　問 18. (2)　問 19. (5)
問 20. (4)

◀解　説▶

≪水の状態変化≫

問 16. 時刻 t_0 から t_1 までは氷のみである。

問 17. 時刻 t_1 から t_2 までは氷と水が共存している。

問 18. 温度 T_0 は氷の融点であるので 0°C である。

問 19.　温度 T_1 は水の沸点であるので 100℃ である。

問 20.　潜熱 L は単位質量あたりに受けとる熱量であるので

$$L=\frac{Q(t_2-t_1)}{m}$$

5　解答

問 21.（1）　問 22.（5）　問 23.（1）　問 24.（2）
問 25.（4）

◀解　説▶

≪電池の接続，放射線，ドップラー効果，金属の比熱≫

問 21.　電流 I は

$$I=\frac{E}{r+R}$$

よって，$R=0\,\Omega$ で I は最大となる。

問 22.　外部抵抗にかかる電圧 V は

$$V=IR=\frac{ER}{r+R}=\frac{E}{\dfrac{r}{R}+1}$$

R が大きいほど V は大きくなるので　　$R=2r$

問 23.　放射能の強さはベクレル，吸収線量はグレイ，等価線量はシーベルトで表す。

問 24.　波長の式に数値を代入して

$$7.87\times10^{-7}=6.56\times10^{-7}\left(1+\frac{u}{c}\right)$$

$$\therefore\quad \frac{u}{c}=0.199\fallingdotseq0.20$$

20%波長が長くなるので，遠ざかっている。

問 25.　金属の比熱を c〔J/(g・K)〕とする。熱量保存則より

$$(90+150\times4.2)(25-22)=75c(97-25)$$

$$\therefore\quad c=0.40=4.0\times10^{-1}\text{〔J/(g・K)〕}$$

化学

解答　問1．(1)　問2．(3)　問3．(1)　問4．(4)　問5．(1)
問6．(2)　問7．(3)　問8．(4)　問9．(1)　問10．(5)
問11．(5)　問12．(2)　問13．(3)　問14．(2)　問15．(4)　問16．(4)
問17．(5)　問18．(3)　問19．(4)　問20．(5)

◀解　説▶

≪小問集合≫

問1．ファントホッフの法則 $\Pi=cRT$ より，同一温度では，溶液中の全溶質粒子のモル濃度が最も大きい溶液において，浸透圧が最も高くなる。溶液の体積はすべて100 mL なので，それぞれの溶液中の全溶質粒子の物質量を比較する。

(1)　$NaCl \longrightarrow Na^{+}+Cl^{-}$ のように電離するので

$$\frac{1}{58.5}\times 2=\frac{1}{87.75}\times 3\,[\mathrm{mol}]$$

(2)　$KCl \longrightarrow K^{+}+Cl^{-}$ のように電離するので

$$\frac{1}{74.5}\times 2=\frac{1}{111.75}\times 3\,[\mathrm{mol}]$$

(3)　電離しないので

$$\frac{1}{180}=\frac{1}{540}\times 3\,[\mathrm{mol}]$$

(4)　$Na_2SO_4 \longrightarrow 2Na^{+}+SO_4{}^{2-}$ のように電離するので

$$\frac{1}{142}\times 3\,[\mathrm{mol}]$$

(5)　$MgSO_4 \longrightarrow Mg^{2+}+SO_4{}^{2-}$ のように電離するので

$$\frac{1}{120}\times 2=\frac{1}{180}\times 3\,[\mathrm{mol}]$$

問2．弱酸とその塩，または弱塩基とその塩の混合水溶液が緩衝液となる。

問3．H_2O は隣接する分子との水素結合が1分子あたり4つ，HF は1分子あたり2つである。CH_4 は無極性分子なのでファンデルワールス力のみがはたらく。

問4．ヘンリーの法則より，圧力が4倍であるので溶ける物質量は4倍。接触している気体の圧力の下で体積を測定すると，体積は圧力によらず一定となる。

問5．正反応の反応速度はA，Bの濃度にそれぞれ比例し，逆反応の反応速度はCの濃度の2乗に比例する。反応速度は化学反応式から導くことはできず，実験によって求められる。

また，反応におけるA，B，Cそれぞれの物質量の変化は次のとおり。

$$2A + B \rightleftarrows 2C$$

	2A	B	2C	
反応前	0.10	0.10	0	〔mol〕
変化量	−0.080	−0.040	＋0.080	〔mol〕
平衡時	0.020	0.060	0.080	〔mol〕

濃度平衡定数 K_c は

$$K_C = \frac{[C]^2}{[A]^2[B]} = \frac{\left(\frac{0.080}{10}\right)^2}{\left(\frac{0.020}{10}\right)^2 \times \frac{0.060}{10}} = 2.66 \times 10^3$$

$$\fallingdotseq 2.7 \times 10^3 \text{〔L/mol〕}$$

問6．強酸と弱塩基の塩である(a)，および次のように電離する(d)があてはまる。

$$NaHSO_4 \longrightarrow Na^+ + HSO_4^-$$

$$HSO_4^- \longrightarrow H^+ + SO_4^{2-}$$

問7．空欄にあてはまるのはそれぞれ㋐ F_2，㋑ Cl_2，Br_2，㋒ Cl_2，㋓ Br_2，I_2，㋔ F_2，Cl_2，㋕ I_2 である。

問8．(1)　誤り。5個の価電子をもつ。

(2)　誤り。二酸化窒素 NO_2 を発生する。

(3)　誤り。温度を低くするほど，発熱反応であるアンモニア生成の方向に平衡が移動する。

(5)　誤り。リン酸カルシウム $Ca_3(PO_4)_2$ は骨や歯の成分であり，水に溶けにくい。

問9．一文目はアンモニアソーダ法の説明である。水和物の結晶が自然に水和水を失う現象を風解という。

問10．イオン化傾向が鉄以上であれば，高温水蒸気と反応する。イオン化傾向が水素より小さければ，塩酸や希硫酸と反応しない。

問11.　求める析出量をx〔g〕とすると，20°Cの飽和水溶液において次の式が成り立つ。

$$\frac{20}{120}=\frac{40-x\times\frac{160}{250}}{140-x}\qquad x=35.2\fallingdotseq 35\text{〔g〕}$$

問12.　Pdは自動車分野の三元触媒，Fe_3O_4はハーバー・ボッシュ法，V_2O_5は接触法，ZnOはメタノール合成などに用いられる触媒である。

問13.　化合物146 mgに含まれる各元素の質量は

$$C：264\times\frac{12}{44}=72.0\text{〔mg〕}$$

$$H：90\times\frac{2.0}{18}=10.0\text{〔mg〕}$$

$$O：146-72.0-10.0=64.0\text{〔mg〕}$$

であるから，物質量比は

$$C：H：O=\frac{72.0}{12}：\frac{10.0}{1.0}：\frac{64.0}{16}=6：10：4$$

よって分子式は　　$C_6H_{10}O_4$

問14.　アルケンは分子中に二重結合を1つもつ。アルケンXの分子量をMとすると，条件1より

$$\frac{0.70}{M}=1.0\times10\times10^{-3}\qquad M=70$$

これより分子式は　　C_5H_{10}

条件2より枝分かれ構造をもつので，(2)が答えとなる。

問15.　(a)　B，C，Dは不斉炭素をもち，Bは第一級アルコールである。Bは㋒である。

(b)　不斉炭素をもつ㋓，㋔を脱水したとき，Aを脱水して得られる2-ペンテンが得られるのは㋓である。Cは㋓である。よって，Dは㋔である。

(c)　Eは第三級アルコールの㋖である。

(d)　Fは炭素が直鎖状につながった㋐である。

(e)　Gは2-メチルブタンと同じ炭素骨格をもつ㋑である。

問16.　クメン法の説明である。

問17.　シクロヘキサンのいす形，舟形の構造は立体異性体の関係にあり，2種類のいす形構造が舟形を経由して互いに変化すると考えられる。

問18. テレフタル酸（分子量166）とエチレングリコール（分子量62）の縮合重合によって得られるポリエチレンテレフタラートの重合度を n とすると

$$(228-36)n=4.0\times10^5 \qquad n=2.08\times10^3$$

エステル結合の個数は

$$2n-1=4.15\times10^3 \fallingdotseq 4.2\times10^3$$

問19. ㋐，㋓，㋔はいずれも熱硬化性樹脂である。

問20. ㋓　誤り。二硫化炭素 CS_2 と反応させる。

㋔　誤り。セロハンが得られる。キュプラは銅アンモニアレーヨンであり，セルロースをシュワイツァー試薬に溶かし，再生して作られる。

生物

1 解答

A．問1．(1)　問2．(4)　問3．(1)　問4．(3)
B．問5．(5)　問6．(3)　問7．(4)

◀解　説▶

≪顕微鏡，細胞小器官≫

A．問2．対物レンズの倍率を2倍に変化させると，視野に見えるものの「大きさ」は2倍に拡大される。このとき，見える視野全体の「長さ」は $\frac{1}{2}$ になっている。視野全体の「長さ」が $\frac{1}{2}$ になっているので，「視野面積」はその二乗の $\frac{1}{4}$ になる。

問3．(2)不適。HIVはウイルスなので，光学顕微鏡では観察できない。

(3)不適。カブトムシは大きいので，その全体像を光学顕微鏡では観察できない。

(4)・(5)不適。ヘモグロビンやナトリウムポンプはタンパク質分子なので，光学顕微鏡では観察できない。

問4．対物ミクロメーター1目盛りが示す長さは常に 10μm である。まず，対物ミクロメーターを利用して，接眼ミクロメーター1目盛りの長さを求める。

接眼ミクロメーター20目盛り＝対物ミクロメーター7目盛り
＝70〔μm〕

したがって

接眼ミクロメーター1目盛り＝$\frac{70}{20}$＝3.5〔μm〕

割球Xの直径は接眼ミクロメーターの約15目盛り分に相当しているので，割球Xの直径は

15×3.5＝52.5〔μm〕

よって，(3)を選ぶ。

B．問6．ウはミトコンドリア，エは粗面小胞体，オは核，カは滑面小胞

体，キはゴルジ体である。

問7．分泌タンパク質はエの粗面小胞体上のリボソームで合成される。合成されたタンパク質は粗面小胞体内を移動し，キのゴルジ体に輸送される。

2　解答

問8．(1)　問9．(2)　問10．(4)　問11．(4)
問12．(2)　問13．(2)

◀解　説▶

≪消化管，血管系≫

問8．灰色で示された経路Aは消化管である。また，図1の(ア)～(エ)はそれぞれ，(ア)は味蕾の味細胞の集合，(イ)は嗅上皮の嗅細胞，(ウ)は小腸の絨毛，(エ)は気管の上皮を表していると考えられる。

よって，消化管に存在する(ア)と(ウ)の組み合わせである(1)を選ぶ。

問9．炭素化合物の血管への吸収場所とは，有機物の吸収場所を指すので小腸上皮である。炭素化合物の血管からの排出場所とは，二酸化炭素の排出場所を指すので肺胞である。

問10．静脈は体表に位置するものが多く，動脈は体表から離れて体内の奥側に位置するものが多い。また，問題文中に「弁」の存在が記されており，弁が存在する血管は静脈のみであるので，図2の血管は静脈である。静脈内を血液が流れる方向はbからaである。弁は血液の逆流を妨げるので，実験操作Xでaからbに指を押し動かしても血管内の血液は無くならない。しかし，実験操作Yでbからaに指を押し動かすと血管内の血液はaの方向に押し流されて，血管内の血液が失われるので，a～b区間での血管の浮き上がりが消失する。

問11．腎臓の腎動脈中に墨汁を注入した場合，墨汁は糸球体からボーマンのうにろ過されないので，墨汁色素は血管内と糸球体に見られるが，ボーマンのうには見られない。図3において(カ)はボーマンのう，(キ)は血管，(ク)は糸球体，(ケ)はボーマンのうから細尿管に至る部位を示している。よって，墨汁で染まる場所は(キ)血管と(ク)糸球体であり，(4)を選ぶ。

問12．循環器とは，血管や心臓を備えた器官系である。

(1)不適。二胚葉動物とは海綿動物のことで，循環器をもたない。

(2)適当。三胚葉動物は旧口動物と新口動物を含み，ともに循環器をもつ動物群が多く属している。また，循環器を備えることで，体内環境への酸素供給が可能となった。

(3)・(4)・(5)不適。これらのグループが分岐するはるか以前に循環器を獲得している。

問13. ヒトは開放血管系ではなく，閉鎖血管系である。

3 解答

問14. (5)　問15. (5)　問16. (2)　問17. (3)
問18. (4)　問19. (2)

◀解　説▶

≪植物の屈性，オーキシンのはたらき≫

問16. 実験1では，切り取った幼葉鞘の先端を上に置いて前処理した寒天片を，幼葉鞘の基部に載せると，基部がよく成長することが確認できる。このことから，幼葉鞘先端から寒天へ，成長を促進する物質が移動していることがわかる。また，幼葉鞘の基部の片側だけ伸長成長が促進されると，屈曲が起こることもわかる。実験2では，寒天片の上に載せる幼葉鞘先端の数が多くなると幼葉鞘の基部の屈曲の角度が大きくなることから，寒天片に含まれる成長促進物質濃度と屈曲角度が比例していることが読み取れる。

問18. 茎と根で反応が逆になるようなオーキシン濃度は(c)である。また，光屈性を示すときの光受容体はフォトトロピンである。

問19. オーキシンは重力により下方向に移動するので，寒天aより寒天bの方が高濃度のオーキシンを含んでいる。したがって，寒天bを載せた幼葉鞘の基部の方が屈曲の角度が大きくなるので，(2)を選ぶ。

4 解答

問20. (1)　問21. (1)　問22. (4)　問23. (3)
問24. (1)　問25. (3)

◀解　説▶

≪動物の系統，干潟の生物，土壌の形成≫

問20. クジラはカバと比較的近い類縁関係にある。

問21. (1)適当。デトリタスとは生物遺体や生物由来の有機物粒子である。干潟において，このデトリタスを食べる代表的な生物には，貝類やカニ類，ゴカイなどがいる。

(2)不適。マハゼはゴカイや甲殻類を捕食する。

(3)不適。ケイソウは光合成生物である。

(4)・(5)不適。シギやチドリはゴカイや甲殻類を捕食する。

問 23.　二次遷移における処理された有機質のはたらきを考える。

(1)・(2)不適。一次遷移でみられる事象である。

(3)適当。処理された有機物の存在により保水力は高まり，有機物に由来するミネラル（栄養塩類）も豊富になる。

(4)不適。処理された有機質の存在により雨水などの保水力は高まる。

(5)不適。二次遷移自体は，陽樹の生育で進むことが多い。

問 24.　土壌とは腐植などの有機物と基質（砂利・粘土）の混合物であり，有機物を多く含むことが土壌の特徴である。有機物を多く含んだ土壌の形成は陸上に生物が上陸しないと起こらない。陸への生物の上陸が起こるためには，地球史的には生物に有害な紫外線を吸収するオゾン層の形成が必須であると考えられている。

問 25.　オゾン層の破壊はフロンガスの増加により起こる。焼き畑農業ではフロンガスは発生しない。

て作者がコントロールするというニュアンスとなり、両者の混同（あるいは等値）といえず不適。

問22　傍線部直前に「色々とひっかかる左右の問題にも」とある以上、〈面倒なことには関わらない〉という〈消極的・否定的〉な姿勢のことである。〈消極的・否定的〉な姿勢を表現し得ている(1)が正解。(2)は「多角的に考える」、(3)は「接する」、(4)は「大きく構える」、(5)は「解決する」が、〈積極的・肯定的〉な意味となり、全て不適。(5)については「順番」は関係ないので不適と考えることもできる。

問23　傍線部自体の内容を吟味していく。「言葉以上に」であるから、〝書かれている言葉や文章などよりも〟という意。そしてそれが「強力な作者の意志を伝える」のであるから、〝書かれている言葉や文章よりも作者の考えを表し伝える〟ということである。よって(4)が正解。(1)・(2)・(5)は「言葉以上に」の意が入っていない。(3)は「理想は高い所にある」に根拠がない。

問24　終わりから三段落目に「ドストイェフスキーの作品」を挙げて、「雑多な……事情」を「分裂的散乱的に配合」するとはあるが、(4)「要素を全くのランダムで配置」するとは述べられていない。よって(4)が正解となる。

撥を感じ易く」「今日の神経はそれ自らが解決のない無限の錯雑と共にあがきまわっている」とあり、また最終文に「今日の神経に許されうる最も便宜的な世界に於て」ともある。したがって、読者をも含む〈その当時の世間の受け取り方〉のようなニュアンスとなる。(1)は「最先端」がこのポイントに必ずしも含まれず不適。(2)は「時間」という〈客体〉の要素のみで不十分。(3)は逆に〈時間〉の要素を含まず不適。(4)は〈読者〉も〈時間〉も含まず不適。(5)は〈読者〉、〈時間〉の要素を共に含んでポイントに適合しており正解。

問19　傍線部前後から、内容的な真実（実感）を先に立てると、逆に展開のできない渋滞状態をひきおこし、一種の自己催眠すら犯してしまうという内容からもわかるように、自分で為した行為によって自分の首を絞めることになるという意味である。よって「自縛」＝〈自分の首をしめることになる〉の意を含む(4)が正解。(1)は近いが、「報いを受ける」には外あるいは他者からの働きかけが必要であり、「自縄自縛」が自己内部のメカニズムであることに反する。(2)は〈自己規制〉のニュアンスであって、「自縛」とはいえず不適。(3)は〈自己責任〉のニュアンスであって、これも「自縛」とはいえず不適。(5)は〈自省〉ということであり、やはり「自縛」を意味せず不適。

問20　次段落で説明されている、外国文学で用いられる「私」という肉体をもった「第四人称」ではなく、次々段落冒頭で説明されている、「らしい」「にも見えた」などという表現によって省かれたようにみえる「第四人称」のことである。それは内容の非組織的で分裂的な様態を受け入れる容器のようなものである。だから「作中の人物でもなく、作家自らでもな」いのである。よって〈見えない四人称〉と合う(3)が正解。(1)の「作中の世界全てを意のままにできる主体」、(2)の「作者の意図」、(5)の「作者」は全て「作家」と結びつけており不適。(4)は「登場人物」が不適。

問21　傍線部前からの「『らしい』という主体」（＝第四人称）と「作者の主観」は、前後の語法に心を用いれば「間違われる心配」はない、という文脈である。したがって、傍線部の内容としては「間違われる」もの、すなわち両者が混同されるものを選べばよい。(2)は「作品中の語り手」＝「『らしい』という主体」ととれるので、これが正解。(1)・(3)・(4)には「作者」の要素しか含まれず、全て不適。(5)は「断定しない書き方」が〈作者の意思による採用〉とあっ

問21　(2)
問22　(1)
問23　(4)
問24　(4)

▲解　説▼

問15　第三段落に「単に怒った、悲しんだ……と書いただけでは……複雑な奥行きと広がりがある」とあるのがポイント。(1)・(2)は「読み手」や「読者」という〈客体〉の存在が入り込んでいるため不適。(4)は「その場しのぎの叙述技法」がポイントに関係なく不適。(5)は傍線部の言い換えであり、理由説明になっておらず不適。ポイントに合う(3)が正解。

問16　傍線部前後を見ると、芥川を例に、自殺の原因を一つに断定することなどできないとある。それは、次の段落にあるように、そして問15でも検証したように、人の感情は「単に怒った……と書いただけでは片付けきれない」からである。この内容に合致する(2)が正解。(1)「芥川龍之介のことをよく知った人」、(3)「感情を分析して類別することができる人」、(4)「小説家の特性」が、それぞれ「理由」に関係ない。(5)は「芥川」の文章表現のことであり、やはり「理由」として不適。

問17　傍線部前に文章の「真実らしさ」について、「形式と結びついて配分された」内容から、「全然新らたな意味」とか「内容の真実らしさ」が生まれてくるとある。「文章上の遊戯」とは、この本来の形式とは〈逆の形式〉と考えればよい。(1)の「表現する際に内容を度外視する」では、そもそも表現が不可能となるので不適。(2)の「文章の美しさ」、(5)の「執筆を楽しむための仕掛け」は「内容の真実らしさ」を阻害する要素とはいえず、共に不適。(4)の〈形式の強化〉は、本来あるべき方向であって傍線部の逆となり不適。したがって「真実らしさ」を阻害する「修辞」を含む(3)が正解。

問18　傍線部「時の神経」については、第十三段落「第四人称の問題は別として……」内に「今日の神経は……直ちに反

「不満」、(3)「ストレスを振り払うための行動」、(4)「自由人たらんとして精一杯の虚勢」がそれぞれ不適。

問9 傍線部の「それ」は、直前の「いつか自分の姿が遠い昔の戦に敗れた武者の影に似て来る」ことを指している。そして、そんな落武者に似てくる自分の姿は、傍線部の後にあるように「夜毎、坂を登って家へ帰って行く」ものだと述べられ、「共に安心して坂を登れそう」（最終文）だとしている。これらの内容に合う(2)が正解。(2)「どうにもできない凡庸さ」は、「晴れがましく勝利した者でない」自分が「夜毎、坂を登って家へ帰って行く」様子を表していると考えられる。他の選択肢は全て〈自分に似ているもの（落武者）への共感〉という意が入っておらず、不適。

2

出典 坂口安吾「文章の一形式」（『坂口安吾全集14』ちくま文庫）

解答

問10 (1)
問11 (4)
問12 (3)
問13 (2)
問14 (4)
問15 (3)
問16 (2)
問17 (3)
問18 (5)
問19 (4)
問20 (3)

「初めから」ではないので不適。⑷の「資料」の話は後半の内容であり、ここでは不適。

問6　傍線部直前に「若い日々に特有の切実で甘美な味わいは、時の距りを置いて触れると」とあることに着目する。ここでいう「若い日々に特有の……味わい」とは、その前の「窓から見える月……キスしてくれ」という歌詞への感想を指しており、若い年頃に特有の表現に、若さから時が経った今触れると、「別の感傷を生む」ということである。この内容に即した⑸が正解。⑸「客観的に見る姿勢」は「時の距りを置いて触れる」ことと合致する。⑴「痛切な気持ち」、⑵「……才能がない」、⑷「感受性が鈍化」は本文から読み取れない。⑶は迷うが、傍線部直前で「到底自分では歌えはしなかった」と、過去の自分はすでにその頃から〈歌えなかった〉ことを言っており、⑶「率直さを失った」とは矛盾する。

問7　本文前半や傍線部前「『ブルー』を買ったよ」等から、息子と妻は同じ音楽への興味を共有していたことがわかる。また本文前半で描かれている、音楽を聴く際の息子の要助へのそっけない態度や、母と息子だけで音楽を聴いていたことから、二人はそれを要助が共有しえないと思い込んでいたことがわかる。なのに、要助が「多摩蘭坂」という曲に非常に関心を示し、褒めたことを、息子は母に言い、三人で音楽を共有できそうだということを伝えたのである。⑴「割り込んできた」という反発の意味は読み取れない。⑵は単に息子の発言を言い換えているだけで心情を含んでおらず不十分。⑷「父親が持つ曲への関心の深層にあるもの」を「母親に伝え」るニュアンスは本文に含まれていないので不適。⑸は「仰天して」が不適。⑶の「父親が自分たちの仲間入りをしそうだ」が発言の説明として妥当と判断する。

問8　傍線部は「ビジネス関係の本……を避けるようにして」であるから、「ビジネス関係の本」が比喩的にあらわすものとは逆の行為を要助がおこなっている、と表現したいのである。そして、要助がおこなっているのは「たまらん坂」について調べるという、いわば実用性の低い、個人の興味関心に基づいた非日常的な行為である。この〈ビジネス＝社会的な日常〉↔〈たまらん坂の調査＝個人的な非日常〉を述べている⑸が正解。⑴「余暇を過ごしている」、⑵

れた」が、それは「夫には決して見せることのない妻のもう一つの顔であるような気がしたからだ」とある。「落着きのない気分」=「空恐ろしい気分」の原因は〈夫が知らぬ妻の一面〉を見出したことにある。したがって(5)が正解。(1)は「想像できなかった」が誤り。夫は〈想像してみた〉のである。(2)は「妻の表情が恐ろしかった」が誤り。夫は実際には妻の表情を見ていない。(3)は〈妻〉への言及を欠いていて不適。(4)は「ひた隠しにしていることがあるのが知れた」が誤り。

問3　傍線部中の「仕方なしに」は、前段落の「息子に対してそれ以上の小言をいい立てる気持ちを失っていた」「言葉がなにを……日本語であるのがせめてもの救いだった」という消極的な姿勢を端的に言い表したものである。核心は〈言葉〉の要素である。(1)・(5)はこの要素を欠いており不適。(3)は、傍線部前ですでに「慎しやかなギターの伴奏」とあるのだから、「曲の伴奏がやかましくて」は不適。(4)「歌詞の内容が……くだらない」とは述べられていない。したがって「すがることができるものが歌詞だけ」とある(2)が正解。

問4　要助は漢字の「多摩蘭坂」ではなくひらがなの「たまらん坂」にこだわっている。その理由は最終段落にあるように、「落後者とも敗残者」でもないが、「晴れがましく勝利した者」でもない自分が、「たまらんなあ」と呟きながら坂を登っていくイメージにとらわれているからである。(1)・(5)は漢字表記の中身にのみこだわっており不適。(2)は〈漢字／ひらがな〉の書かれ方だけを問題にしており不十分。(4)は「地名の解釈が固定化されてしまう」が〈固定化／流動化〉に論点をずらしているので不適。「イメージ」に言及している(3)が正解。

問5　傍線部の「そう」は、息子の言葉の中の「一人の落武者がここの坂を登って逃げながら、たまらん、たまらん、て言ったのでそういう名前がついた」という話があることを指している。要助は、坂にまつわるそういう話があることに共感を示しているのである。傍線部後ろからもこのことを確認できる。つまり、要助が坂に抱くイメージに、落武者の話が合致したことに対する反応なのである。その内容に合う(5)が正解。(1)・(2)は要助が坂に抱くイメージと落武者の話との合致という要素を含まず不適。(3)は、このイメージが息子の言葉を聞いたのちに浮かんだものであり、

国語

1

出典　黒井千次「たまらん坂」（『たまらん坂―武蔵野短篇集』講談社文芸文庫）

解答

問1　(4)
問2　(5)
問3　(2)
問4　(3)
問5　(5)
問6　(5)
問7　(3)
問8　(5)
問9　(2)

◀解　説▶

問1　直前に「ささやかな静謐もこれで終りか」とあり、また次段落に「ママ（息子にとって）」は「紀ノ国屋まで買物に出た」とある。つまり「彼」が家に一人でいる状況が終わったということである。その状況に言及している(4)が正解。他の選択肢は全て主人公が一人で家にいる状況に触れておらず、不適。

問2　当該段落に「こんな騒々しい音楽に子供と共に耳を傾ける妻」のことを「想像する」と、「空恐ろしい気分に襲わ

· memo ·

2022年度

問題と解答

問題編

▶試験科目

		教　科	科　　目	試験区分
自衛官候補看護学生	第1次試験	英　語	コミュニケーション英語Ⅰ・Ⅱ・Ⅲ，英語表現Ⅰ・Ⅱ	択一式
		数　学	数学Ⅰ・A	
		理　科	「物理基礎，物理」，「化学基礎，化学」，「生物基礎，生物」から１科目選択	
		国　語	国語総合（古文・漢文を除く）	
		小論文		
	第２次試験		口述試験および身体検査	
技官候補看護学生	第1次試験	英　語	コミュニケーション英語Ⅰ・Ⅱ・Ⅲ，英語表現Ⅰ・Ⅱ	択一式
		数　学	数学Ⅰ・A	
		理　科	「物理基礎，物理」，「化学基礎，化学」，「生物基礎，生物」から１科目選択	
		国　語	国語総合（古文・漢文を除く）	
	第２次試験		小論文，口述試験および身体検査	

▶備　考

- 自衛官候補看護学生について，第１次試験の合格者は，択一式試験の結果により決定する。小論文については第２次試験受験者について採点し，第２次試験の結果とあわせて最終合格の決定に用いる。
- 第２次試験は第１次試験合格者について行われる。

英語

（60 分）

I　空欄を埋めるのに最も適切な語（句）を選びなさい。

Receptionist : Hello, may I help you?

Patient : Yes, I have been tired for three days and I would like to (1) a doctor in the Internal Medicine Department. Could you tell me where it is?

Receptionist : Sure, but is this your first visit to the hospital?

Patient : Yes, it is. I came to Japan last year, but this is my first visit.

Receptionist : Then, you have to (2) first at Registration Desk, at window number two. When you finish registration, please come back here again. Then I'll (3) you the way to the Internal Medicine Department. It is on the second floor next to the *Cardiology Department.

Patient : Thank you very much.

Receptionist : Not at all. If you have any questions, please (4) free to ask me. I'll be glad to help you.

*Cardiology Department：循環器科

問1　(1) get　(2) see　(3) watch　(4) go for　(5) need

問2　(1) tell　(2) put　(3) read　(4) check　(5) register

問3　(1) show　(2) come to　(3) visit　(4) lead　(5) bring

問 4　(1)　call　　(2)　take　　(3)　feel
(4)　sense　　(5)　have

Ⅱ　空欄に入るものを(1)〜(5)より選びなさい。

問 5　Fungi exploit damaged immune systems, but before the mid-20th century people with impaired (5) didn't live very long.
(1)　debris　　(2)　impunity　　(3)　immunity
(4)　debility　　(5)　infirmity

問 6　That company has a wide range of operations, but its bread and (6) is recycling rare metals.
(1)　butter　　(2)　cheese　　(3)　egg
(4)　gold　　(5)　money

問 7　Actually, it's still up in the (7) as to who'll be the next president.
(1)　sky　　(2)　pie　　(3)　universe
(4)　air　　(5)　ground

Ⅲ　次の英文を読み，下記の設問に答えなさい。

A vegetarian diet, especially one that includes fish, significantly reduces the risk of *colorectal cancer, a large new study reports.

Researchers recruited 77,659 men and women from Seventh-day Adventist churches nationwide. All filled out(8) well-validated questionnaires(9) that included more than 200 food items.

Meat intake(10) in the population was very low — an average of about two **ounces a day. During an average of seven years of follow-up, the scientists found 490 cases of colorectal cancer. Over all, after adjusting for many health and behavioral variables, vegetarians had a 21 percent reduced risk of cancer compared with nonvegetarians. The results are in *JAMA Internal Medicine*.

But some vegetarian diets were better than others. Results for people who modified a vegetarian diet with eating meat or fish up to four times a month derived little benefit. But "(11)pescovegetarians," who ate fish one or more times a month and other meats less than once a month, reduced their risk (　12　) 42 percent compared with nonvegetarians.

"We're looking at the low end of the meat consumption spectrum," said the lead author, Dr. Michael J. Orlich, an assistant professor of ***epidemiology at the Loma Linda University, School of Public Health, "but even compared to a moderate intake of meat, a zero intake looks better, with or without fish."

*colorectal cancer：結腸直腸の癌
**ounces：1オンス（約28g）
***epidemiology：疫学，流行病学

問8　下線部(8)fill(ed) outと同じ意味の語（句）を選びなさい。

(1) fill in　(2) develop　(3) swell out
(4) expand　(5) go flat

問9　下線部(9)questionnaire(s)と同じ意味の語を選びなさい。

(1) problem　(2) survey　(3) quota
(4) quizmaster　(5) quotation

問10　下線部(10)intakeと同じ意味でintakeを用いている文を選びなさい。

(1) The student intake in institutions is highest during February and July.
(2) The storm got sand in the engine intakes and eroded the fuel relays.
(3) There was an intake-of-breath moment.
(4) All patients were told to cut their food intake by 600 calories daily.
(5) The new fish market is built on intake.

問11　下線部(11)pescovegetarian(s)の説明として正しいものを選びなさい。

(1)　肉も魚も一切口にすることのない純粋なベジタリアン

(2)　乳製品，鶏卵，鶏肉の摂取を認めているベジタリアン

(3)　魚，そして時に肉を食べることもあるベジタリアン

(4)　肉，魚は口にしないが，乳製品の摂取を認めているベジタリアン

(5)　基本的に肉，魚は摂らないが，鶏卵の摂取は認めているベジタリアン

問12　（　12　）に入れる適当な語句を選びなさい。

(1)　on　　(2)　by　　(3)　for

(4)　in　　(5)　of

問13　Dr. Michael J. Orlichの見解として適当なものを選びなさい。

(1)　肉を適度に摂る人が魚を摂れば，結腸直腸癌の罹患率は低くなる。

(2)　菜食主義者でも時々肉を摂る人は，結腸直腸癌の罹患率が低くなる。

(3)　肉を適度に摂る人と比べて，肉も魚も全く口にしない菜食主義者の結腸直腸癌の罹患率は変わらない。

(4)　肉を適度に摂る人と比べて，肉を全く口にしない菜食主義者は，魚を摂ろうと摂るまいと，結腸直腸癌罹患率は低い。

(5)　魚を摂ろうと摂るまいと，肉を適度に摂る人の結腸直腸癌の罹患率は低くなる。

問14　本文に最も適当なタイトルを選びなさい。

(1)　A Doubt about Vegetarian Diet

(2)　Vegetarians Overcome Colon Cancer

(3)　Vegetarian Diet Developed Colon Cancer

(4)　Good News to Nonvegetarians

(5)　Vegetarian Diet May Cut Colon Cancer Risk

Ⅳ　次の英文を読み，下記の設問に答えなさい。

A single chemical component of blood creates the pungent metallic scent *Count Dracula found so irresistible, research has shown. In Bram Stoker's original vampire novel, the sharp-toothed Count can hardly contain(15) himself when his guest, Jonathan Harker, cuts himself shaving. Now scientists know what the undead aristocrat was reacting to — an organic "aldehyde" compound(16) called trans-4,5-epoxy-

(E)-2-decenal.

In tests with zoo animals, lumps of wood (17)impregnated with the lab-made chemical triggered a strong response from African and Asian wild dogs, South American bush dogs, and Siberian tigers. On its own, the compound produced the same reactions ― sniffing, licking, biting, pawing and toying ― as horse blood. The (18)carnivores were not bothered with logs coated with fruit essence or a near-odorless solvent. Tigers were lured most strongly by the blood compound while South American bush dogs lost interest more quickly than other species.

Lead scientist Professor Matthias Laska, from Linkoping University in Sweden, said: “For predators, food scents are particularly attractive, and much of this has to do with (19). We wanted to find out which chemical components create the scent of blood.”

Prior to the research, little information existed on the substances that give blood its smell. Sophisticated chemical analysis techniques eventually identified 30 candidate compounds, any of which could have been what Prof. Laska was searching for. It took the sensitive noses of human scent experts to single out the elusive aldehyde, which they recognized as emitting (20).

The animal tests, conducted at Kolmarden Wildlife Park in Sweden, proved it was this that attracted meat-eating predators. “How this has developed through evolution is an interesting question,” said Prof. Laska. “Perhaps there is a common denominator for all mammalian blood.”

*Count Dracula: the Transylvanian vampire in Bram Stoker's novel *Dracula* (1897)

問15　下線部(15)containと同じ意味の語を選びなさい。

(1) control　(2) accommodate　(3) embody

(4) comprise　(5) comprehend

出典追記：Count Dracula explained by science! ‘Blood scent’ chemical which vampires and predatory animals find irresistible identified by scientists, Mirror on November 10, 2014 by John von Radowitz

問16　この実験で下線部(16)an organic “aldehyde” compoundに最も強く反応した動物を選びなさい。

(1)　African and Asian wild dogs　　(2)　serval cats

(3)　South American bush dogs　　(4)　Siberian tigers

(5)　saber-toothed tigers

問17　下線部(17)impregnatedと同じ意味の語を選びなさい。

(1)　naked　　(2)　soaked　　(3)　dehydrated

(4)　excluded　　(5)　impeached

問18　下線部(18)carnivore(s)の説明として適当なものを選びなさい。

(1)　an animal that feeds on plants

(2)　an animal that feeds on other animals

(3)　a person who is not a vegetarian

(4)　an annual festival, typically during the week before Lent in Roman Catholic countries

(5)　a substance that is toxic to plants, used to destroy unwanted vegetation

問19　(　19　)に入れる適当な語を選びなさい。

(1)　fat meat　　(2)　rotten meat　　(3)　lean meat

(4)　bone　　(5)　blood

問20　(　20　)に入れる適当な語句を選びなさい。

(1)　the tropical fruit odor typically associated with banana

(2)　the sweet scent typically associated with chocolate

(3)　the strong odor typically associated with sweat

(4)　the distinctive metallic odor typically associated with blood

(5)　the nice smell typically associated with grilled beef

問21　本文の内容と合致するものを選びなさい。

(1)　Scientists say that, having carried out a series of tests, they figured out why Bram Stoker's Count Dracula found it possible to resist the scent of blood.

(2)　Scientists from Linkoping University in Sweden conducted an experiment using zoo animals to find the chemical compound called trans-4,5-epoxy-(E)-2-decenal formed in the interior of carnivores.

(3) The chemical compound called trans-4,5-epoxy-(E)-2-decenal creates metallic scent that can soothe the fictional Count comfortably to sleep.

(4) 'Blood scent' chemical which could soothe vampires and predatory animals was identified by scientists through a lot of work.

(5) Wild dogs and tigers have the same reaction as the Count Dracula to the smell of blood — or more precisely, the organic 'aldehyde' compound called trans-4,5-epoxy-(E)-2-decenal.

問 22 本文に最もふさわしいタイトルを選びなさい。

(1) Count Dracula as Fiction
(2) Count Dracula Explained by Science!
(3) Bram Stoker's Favorite Smell Analyzed
(4) Savage, Thy Name is Tiger!
(5) Which Is Stronger: Count Dracula or Predatory Animals?

V

問 23～問 25 (23)～(25) に入れる最も適当な語を語群から選びなさい。ただし，それぞれ違う語が入る。

Sitting on a stool several feet from a long-(23) robot, Dr. Danyal Fer wrapped his fingers around two metal handles near his chest.

As he moved the handles — up and down, left and right — the robot (24) each small motion with its own two arms. Then, when he (25) his thumb and forefinger together, one of the robot's tiny claws did much the same. This is how surgeons like Dr. Fer have long used robots when operating on patients. They can remove a prostate from a patient while sitting at a computer console across the room.

語群：(1) remembered (2) armed (3) continued
(4) pinched (5) mimicked

数学

(60 分)

1　問 1 ～ 5 の解答として正しいものを，(1)～(5)の中からそれぞれ 1 つ選び，解答用紙にマークせよ。

［1］　$\sin\theta_1=\dfrac{1}{3}$，$\sin\theta_2=\dfrac{2}{3}$ $(0^\circ<\theta_1<180^\circ,\ 0^\circ<\theta_2<180^\circ)$ となる θ_1，θ_2 に対し，$\tan^2\theta_1$ の値は A となる。ここで，$\theta_2-\theta_1>90^\circ$ のとき，$\dfrac{\cos\theta_1}{\cos\theta_2}$ の値は B となる。$0^\circ<\theta_2-\theta_1<90^\circ$ のとき，$\dfrac{\sin\theta_1+\cos\theta_1}{\sin\theta_2+\cos\theta_2}$ の値は C となる。このとき，以下の問に答えよ。

問 1　A の値はいくらか。

(1) $\dfrac{1}{8}$　(2) $\dfrac{1}{6}$　(3) $\dfrac{1}{4}$　(4) $\dfrac{1}{2}$

(5) 上の 4 つの答えはどれも正しくない。

問 2　B の値はいくらか。

(1) $-\dfrac{2\sqrt{10}}{5}$　(2) $-\dfrac{\sqrt{10}}{5}$　(3) $\dfrac{\sqrt{10}}{5}$　(4) $\dfrac{2\sqrt{10}}{5}$

(5) 上の 4 つの答えはどれも正しくない。

問 3　C の値はいくらか。

(1) $2-4\sqrt{2}-\sqrt{5}+2\sqrt{10}$　(2) $-2+4\sqrt{2}-\sqrt{5}+2\sqrt{10}$

(3) $-2-4\sqrt{2}+\sqrt{5}+2\sqrt{10}$　(4) $-2-4\sqrt{2}-\sqrt{5}+2\sqrt{10}$

(5) 上の 4 つの答えはどれも正しくない。

［2］　2 つの自然数 180，2646 と，ある自然数 n がある。この 3 つの数の最小公倍数が平方数になるような n のうち，最小のものを $n_{\min}$，そのときの最小公倍数を m とする。このとき，以下の問に答えよ。ここで，a が平方数であるとは，a がある正の整数 b を用いて $a=b^2$ と表される場合をいう。また，1 も平方数である。

問 4　$n_{\min}$ の値はいくらか。

(1)　1950　(2)　1975　(3)　2000　(4)　2025

(5)　上の 4 つの答えはどれも正しくない。

問 5　m の約数のうち，平方数になるものは何個あるか。

(1)　12　(2)　24　(3)　36　(4)　48

(5)　上の 4 つの答えはどれも正しくない。

2　問 6 ～10 の解答として正しいものを，(1)～(5)の中からそれぞれ 1 つ選び，解答用紙にマークせよ。

実数 x における 2 つの 2 次関数 $f(x)=(x-2)^2+2$，$g(x)=x^2-3x-10$ がある。座標平面上の 2 つの放物線 $y=f(x)$，$y=g(x)$ について以下の問に答えよ。

問 6　y 軸上の 2 点 $(0,\ f(0))$，$(0,\ g(0))$ の間の距離はいくらか。

(1)　12　(2)　14　(3)　16　(4)　18

(5)　上の 4 つの答えはどれも正しくない。

問 7　放物線 $y=f(x)$ と x 軸との共有点の数と，放物線 $y=g(x)$ と x 軸との共有点の数を合わせるといくらか。

(1)　0　(2)　1　(3)　2　(4)　3

(5)　上の 4 つの答えはどれも正しくない。

問 8　直線 $y=a$ が放物線 $y=f(x)$ または放物線 $y=g(x)$ と共有する点の数が 3 であるような a は 2 つある。このような a の値の組はどれか。

(1)　(1，196)　(2)　(1，198)　(3)　(2，196)　(4)　(2，198)

(5)　上の 4 つの答えはどれも正しくない。

問 9　曲線 $y=|g(x)|$ と直線 $y=b$ の共有点がちょうど 3 つあるような b の値はいくらか。

(1)　$\dfrac{47}{4}$　(2)　$\dfrac{49}{4}$　(3)　$\dfrac{47}{2}$　(4)　$\dfrac{49}{2}$

(5)　上の 4 つの答えはどれも正しくない。

問 10　放物線 $y=h(x)$ は放物線 $y=g(x)$ を y 軸方向にのみ平行移動したものとする。放物線 $y=h(x)$ と x 軸の 2 つの交点間の距離が 4 であるとき，曲線 $y=|h(x)|$ と放物線 $y=f(x)$ の共有点は全部でいくつあるか。

(1)　2　　(2)　3　　(3)　4　　(4)　5

(5)　上の4つの答えはどれも正しくない。

3

問11～15の解答として正しいものを，(1)～(5)の中からそれぞれ1つ選び，解答用紙にマークせよ。

正八角形 $P_1P_2P_3P_4P_5P_6P_7P_8$ の8個の頂点から，Aさんがランダムに3個を選び三角形を作る。続いてBさんがAさんが選ばなかった残りの5個の頂点からランダムに3個を選び三角形を作るものとする。このとき，以下の問に答えよ。

問11　Aさんが作り得る三角形の総数はいくらか。

(1)　14　　(2)　28　　(3)　56　　(4)　112

(5)　上の4つの答えはどれも正しくない。

問12　Aさんが作る三角形が二等辺三角形になる確率はいくらか。

(1)　$\frac{1}{7}$　　(2)　$\frac{2}{7}$　　(3)　$\frac{3}{7}$　　(4)　$\frac{4}{7}$

(5)　上の4つの答えはどれも正しくない。

問13　Aさんが作る三角形が直角三角形になる確率はいくらか。

(1)　$\frac{5}{14}$　　(2)　$\frac{3}{7}$　　(3)　$\frac{1}{2}$　　(4)　$\frac{4}{7}$

(5)　上の4つの答えはどれも正しくない。

問14　Aさんが作る三角形とBさんが作る三角形がともに直角三角形になる確率はいくらか。

(1)　$\frac{3}{14}$　　(2)　$\frac{8}{35}$　　(3)　$\frac{17}{70}$　　(4)　$\frac{9}{35}$

(5)　上の4つの答えはどれも正しくない。

問15　Aさんが作る三角形が直角三角形になり，Bさんが作る三角形がAさんが作る三角形と共通する部分をもたない確率はいくらか。

(1)　$\frac{3}{70}$　　(2)　$\frac{2}{35}$　　(3)　$\frac{1}{14}$　　(4)　$\frac{3}{35}$

(5)　上の4つの答えはどれも正しくない。

4

問16〜20の解答として正しいものを，(1)〜(5)の中からそれぞれ1つ選び，解答用紙にマークせよ。

点A，B，Cを中心とする同じ半径をもつ3つの円をそれぞれA′，B′，C′とする。図のように3つの円はそれぞれ他の2つの円と接していて，△ABCは1辺の長さが4の正三角形となる。このとき，以下の問に答えよ。

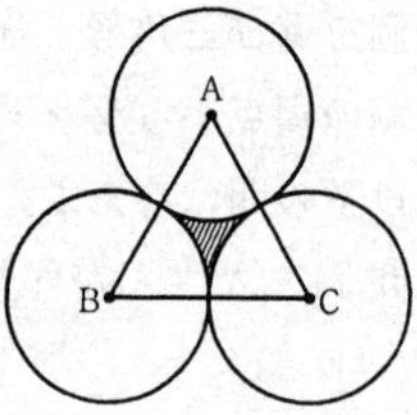

問16　3つの円の半径はいくらか。

(1)　1　　(2)　3

(3)　5　　(4)　7

(5)　上の4つの答えはどれも正しくない。

問17　3つの円で囲まれた図の斜線部分の面積はいくらか。

(1)　$7\sqrt{3}-2\pi$　　(2)　$6\sqrt{3}-2\pi$

(3)　$5\sqrt{3}-2\pi$　　(4)　$4\sqrt{3}-2\pi$

(5)　上の4つの答えはどれも正しくない。

ここで，△XYZは内部に円A′，B′，C′を含み，辺XYは円A′，B′にそれぞれ異なる点で接し，辺YZは円B′，C′にそれぞれ異なる点で接し，辺ZXは円C′，A′にそれぞれ異なる点で接している三角形であるとする。

問18　辺XYの長さはいくらか。

(1)　$4\sqrt{3}+1$　　(2)　$4\sqrt{3}+2$　　(3)　$4\sqrt{3}+3$　　(4)　$4\sqrt{3}+4$

(5)　上の4つの答えはどれも正しくない。

問19　点Aから辺YZに垂線を下ろしたとき，この垂線と辺YZの交点をHとする。このとき，AHの長さはいくらか。

(1)　$2\sqrt{3}+1$　　(2)　$2\sqrt{3}+2$　　(3)　$2\sqrt{3}+3$　　(4)　$2\sqrt{3}+4$

(5)　上の4つの答えはどれも正しくない。

問20　△ABCの重心をOとすると，OXの長さはいくらか。

(1)　$\frac{4\sqrt{3}}{3}+1$　　(2)　$\frac{4\sqrt{3}}{3}+2$　　(3)　$\frac{4\sqrt{3}}{3}+3$　　(4)　$\frac{4\sqrt{3}}{3}+4$

(5)　上の4つの答えはどれも正しくない。

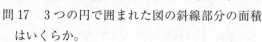

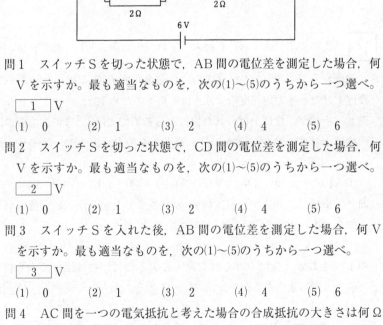

物理

（60分）

1

次の文章（A・B）を読み，下の問い（問1～7）に答えよ。

A　内部抵抗の無視できる起電力が6Vの電源に，下図のように大きさが2Ωの電気抵抗を3個接続し，スイッチSを1個接続した回路がある。

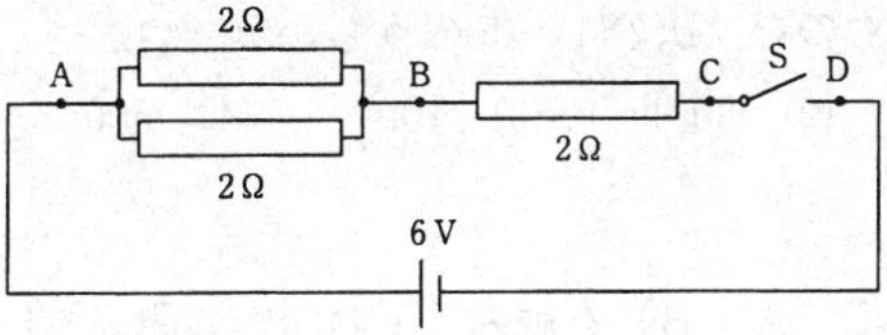

問1　スイッチSを切った状態で，AB間の電位差を測定した場合，何Vを示すか。最も適当なものを，次の(1)～(5)のうちから一つ選べ。

［　1　］V

(1)　0　　(2)　1　　(3)　2　　(4)　4　　(5)　6

問2　スイッチSを切った状態で，CD間の電位差を測定した場合，何Vを示すか。最も適当なものを，次の(1)～(5)のうちから一つ選べ。

［　2　］V

(1)　0　　(2)　1　　(3)　2　　(4)　4　　(5)　6

問3　スイッチSを入れた後，AB間の電位差を測定した場合，何Vを示すか。最も適当なものを，次の(1)～(5)のうちから一つ選べ。

［　3　］V

(1)　0　　(2)　1　　(3)　2　　(4)　4　　(5)　6

問4　AC間を一つの電気抵抗と考えた場合の合成抵抗の大きさは何Ωか。最も適当なものを，次の(1)～(5)のうちから一つ選べ。［　4　］Ω

(1)　1　　(2)　2　　(3)　3　　(4)　4　　(5)　6

問5　スイッチSを入れた後，回路上のAを流れる電流を測定した場

合，何 A を示すか。最も適当なものを，次の(1)〜(5)のうちから一つ選べ。 5 A

(1) 1　(2) 2　(3) 3　(4) 4　(5) 6

B　100 V で使用すると，500 W の電力を消費する電気抵抗率が一様なヒーターがある。

問 6　このヒーターの抵抗値はいくらか。最も適当なものを，次の(1)〜(5)のうちから一つ選べ。 6 Ω

(1) 5.00　(2) 10.0　(3) 20.0　(4) 100　(5) 500

問 7　このヒーターが断線して，その長さが元の 80.0% になった。短くなったヒーターを 100 V で使用すると，何 W の電力を消費するか。最も適当なものを，次の(1)〜(5)のうちから一つ選べ。 7 W

(1) 16.0　(2) 80.0　(3) 100　(4) 500　(5) 625

2　次の文章（A・B）を読み，下の問い（問 8 〜13）に答えよ。

A　地表から高さ 25 m の位置から，小球を鉛直方向に 20 m/s の速さで投げ上げた。重力加速度の大きさは，簡単のため $10\,\mathrm{m/s^2}$ とする。

問 8　小球が，投げ上げられた位置から初めて 15 m 上方に達するのは，投げ上げてから何 s 後か。最も適当なものを，次の(1)〜(5)のうちから一つ選べ。 8 s

(1) 1.0　(2) 2.0　(3) 3.0　(4) 4.0　(5) 5.0

問 9　小球は，地表から最大何 m の高さまで上がるか。最も適当なものを，次の(1)〜(5)のうちから一つ選べ。 9 m

(1) 30　(2) 40　(3) 45　(4) 50　(5) 55

問 10　小球が，投げ上げられた高さに戻るのは，投げ上げてから何 s 後か。最も適当なものを，次の(1)〜(5)のうちから一つ選べ。 10 s

(1) 1.0　(2) 2.0　(3) 3.0　(4) 4.0　(5) 5.0

問 11　小球が，地表に到達するのは，投げ上げられてから何 s 後か。最も適当なものを，次の(1)〜(5)のうちから一つ選べ。 11 s

(1) 1.0　(2) 2.0　(3) 3.0　(4) 4.0　(5) 5.0

B　図のように，水平面に対して角度 θ の斜面上に質量 m の物体Aがある。Aに結びつけた糸には，滑車を経て質量 M の物体Bをつるした $(m<M)$。Aと斜面との動摩擦係数を μ とし，重力加速度の大きさを g とする。ただし，滑車は滑らかに回転でき，糸は伸び縮みせず，物体A，Bの質量に比べて無視できるほど軽いものとする。

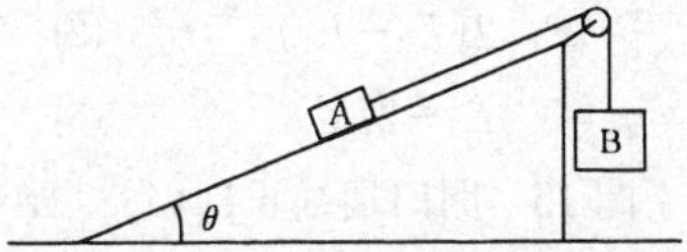

問12　物体Aの加速度の大きさはいくらか。最も適当なものを，次の(1)～(5)のうちから一つ選べ。[12]

(1)　$\dfrac{M-m\sin\theta}{m}g$　　(2)　$\dfrac{M-\mu m\cos\theta}{m}g$

(3)　$\dfrac{M-m\sin\theta}{m+M}g$　　(4)　$\dfrac{M-m(\sin\theta+\mu\cos\theta)}{m+M}g$

(5)　$\dfrac{M-m(\sin\theta+\mu\cos\theta)}{M}g$

問13　糸の張力の大きさはいくらか。最も適当なものを，次の(1)～(5)のうちから一つ選べ。[13]

(1)　$Mg\dfrac{M(1+\sin\theta+\mu\cos\theta)}{m}$　　(2)　$Mg\dfrac{M(1+\mu\cos\theta)}{m}$

(3)　$Mg\dfrac{m(1+\sin\theta+\mu\cos\theta)}{m+M}$　　(4)　$mg\dfrac{m(1+\mu\cos\theta)}{M}$

(5)　$mg\dfrac{m(1+\sin\theta+\mu\cos\theta)}{M}$

[3]　次の文章（A・B）を読み，下の問い（問14～18）に答えよ。

A　水を入れたまっすぐな管が鉛直に立っている。管口から管内の水面までの空気柱の長さは，変化させることができるものとする。管口でおんさを鳴らすと，管口から管内の水面までの間にある気柱の長さが L_1 のとき，初めて共鳴が起こった。さらに水面を下げて気柱の長さを長くすると，次にその長さが L_2 のときに共鳴が起こった。

問14　おんさから出る音の波長はいくらか。最も適当なものを，次の(1)～(5)のうちから一つ選べ。[14]

(1)　$2(L_2-L_1)$　　(2)　$2(2L_2-L_1)$　　(3)　$2(L_2-2L_1)$

(4)　L_2-2L_1　　(5)　$2L_2-L_1$

問15　開口端補正はいくらか。最も適当なものを，次の(1)〜(5)のうちから一つ選べ。[15]

(1)　$\frac{1}{4}(L_2-3L_1)$　　(2)　$\frac{1}{2}(L_2-3L_1)$　　(3)　$\frac{1}{4}(3L_2-L_1)$

(4)　$\frac{1}{2}(3L_2-L_1)$　　(5)　L_2-3L_1

問16　音速を v とするとき，その音波の振動数はいくらか。最も適当なものを，次の(1)〜(5)のうちから一つ選べ。[16]

(1)　$\frac{v}{L_2-L_1}$　　(2)　$\frac{v}{2L_2-L_1}$　　(3)　$\frac{v}{L_2-2L_1}$

(4)　$\frac{v}{2(L_2-L_1)}$　　(5)　$\frac{2v}{L_2-L_1}$

B　図のように，空気中（絶対屈折率 $n=1.0$）から光を媒質Ⅰ（屈折率 n_1）に入射させた。光は，媒質Ⅰから媒質Ⅱ（屈折率 n_2）に向かい，境界面で全反射されて，媒質Ⅰ内を進んで行く。空気から媒質Ⅰへの入射角を i，屈折角を r とする。

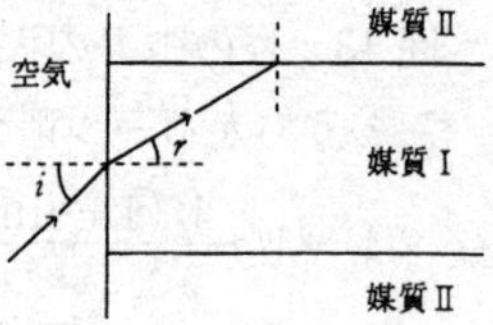

問17　光が空気中から媒質Ⅰに入射するときの屈折角 r はいくらか。$\sin r$ として示せ。最も適当なものを，次の(1)〜(5)のうちから一つ選べ。$\sin r=$ [17]

(1)　$\frac{1}{n_2}\sin i$　　(2)　$\frac{n_1}{n_2}\sin i$　　(3)　$\frac{n_2}{n_1}\sin i$

(4)　$n_1\sin i$　　(5)　$\frac{1}{n_1}\sin i$

問18　光が媒質Ⅱに入ることなく媒質Ⅰ内だけを進むための，入射角 i の条件は何か。最も適当なものを，次の(1)〜(5)のうちから一つ選べ。
[18]

(1)　$\sin^2 i>{n_1}^2$　　(2)　$\sin^2 i>{n_1}^2-{n_2}^2$　　(3)　$\sin^2 i<{n_1}^2-{n_2}^2$

(4)　$\sin^2 i<{n_1}^2$　　(5)　$\sin^2 i<{n_2}^2$

4　次の文章（A～C）を読み，下の問い（問19～25）に答えよ。

A　以下の表のように，物質，比熱（比熱容量）と質量が与えられている。

物質	比熱[J/(g·K)]	質量
銅	0.38	2.0kg
鉄	0.45	1.0kg
アルミニウム	0.90	1.0kg
空気（1気圧）	1.0	3.0×10^2 g
水	4.2	1.5×10^2 g

問19　表の物質について，温度が同じ状態から全て10K上昇させるには，各物質にどれだけ熱量を与えればよいか。各物質が必要とする熱量の大小について，最も適当な関係を表しているものを，次の(1)～(5)のうちから一つ選べ。なお，銅の必要とする熱量は Q_1，鉄のは Q_2，アルミニウムのは Q_3，空気のは Q_4，水のは Q_5 とする。［19］

(1)　$Q_1>Q_5>Q_2>Q_4>Q_3$

(2)　$Q_3>Q_1>Q_5>Q_2>Q_4$

(3)　$Q_5>Q_2>Q_4>Q_3>Q_1$

(4)　$Q_2>Q_4>Q_3>Q_1>Q_5$

(5)　$Q_4>Q_3>Q_1>Q_5>Q_2$

問20　表の物質について，体積を変化させないようにして，温度が同じ状態から同じ熱量を奪った場合，それぞれの物質の温度変化の大小関係について，最も適当な関係を表しているものを，次の(1)～(5)のうちから一つ選べ。なお，銅の温度変化量は T_1，鉄のは T_2，アルミニウムのは T_3，空気のは T_4，水のは T_5 とする。［20］

(1)　$T_1<T_5<T_2<T_4<T_3$

(2)　$T_5<T_2<T_4<T_3<T_1$

(3)　$T_2<T_4<T_3<T_1<T_5$

(4)　$T_3<T_1<T_5<T_2<T_4$

(5)　$T_4<T_3<T_1<T_5<T_2$

B　焦点距離 f の凸レンズがある。レンズ中心を原点Oとして，光軸上

に x 軸をとる。x 軸負符号の向きに原点Oから $a(>0)$ だけ離れた位置に物体を置いた。

問21　$a>f$ の場合，物体の実像の生じる位置とその向きはどれか。最も適当なものを，次の(1)～(5)のうちから一つ選べ。［21］

(1)　実像が生じる位置はない。

(2)　$\dfrac{a-f}{af}$ の位置に正立像が生じる。

(3)　$\dfrac{af}{a-f}$ の位置に正立像が生じる。

(4)　$\dfrac{a-f}{af}$ の位置に倒立像が生じる。

(5)　$\dfrac{af}{a-f}$ の位置に倒立像が生じる。

問22　$a<f$ の場合，物体の実像の生じる位置とその向きはどれか。最も適当なものを，次の(1)～(5)のうちから一つ選べ。［22］

(1)　実像が生じる位置はない。

(2)　$\dfrac{a-f}{af}$ の位置に正立像が生じる。

(3)　$\dfrac{af}{a-f}$ の位置に正立像が生じる。

(4)　$\dfrac{a-f}{af}$ の位置に倒立像が生じる。

(5)　$\dfrac{af}{a-f}$ の位置に倒立像が生じる。

問23　$a<f$ の場合，物体の虚像の生じる位置とその向きはどれか。最も適当なものを，次の(1)～(5)のうちから一つ選べ。［23］

(1)　虚像が生じる位置はない。

(2)　$\dfrac{a-f}{af}$ の位置に正立像が生じる。

(3)　$\dfrac{af}{a-f}$ の位置に正立像が生じる。

(4)　$\dfrac{a-f}{af}$ の位置に倒立像が生じる。

(5)　$\dfrac{af}{a-f}$ の位置に倒立像が生じる。

C　真空中に間隔 d だけ隔てて，十分に長い 2 本の平行な直線状導線に同じ向きに電流が流れている。導線は単位長さあたりの電気抵抗が r_0 である。真空の透磁率は $\mu_0 = 4\pi\times10^{-7}\,\mathrm{N/A^2}$ とすること。

問 24　2 本の導線の長さ l の部分の電位差を測定したところ，どちらも $2E$ であった。これらの導線の長さ l の部分に作用する力の大きさはいくらか。最も適当なものを，次の(1)～(5)のうちから一つ選べ。

[24] $\times10^{-7}\,\mathrm{N}$

(1)　$\dfrac{2E^2}{dl{r_0}^2}$　(2)　$\dfrac{dl{r_0}^2}{2E^2}$　(3)　$\dfrac{8E^2}{dl{r_0}^2}$

(4)　$\dfrac{4dE^2}{l{r_0}^2}$　(5)　$\dfrac{l{r_0}^2}{4dE^2}$

問 25　問 24 の 2 本の導線の片方について，流れる電流の強さが変化した。その導線の電位差が $2E$ になる長さを測定したところ $\dfrac{1}{2}l$ であった。電流の強さが変化した導線の長さ $\dfrac{1}{2}l$ の部分に作用する力の大きさは問 24 の場合の何倍になるか。最も適当なものを，次の(1)～(5)のうちから一つ選べ。[25] 倍

(1)　1/4　(2)　1/2　(3)　1

(4)　2　(5)　4

化学

（60分）

特に指定がない限り，気体は理想気体としてふるまうものとする。
必要があれば以下の数値を用いよ。
原子量：H＝1.0　C＝12　N＝14　O＝16　Na＝23　S＝32
Cl＝35.5　Ca＝40　Cu＝64　Zn＝65.5　Br＝80　Ag＝108
I＝127　Au＝197　Pb＝207
アボガドロ定数：6.02×10^{23}/mol
$(3.6)^2=13.0$　$(3.6)^3=46.7$

次の問（問1～問20）に答えよ。選択肢(1)～(5)の中からあてはまるものを1つ選べ。

問1　ある金属は面心立方格子の結晶構造を形成する。その結晶の密度は 9.1 g/cm^3 であり，単位格子の一辺の長さは 3.6×10^{-8} cm である。この金属として最も適切なものはどれか。

(1)　鉛　(2)　銅　(3)　銀
(4)　金　(5)　カルシウム

問2　水素結合に関する記述として誤りを含むものの組合せはどれか。

(a)　エタノールは水と水素結合するため，水とよく混ざる。
(b)　水分子は分子間で水素結合することで分子結晶を形成する。
(c)　水素結合は共有結合より弱いが，ファンデルワールス力より強い。
(d)　塩化水素は分子間で水素結合するため，フッ化水素より沸点が高い。
(e)　水のモル凝固点降下の大きさは，水分子と溶質分子の間の水素結合の数に比例する。

(1)　(a)，(c)　(2)　(a)，(d)　(3)　(b)，(c)
(4)　(b)，(e)　(5)　(d)，(e)

問3　2枚の銀板を電極として用い，硝酸銀水溶液を 1.00 A の電流で

180分間電気分解したところ，片方の電極の重量が12.0 g増加していた。この実験から算出されるファラデー定数はどれか。

(1)　9.59×10^4 C/mol　　(2)　9.61×10^4 C/mol

(3)　9.65×10^4 C/mol　　(4)　9.69×10^4 C/mol

(5)　9.72×10^4 C/mol

問4　次の触媒に関する記述のうち，空欄 ア ～ エ にあてはまる語句としてすべて正しい組合せはどれか。

触媒とは，化学反応の前後でそれ自身は変化しないが， ア を大きくするような物質のことである。触媒を用いると イ がより小さい反応経路で反応が進行するようになり， ウ に達しやすくなるために ア が大きくなる。触媒は均一系触媒と不均一系触媒に大きく分類でき，例えば，反応物の状態が液体で，触媒の状態が固体の場合は エ に分類される。

	ア	イ	ウ	エ
(1)	反応熱	結合エネルギー	活性化状態	不均一系触媒
(2)	反応熱	活性化エネルギー	平衡状態	均一系触媒
(3)	反応速度	活性化エネルギー	平衡状態	不均一系触媒
(4)	反応速度	活性化エネルギー	活性化状態	不均一系触媒
(5)	反応速度	結合エネルギー	平衡状態	均一系触媒

問5　次の熱化学方程式の Q〔kJ〕を求めることができる反応熱の組合せはどれか。

$$CH_3OH(液)+\frac{1}{2}O_2(気)=HCHO(気)+H_2O(液)+Q〔kJ〕$$

(1)　CH_3OH(液)の燃焼熱，HCHO(気)の燃焼熱

(2)　CH_3OH(液)の燃焼熱，HCHO(気)の生成熱

(3)　CH_3OH(液)の生成熱，HCHO(気)の燃焼熱

(4)　CH_3OH(液)の生成熱，HCHO(気)の生成熱

(5)　CH_3OH(液)の燃焼熱，HCHO(気)の生成熱，CH_3OH(液)の蒸発熱

問6　ヨウ化銀を水に溶解させると，3.4×10^{-2} mg/Lで飽和した。このときのヨウ化銀の溶解度積はどれか。

(1)　$2.1\times10^{-8}(mol/L)^2$　　(2)　$2.1\times10^{-14}(mol/L)^2$

(3)　$8.4\times10^{-8}(\mathrm{mol/L})^2$　(4)　$8.4\times10^{-10}(\mathrm{mol/L})^2$

(5)　$8.4\times10^{-14}(\mathrm{mol/L})^2$

問7　次の酸化物のうち，水によく溶けて最も強い酸となるのはどれか。

(1)　NO_2　(2)　NO　(3)　SO_2　(4)　CO　(5)　CO_2

問8　単体の水素（H_2）に関する記述として誤りを含むものはどれか。

(1)　銀に希硝酸を加えると発生する。

(2)　金属ナトリウムと水素化合物をつくる。

(3)　加熱した酸化銅(Ⅱ)と反応して銅（Cu）を生じる。

(4)　酸素（O_2）との混合気体に点火すると水を生じる。

(5)　地球上では天然にほとんど存在しない。

問9　錯イオンの配位子とならない分子，あるいはイオンはどれか。

(1)　CN^-　(2)　OH^-　(3)　H_2O

(4)　$CH_3CH_2CH_3$　(5)　$NH_2CH_2CH_2NH_2$

問10　ある金属イオンを含む溶液が次の(a)～(d)の性質を示した。この金属イオンとして適切なものはどれか。

(a)　塩酸を加えても沈殿は生じなかった。

(b)　硫酸を加えても沈殿は生じなかった。

(c)　ニッケル板を浸しても金属は析出しなかった。

(d)　アンモニア水を過剰量加えても沈殿は生じなかった。

(1)　Zn^{2+}　(2)　Fe^{2+}　(3)　Ag^+　(4)　Cu^{2+}　(5)　Ba^{2+}

問11　化合物の吸水性や脱水作用に関する記述として正しいものはいくつあるか。

(a)　濃硫酸はスクロースを炭化させる。

(b)　シリカゲルは吸湿により着色する。

(c)　酸化カルシウムは水に触れると発熱する。

(d)　十酸化四リンはアンモニアの乾燥に使うことができる。

(e)　塩化カルシウム，水酸化ナトリウムはいずれも潮解性をもつ。

(1)　1　(2)　2　(3)　3　(4)　4　(5)　5

問12　接触法は工業的に硫酸を製造する方法である。この方法ではまず，①硫黄（S）の燃焼で得られた②二酸化硫黄（SO_2）を触媒を使って空気中で酸化し，三酸化硫黄（SO_3）をつくる。この③SO_3を濃硫酸に吸収させて発煙硫酸とし，これを希硫酸で薄めて濃硫酸にする。接触法で質量パーセント濃度が98%の濃硫酸を50kg得るためには，理論上，硫黄は何kg必要か。最も適当なものを選べ。接触法の下線部①～③の反応は，下の化学反応式①～③にそれぞれ示した。

① $S + O_2 \longrightarrow SO_2$

② $2SO_2 + O_2 \longrightarrow 2SO_3$

③ $SO_3 + H_2O \longrightarrow H_2SO_4$

(1) 8kg　(2) 16kg　(3) 24kg　(4) 32kg　(5) 40kg

問13　リシン1分子とグルタミン酸1分子を脱水縮合して得られる鎖状アミドの構造異性体は何種類か。ただし，立体異性体は考えないものとする。

(1) 2　(2) 3　(3) 4　(4) 5　(5) 6

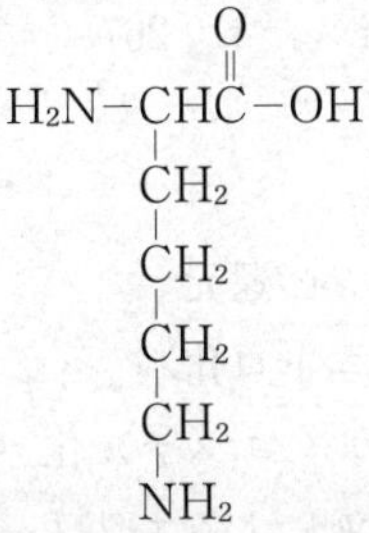
リシン

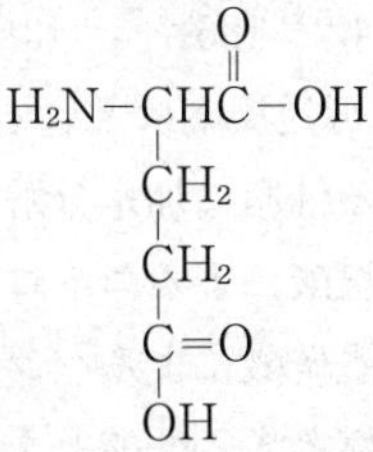
グルタミン酸

問14　次の(a)～(c)の性質をもつ，分子式 $C_4H_{10}O$ で表される化合物がある。考えられる化合物として最も適するものはどれか。

(a) 金属ナトリウムと反応して H_2 を発生する。

(b) 不斉炭素原子をもたない。

(c) 酸化してもカルボン酸を生じない。

(1)

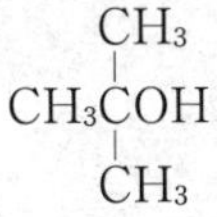

(2)

$CH_3CH_2CH_2CH_2OH$

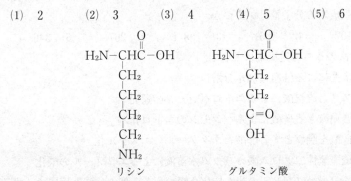

(3)

$CH_3CH_2\underset{\displaystyle OH}{\underset{|}{C}}HCH_3$

(4)

$CH_3\underset{\displaystyle CH_3}{\underset{|}{C}}HCH_2OH$

(5)

$CH_3CH_2OCH_2CH_3$

問15　DNAの二重らせん構造は，2本のポリヌクレオチド鎖の相補的な塩基間で $\boxed{\text{ア}}$ が生じていることによって形成される。$\boxed{\text{ア}}$ に入る最も適当な語句を選べ。

(1)　イオン結合　(2)　配位結合　(3)　水素結合

(4)　ペプチド結合　(5)　リン酸エステル結合

問16　アセチレンに臭素（Br_2）を反応しなくなるまで付加させた。得られた生成物の分子量はいくつか。

(1)　107　(2)　186　(3)　188　(4)　267　(5)　346

問17　次のうち可逆反応はどれか。

(1)　塩基による油脂の加水分解

(2)　スズと濃塩酸によるニトロベンゼンの還元

(3)　濃硝酸と濃硫酸によるベンゼンのニトロ化

(4)　硫酸を触媒とする酢酸とエタノールのエステル化

(5)　硫酸酸性二クロム酸カリウム水溶液によるエタノールの酸化

問18　分子式がC_7H_8Oの芳香族化合物のうち，無水酢酸と反応する構造異性体は何種類あるか。

(1)　2　(2)　3　(3)　4　(4)　5　(5)　6

問19　タンパク質水溶液に濃硝酸を加え熱した後，アンモニア水を加え塩基性にすると橙黄色に呈色する反応がある。この反応により検出可能なタンパク質中の化学構造はどれか。

(1)　グルタミン酸由来の側鎖のカルボキシ基

(2)　セリン由来の側鎖のヒドロキシ基

(3)　リシン由来の側鎖のアミノ基

(4)　システイン由来の側鎖の硫黄

(5)　チロシン由来の側鎖の芳香環

問20　次の単量体とその重合反応の組合せで，誤りを含むものはどれか。

	単量体	重合反応
(1)	$CH_2-CH(-CN)$	付加重合
(2)	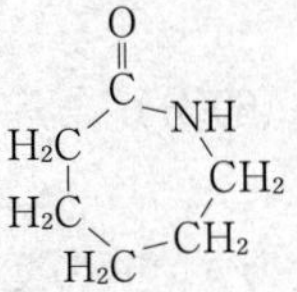	開環重合
(3)	$H_2N-(CH_2)_6-NH_2$ $HO-C(=O)-(CH_2)_4-C(=O)-OH$	縮合重合
(4)	$HO-(CH_2)_2-OH$ 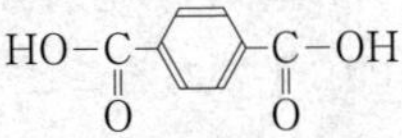	付加重合
(5)	$H-C(=O)-H$ 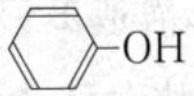	付加縮合

生物

（60分）

1

DNAの複製に関する次のA，Bの文章を読み，以下の設問1～7に答えよ。

A　化学的な分析により核酸はリン酸と糖と4種類の塩基を数多く含む高分子であることは既に知られていたが，1949年，[ア]は様々な生物からDNAを抽出し，含まれる塩基の数を種類別に調べたところAとT，GとCの数比はそれぞれ1：1であることを発見した。1952年，[イ]はDNAの結晶のX線回折像を撮影し，DNAがらせん構造を取ることを明らかにした。このデータを基にワトソンとクリックは，分子模型を作成しDNAの二重らせん構造モデルを提唱した。このモデルでは，AとT，GとCの塩基がらせん構造の内側で相補対を作るため，複製において2本の鎖が分かれても，それぞれの鎖を基に相補的な鎖を作り出せば全く同じ塩基配列をもつDNA分子のコピーが作り出されることが述べられている。①後に[ウ]によりこの予想が正しかったことが実験的に証明された。このようなDNAの複製は半保存的複製と呼ばれる。

問1　本文の空欄[ア]～[ウ]に当てはまる人名として正しいのを1つ選べ。

	ア	イ	ウ
(1)	シャルガフ	フランクリンとウィルキンス	コラーナ
(2)	シャルガフ	フランクリンとウィルキンス	メセルソンとスタール
(3)	グリフィス	フランクリンとウィルキンス	メセルソンとスタール
(4)	グリフィス	ハーシーとチェイス	コラーナ
(5)	グリフィス	ハーシーとチェイス	メセルソンとスタール

問2　下線部①の実験では窒素の同位体（^{15}N）を取り込んだDNAと窒素（^{14}N）を取り込んだDNAの何の違いを利用して半保存的複製を証明したか，正しいのを1つ選べ。

(1)　分子数　　(2)　2本鎖の長さ

(3)　比重　　(4)　AとT及びGとCの数比

(5)　1本鎖と2本鎖の割合

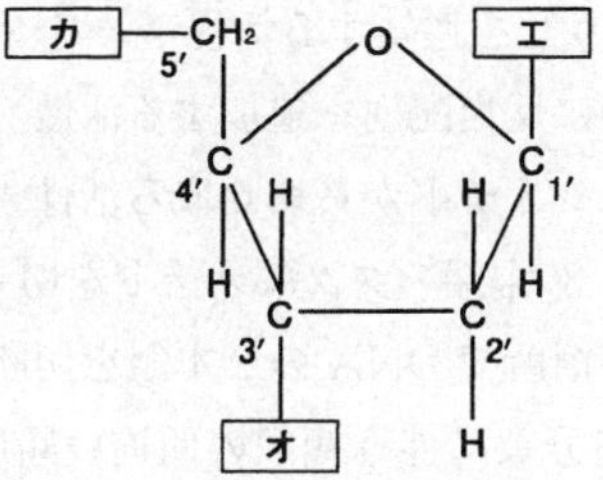

図1　DNAのヌクレオチドの模式図
糖に含まれる炭素には番号（1′～5′）が振られている。

問3　図1はDNAの構成単位であるヌクレオチドの模式図である。部位 エ ～ カ に結合しているものの組み合わせとして正しいのはどれか，1つ選べ。

	エ	オ	カ
(1)	隣のヌクレオチドのリン酸	塩基	リン酸
(2)	隣のヌクレオチドのリン酸	リン酸	塩基
(3)	塩基	隣のヌクレオチドのリン酸	リン酸
(4)	塩基	リン酸	隣のヌクレオチドのリン酸
(5)	リン酸	隣のヌクレオチドのリン酸	塩基

B　1950年代から60年代にかけてコーンバーグらがDNAポリメラーゼを精製し，その酵素の働きの詳細を解明したことは分子生物学の発展に大きく貢献した。②DNAポリメラーゼによるDNA合成はDNAの5′末端から3′末端の方向にのみ進行することがわかった。しかし，DNAの2本の鎖は互いに逆向きなので，③DNAの二重らせんが開いて複製が進む時，2本鎖が開いていく方向と合成の方向が合っているリーディング鎖では連続的に合成が進むが，④反対側のラギング鎖でどのようにDNA合成が進むのかは1966年の岡崎らによる発見までは謎であった。

問4　下線部②のDNAポリメラーゼは3′エキソヌクレアーゼ活性を持つために，複製における塩基配列の間違いはごく僅かに抑えられる。この活性の説明として正しいのを1つ選べ。

(1)　DNA断片の末端どうしを連結する活性
(2)　染色体DNAの末端に反復配列を追加する活性
(3)　間違った塩基をヌクレオチドから切り取る活性
(4)　間違った塩基を含む3′末端のヌクレオチドを切り取る活性
(5)　決まった塩基配列の箇所でDNAの2本鎖を切断する活性

問5　ヒトの体細胞の細胞分裂に伴う複製の間違い頻度は10億ヌクレオチドに1回だとする。1回の分裂で生ずる複製の間違いによる変異は，2つの娘細胞の全染色体のDNAで合わせていくつあると予想されるか。もっとも近い数を1つ選べ。

(1)　3　(2)　6　(3)　30　(4)　60　(5)　300

問6　下線部③の複製で二重らせんが開いた箇所は複製フォークと呼ばれる。図中のXが5′末端だと判っているとき，複製フォークで合成されている鎖の模式図として正しいのを1つ選べ。ただし，図中の矢印はDNA合成の方向を示す。

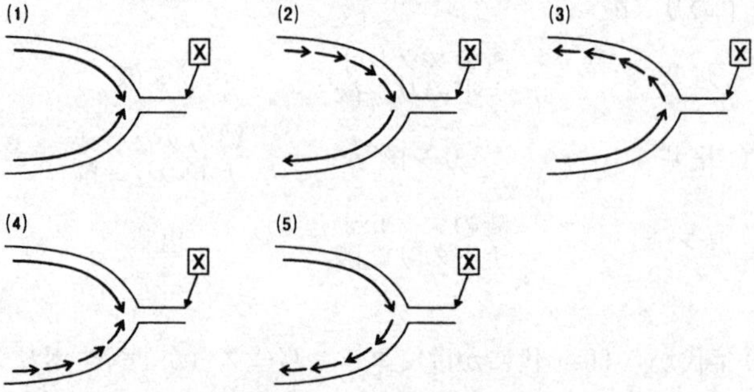

問7　下線部④について，複製時にラギング鎖の短いヌクレオチド鎖を連結して最終的に長いヌクレオチド鎖とする酵素はどれか，1つ選べ。

(1)　DNAポリメラーゼ　(2)　短いRNAプライマー
(3)　岡崎フラグメント　(4)　DNAリガーゼ
(5)　DNAヘリカーゼ

2　動物の形態形成に関する次のA，Bの文章を読み，以下の設問 8 〜13 に答えよ。

A　多細胞生物はいずれも受精卵から始まる発生過程を通じて，①その生態に適応した体制を形成していく。体制の位置情報に関する初期の研究は②ショウジョウバエを用いて行われた。ショウジョウバエでは体軸の形成後，③段階的に働く分節遺伝子によって体節の形成が促される。

問 8　下線部①に関して，三胚葉動物に含まれる生物の組み合わせとして正しいのを 1 つ選べ。

(1)　ヒドラ，ウマ，ミミズ

(2)　クラゲ，タコ，プラナリア

(3)　ナメクジウオ，ハチ，ヒトデ

(4)　ハマグリ，カイメン，クジラ

(5)　イソギンチャク，ウニ，ザリガニ

問 9　下線部②のショウジョウバエの体軸とその形成に関わる決定因子の組み合わせとして正しいのを 1 つ選べ。

(1)　前後軸－βカテニン　　(2)　前後軸－ナノス

(3)　前後軸－BMP　　(4)　背腹軸－ノギン

(5)　背腹軸－MADS ボックス

問 10　下線部③に関して，ショウジョウバエの体節構造形成時の分節遺伝子の発現パターンと順序を図 1 (A)〜(C)に示す。(A)〜(C)の分節遺伝子の組み合わせとして正しいのを 1 つ選べ。

	(A)		(B)		(C)
(1)	セグメントポラリティー遺伝子	➡	ギャップ遺伝子	➡	ペアルール遺伝子
(2)	セグメントポラリティー遺伝子	➡	ペアルール遺伝子	➡	ギャップ遺伝子
(3)	ギャップ遺伝子	➡	セグメントポラリティー遺伝子	➡	ペアルール遺伝子
(4)	ギャップ遺伝子	➡	ペアルール遺伝子	➡	セグメントポラリティー遺伝子
(5)	ペアルール遺伝子	➡	ギャップ遺伝子	➡	セグメントポラリティー遺伝子

図1　各時期に発現する分節遺伝子の mRNA 存在領域（濃染部）

B　外見からはわかりにくいが，脊椎動物でも体節構造が形成される。からだの前後軸に沿って脊椎は頭側から順に頸椎，胸椎，腰椎，仙椎，尾椎に分かれ，④それぞれの部位に特徴的なからだの構造が形成される。このような前後軸の位置に依存した形態形成に働くのが⑤Hox 遺伝子群である。

問11　下線部④に関して，ヒトの脊椎の特徴で正しいのを1つ選べ。

(1)　ゴリラなどと比べて，移動時に脊柱がより水平に傾く。

(2)　チンパンジーなどと比べて，仙椎を含む骨盤が細長い。

(3)　クモザルなどの樹上性のサルと比べて，尾椎が大きく発達している。

(4)　オマキザルなどと比べて，胸椎に対する肩関節の位置が背側にある。

(5)　アウストラロピテクスに比べて，頭骨と頸椎をつなぐ位置がやや後方に位置している。

問12　下線部⑤に関して，Hox6 と Hox10 が胸椎と腰椎の形態形成に関わることが知られている。以下のような遺伝子改変マウスを作製し，本来腰椎となる領域の骨格を比較した。

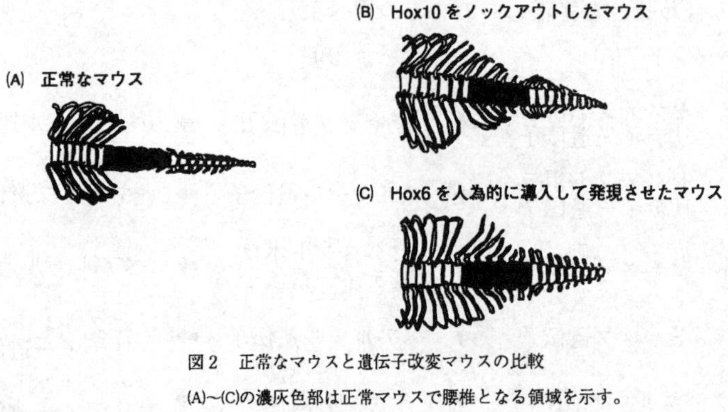

図2　正常なマウスと遺伝子改変マウスの比較

(A)〜(C)の濃灰色部は正常マウスで腰椎となる領域を示す。

以上の結果から，マウスでは Hox6 と Hox10 がどのような形態形成因子として働いていると考えられるか，最も適切な組み合わせを，1つ選べ。

(1) Hox6－肋骨形成を促進する　Hox10－肋骨形成を促進する

(2) Hox6－肋骨形成を促進する　Hox10－肋骨形成を抑制する

(3) Hox6－肋骨形成を抑制する　Hox10－肋骨形成を抑制する

(4) Hox6－肋骨形成を抑制する　Hox10－肋骨形成を促進する

(5) 上記のいずれでもない。

問13　下線部⑤に関して，ヒトはHox遺伝子群を4つ持っているが，原索動物では元々1つだったとされる。このような形でゲノム内に相同な遺伝子領域が蓄積され遺伝子数が増加する現象を何というか，1つ選べ。

(1) 連鎖　(2) 倍数化　(3) 乗換

(4) 遺伝子重複　(5) 遺伝子増幅

3　植物の受精に関する次のA，Bの文章を読み，以下の設問14～18に答えよ。

A　ユリなどの花の胚珠では胚のうが形成される（図1）。胚のう母細胞が減数分裂を経て1つの胚のう細胞を生み出す。胚のう細胞は3回の核分裂を経て8つの核を形成するが，そのうち6個が細胞化し，1個の卵細胞，2個の助細胞と3個の［ア］となる。さらに残り2個の核は［イ］となって中央細胞に含まれる。これらの集合が胚のうとなる。おしべでは花粉母細胞から花粉が作られ，その後，成熟花粉内には花粉管核と［ウ］とが生じる。

花粉がめしべの柱頭に付着して受粉が成立すると，花粉管が胚珠に向かって伸長する。花粉管内で［ウ］は分裂して2つの精細胞となる。花粉管で運ばれる2つの精細胞の1つが卵細胞と受精するのと並行して，もう1つが中央細胞と受精に似た現象を起こす。これを重複受精①という。

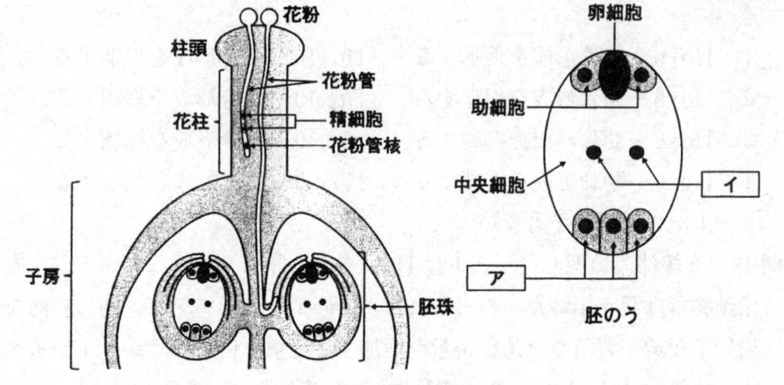

図1 植物の胚珠と胚のう

問14 文中の空欄 ア ～ ウ に当てはまる部位の名称の組み合わせとして正しいのを1つ選べ。

	ア	イ	ウ
(1)	反足細胞	極核	雄原細胞
(2)	反足細胞	胚乳核	雄原細胞
(3)	反足細胞	極核	第一精母細胞
(4)	第一卵母細胞	胚乳核	第一精母細胞
(5)	第一卵母細胞	極核	雄原細胞

問15 下線部①について，重複受精を行う植物のグループとして正しいのを1つ選べ。

(1) 被子植物のみ (2) 裸子植物のみ
(3) シダ植物と被子植物 (4) シダ植物と裸子植物
(5) コケ植物，シダ植物と被子植物

問16 下線部①について，精細胞と中央細胞が融合して形成するのはどれか，1つ選べ。

(1) 胚 (2) 果実 (3) 種皮
(4) 胚乳 (5) 子葉

B 花粉がめしべの柱頭につくと発芽して花粉管が伸長し始める。花粉管は花柱を通って胚珠の近くに到達する。そこから花粉管がどのようにして卵細胞を見つけ出すかは長く謎であったが，胚のうが珠皮から外に露出しているトレニアという植物を用いて花粉管の誘引の仕組みが詳しく研究された（図 2）。

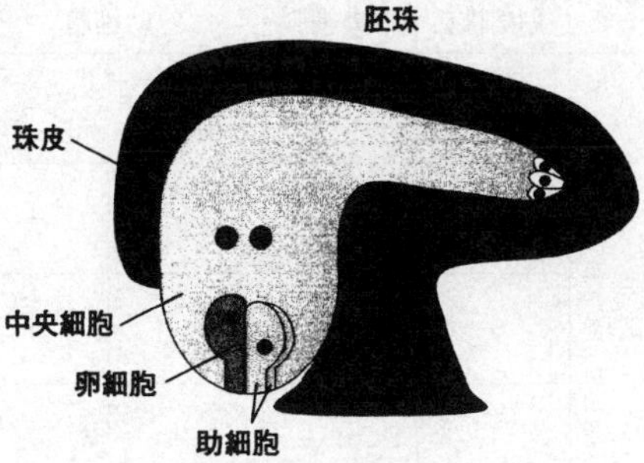

図 2　露出した胚のうを持つトレニアの胚珠

問 17　花粉管を誘引する胚のうの細胞を特定するために，レーザーで各細胞を壊した場合の花粉管誘引への影響を調べた。その結果を表 1 に示す。表 1 では胚のうの細胞の 1 つを選んで壊した場合と 2 つを壊した場合が分けて書かれているが，「＋」は壊されずに存在している細胞，「－」はレーザーで破壊された細胞を示す。この表からわかることとして正しいのを 1 つ選べ。

表１　レーザーによる細胞破壊実験の結果

胚のうの状態	各細胞の有無				誘引率
	卵細胞	中央細胞	助細胞		
完　全	＋	＋	＋	＋	98%（48/49）
１つの細胞を破壊	－	＋	＋	＋	94%（35/37）
	＋	－	＋	＋	100%（10/10）
	＋	＋	－	＋	71%（35/49）
２つの細胞を破壊	－	－	＋	＋	93%（13/14）
	－	＋	－	＋	61%（11/18）
	＋	－	－	＋	71%（10/14）
	＋	＋	－	－	0%（0/77）

(1)　花粉管誘引には卵細胞が必要である。

(2)　花粉管誘引には助細胞が必要である。

(3)　花粉管誘引には中央細胞が必要である。

(4)　花粉管誘引には中央細胞と助細胞が必要である。

(5)　花粉管誘引には卵細胞と中央細胞が必要である。

問 18　花粉管の誘引物質として，ルアーと呼ばれるペプチド性の因子が単離された。ルアーの花粉管の誘引活性を調べるために，花柱を通過した後に培地の中を伸長する花粉管の先端付近に細いガラス管の先端からゆっくりとルアーを放出し，花粉管が向きを変えて誘引される様子を観察した（実験Ａ）。さらにルアー濃度を変えて類似の実験を繰り返し，花粉管が誘引される割合を花粉管誘引率として求めた（実験Ｂ）。また花柱を通過していない花粉管や，トレニアの近縁他種の花粉管の誘引率も調べた（実験Ｃ）。実験Ａ～実験Ｃよりわかることの組み合わせとして正しいのを１つ選べ。

実験A
ルアーによる花粉管誘引の様子

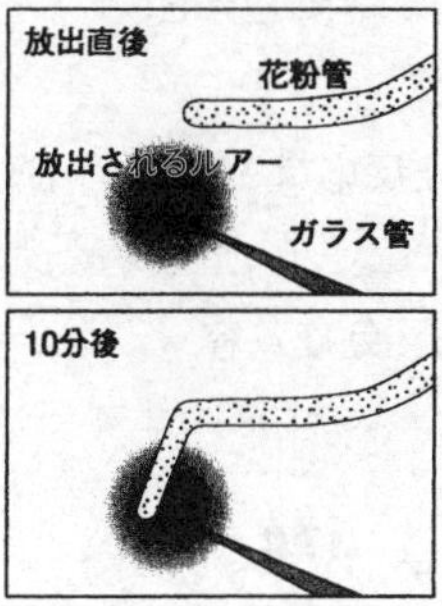

実験B
ルアー濃度と花粉管誘引率

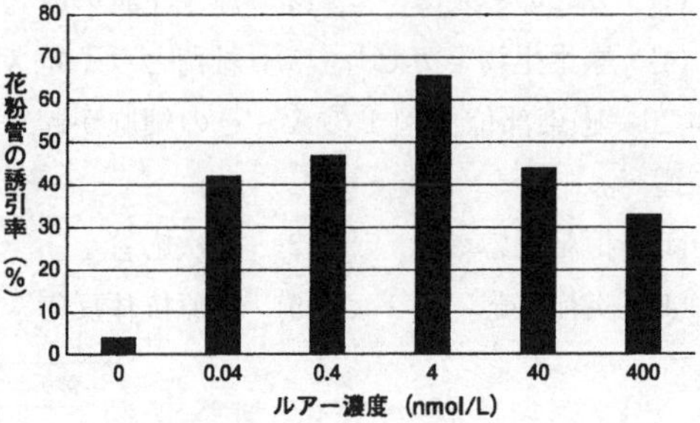

実験C
花柱を通過していない花粉管や近縁他種の花粉管の誘引率

花粉管	ルアー濃度	誘引率
花柱を通過した同種の花粉管	4 nmol/L	67%
花柱を通過していない同種の花粉管	4 nmol/L	2%
花柱を通過した近縁他種の花粉管	4 nmol/L	1.5%

図3　培地中で伸長する花粉管へのルアーの誘引活性に関する実験

(ア)　花粉管はルアーを避ける性質がある。
(イ)　ルアーの花粉管誘引には適正な濃度がある。
(ウ)　濃度が高いほどルアーは強く花粉管を誘引する。
(エ)　ルアーは近縁他種の花粉管を強く誘引する。
(オ)　花柱を通過した花粉管はルアーの感受性を獲得している。

(1)　(ア)，(エ)　　(2)　(ア)，(オ)　　(3)　(イ)，(エ)
(4)　(イ)，(オ)　　(5)　(ウ)，(エ)

4　生体防御に関する次の文章を読み，以下の設問19〜25に答えよ。

私たちのからだには①疾患を引き起こすウイルス，細菌，カビ，原生生物などの病原体を体内から排除するために免疫と呼ばれる仕組みが備わっている。現在世界中で蔓延している，②COVID-19に対しても免疫を活用したワクチン接種による感染予防が進められている。一方，③免疫の仕組みに異常が起こることで生じる病気も知られている。

問19　下線部①の病原体のうち，真核生物に含まれるものの組み合わせとして正しいのはどれか，１つ選べ。

(1)　カビのみ　　(2)　原生生物のみ　　(3)　細菌とカビ

(4)　原生生物とカビ　　(5)　細菌とウイルス

問20　感染部位で図１のＡ～Ｃの細胞が起こす免疫反応はどれか，１つ選べ。

(1)　拒絶反応　　(2)　二次応答　　(3)　免疫寛容

(4)　炎症反応　　(5)　抗原抗体反応

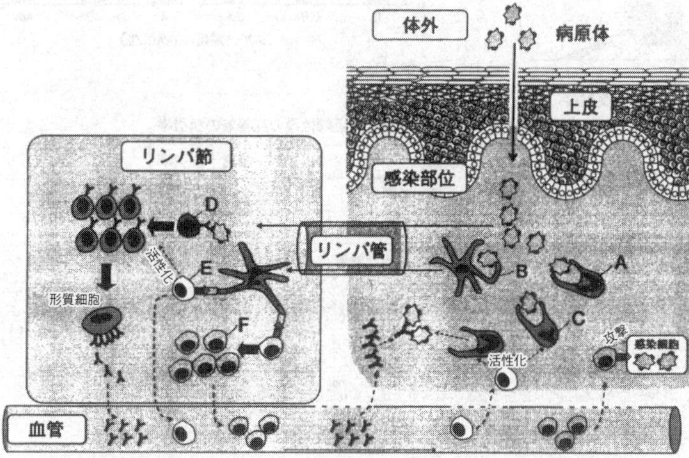

A　感染部位で食作用によって病原体を取り込んで排除した後に、膿となる。
B　感染部位で食作用によって病原体を分解した後、リンパ節に移動して抗原提示を行う。
C　単球から分化し、感染部位で食作用によって病原体を取り込んで排除する。
D　リンパ節で病原体の特定部位を直接認識した後、形質細胞となり抗体を産生する。
E　リンパ節で抗原提示を受けて活性化した後、他の白血球を活性化する。
F　リンパ節で抗原提示を受けた後、感染部位で感染細胞を直接攻撃する。

図１　感染後に働く免疫のしくみ

問21　図１のＤ～Ｆの細胞が起こす免疫反応の特徴はどれか，１つ選べ。

(1)　リゾチームやデフェンシンを分泌して細菌などの増殖を抑制する。

(2)　自然免疫とよばれ，個々の細胞が幅広い病原体を認識し排除する。

(3)　獲得免疫とよばれ，個々の細胞が幅広い病原体を認識し排除する。

(4)　自然免疫とよばれ，個々の細胞が特定の病原体を特異的に認識し排除する。

(5)　獲得免疫とよばれ，個々の細胞が特定の病原体を特異的に認識し排除する。

問22　図1のD～Fの細胞による免疫反応では，初回の感染時に効果が発現するまで比較的時間がかかる。その主な理由はどれか，1つ選べ。

(1)　抗原を認識するための時間が必要だから

(2)　細胞が増殖するための時間が必要だから

(3)　リンパ節から感染部位に移動するための時間が必要だから

(4)　自己のからだに反応するリンパ球を選別し排除するための時間が必要だから

(5)　二次応答に備えて一部の細胞を記憶細胞として残すための時間が必要だから

問23　図1のDの細胞が抗原認識に用いるタンパク質はどれか，1つ選べ。

(1)　補体　(2)　フィブリン　(3)　MHC分子

(4)　ヘモグロビン　(5)　免疫グロブリン

問24　下線部②を引き起こす病原体は，2003年に流行したSARSの病原体の仲間から出現したとされる。その過程に含まれるのはどれか，1つ選べ。

(1)　既存の細菌が真核細胞内での共生を開始した。

(2)　既存の細菌が自然選択により抗生物質への抵抗性を獲得した。

(3)　既存のウイルスが性選択によって感染力に関わる形質を獲得した。

(4)　既存のウイルスが突然変異による塩基配列の変化を蓄積してきた。

(5)　既存のウイルスが地球気候変動に適応した新しい属として大進化してきた。

問25　下線部③について，図1のEの細胞へのウイルス感染で引き起こされるのはどれか，1つ選べ。

(1)　花粉症　(2)　エイズ　(3)　I型糖尿病

(4)　関節リウマチ　(5)　アナフィラキシーショック

(2) 散文は詩歌とは違って難解な語や珍しい表現を使うべきでないということ。
(3) 文章は受け手が理解できるように書かなければ意味がないということ。
(4) 伝達という言葉の意味をていねいに説明することが大切だということ。
(5) 洪庵や蓮如のあとを継いで引き続きその思想を広めようとすること。

問26　文中にある「演説」の説明として最も適当なものを次から選べ。
(1) 神官や僧侶は古い時代の存在なので演説を行うことができなかった。
(2) 教導職の行う説教で使われる言葉を平易にしたものが演説である。
(3) 福沢諭吉は演説が民衆にもたらす作用に多大なる期待をしていた。
(4) 演舌という表記を使うのでは幕藩体制を想起させるので演説と書き換えた。
(5) 当時の慶応義塾の内では時代に先んじて演説法を完成させていた。

問27　問題文の論旨として不適当なものを次から選べ。
(1) 明治政府が発した法令などは漢語が多く含まれていて民衆が理解するのが難しかった。
(2) 福沢諭吉の文体は蓮如の著作から多大な影響を受けているのではないかと推察される。
(3) 維新初期の政府は身分制の解消や藩の解体を行ったが本質的な近代化には到達しなかった。
(4) 福沢諭吉は「スピーチ」を導入すべく苦心した挙句に平易な表現こそが大切だと気付いた。
(5) 『学問のすゝめ』執筆時の福沢諭吉は当時の日本は近代国家たり得ていないと考えていた。

問22　傍線部5の語義として最も適当なものを次から選べ。
(1)　手本を示すこと
(2)　ていねいに教えること
(3)　後進を誘導すること
(4)　それとなく教えること
(5)　時間をかけて諭すこと

問23　傍線部6の語義として最も適当なものを次から選べ。
(1)　親しみ過ぎること
(2)　必要以上に気にすること
(3)　がんじがらめなさま
(4)　触発された状態
(5)　しつこく追うこと

問24　傍線部7の必要性を説明するものとして最も適当なものを次から選べ。
(1)　当時においては原語から俗語へと一足飛びに翻訳する技術が未発達であったから。
(2)　維新後の新時代になったので適塾の教育方針を忠実に守る意味がなくなったから。
(3)　江戸時代の翻訳方法は不正確であったので正しい翻訳に改めなければならなかったから。
(4)　ふたつの段階を踏むことで世に公刊する前に著者自身の理解を深めようとしたから。
(5)　民衆に知識を浸透させるためには平明な言葉で伝えなければならないと考えたから。

問25　傍線部8の説明として最も適当なものを次から選べ。
(1)　著作を出版する前に家族に内容を伝えておかなければならないということ。

(4)　松陰らの活動によって種々のコミュニケーションが開拓されたが対象の域が広すぎて十全に伝達されなかった。
(5)　旧来の社会層や身分秩序を突き崩すという理念は正しかったが実際の運動においてのバイタリティーに欠けた。

問19　傍線部2の語義として最も適当なものを次から選べ。
(1)　ある意味を持つ記号や言葉
(2)　個人や集団の印としての図柄
(3)　象徴的な出来事
(4)　事物を抽象化した成果
(5)　規範となる考え

問20　傍線部3の説明として最も適当なものを次から選べ。
(1)　有象無象として扱われるような民から近代的な人権を獲得した民とすること。
(2)　政府の意向に従順な国民ではなく反体制的で国家を批判しうる国民とすること。
(3)　あらゆる層の人々が高い識字率となって高等教育が行き届いた状態になること。
(4)　封建制度下の被支配者としてではない近代国家の構成員としての民とすること。
(5)　身分によって断たれていたコミュニケーションを連絡させて国民としてまとめること。

問21　傍線部4のように評する理由として最も適当なものを次から選べ。
(1)　宗教を背景としたものであるから。
(2)　上意下達のかたちであるから。
(3)　大規模な活動ゆえに均質でないから。
(4)　特権階級による教育であるから。
(5)　平俗な言葉で伝達されるから。

見ることができると評したのは杉浦明平である（『戦国乱世の文学』）が、あるいは福沢の文体の主要な魅力をかたちづくっている説得性の秘密も案外蓮如の『御文章』あたりに求められるかもしれない。すくなくとも『学問のすゝめ』冒頭の「されば……と云へり。故に……なり」のくりかえしでたたみかけて行く統辞法《シンタックス》の構造は、『御文章』のそれが下敷きになっているように思われる。

（前田愛「幻景の明治」による）

注
○松陰＝吉田松陰（一八三〇～一八五九）。武士、思想家、教育者。
○草莽崛起＝そうもうくっき。在野の人々が一斉に行動して大志を成し遂げようとすること。
○藤田省三＝（一九二七～二〇〇三）日本の政治学者。
○涵養＝ゆっくり養い育てること。
○三条の教憲＝明治政府が国民教化のために掲げた「敬神愛国、天理人道を明らかにする、皇上の奉戴」のスローガン。
○呈出＝提出に同じ。
○緒方洪庵＝（一八一〇～一八六三）武士、医師、蘭学者。蘭学の私塾、適塾を開いた。福沢諭吉はその門下。
○蓮如上人＝（一四一五～一四九九）室町時代の僧。『御文章』は教義を手紙の形式で分かりやすく説いたもの。
○臚列＝ろれつ。羅列に同じ。
○畢竟＝ひっきょう。つまるところ、結局の意。
○杉浦明平＝（一九一三～二〇〇一）小説家、評論家。
○統辞法＝文中の単語・語群の配列法。

問18　傍線部1の説明として最も適当なものを次から選べ。

(1) 大げさな標語を掲げて運動を推し進めたが実際のところその動きに追随していた人間は本質を理解していなかった。
(2) 明治維新の動きは封建制度を経営していた身分層に対して作用したがそれ以下の層には十分に及ばなかった。
(3) 幕末の志士たちを含む下層武士とその下の層である農民などはほぼ同様の考えをもっていたが行動力に差があった。

で人が集たときに、自分の思ふことを明らかに大勢の人に向て述ることができぬと申しては、初めから学問のてだてを一つなくして居る姿で、人の耳目鼻口五官の内を一つ欠たやうなものではござりませぬか」。この語り口はおよそ雄弁からは程遠いたどたどしいものであるが、日常的な話しことばをひとつひとつ摸索しながら、おもむろに聴衆の心をひらいて行こうとする福沢の誠実な姿勢はあきらかに読みとれる。『学問のすゝめ』に標榜されていた「人間普通日用に近き実学」は、じつはこうした学問とコミュニケーションの相互関係をその射程内におさめていたのだ。

演説の実践になみなみならぬ熱意をかたむけた福沢は、もともと旧幕時代から平談俗語の自在な表現力に注目し、独得な達意平明の文体をつくりあげていた。「福沢全集緒言」によれば、福沢が俗語の表現力に開眼したきっかけは二つあって、第一には蘭学の先師緒方洪庵の5示唆、第二には蓮如上人の『御文章』からの啓発があげられている。

緒方洪庵が適塾の門下生に説いたオランダ語翻訳の心得はつぎのようなものであった。「抑《そもそ》も翻訳は原書を読み得ぬ人の為めにする業なり、然るに訳書中無用の難文字を臚列して、一読再読尚ほ意味を解するに難きものあり、畢竟原書に6拘泥して無理に漢文字を用ひんとするの罪にして、其極、訳書と原書と対照せざれば解す可らざるに至る、笑ふ可きの甚だしきものなり」。要するに難解な漢語を象嵌《ぞうがん》した訳文を斥け、仮名交りの俗語をまじえた平易な訳文につくようにという趣意であるが、福沢はこの洪庵の教えを忠実にまもり、じっさいに翻訳に応用した。たとえば、「此事を誤解したる罪なり」という漢文口調を、「此事を心得違したる不行届なり」に改めて行く呼吸である。ときには家人に訳文を読みきかせて難解な用語をさしかえることもあったという。おそらく、外国語　→　漢語　→　俗語という7二重の翻訳を自分に課すことによって、福沢は8散文における伝達の意味をごく自然に体得したのである。

福沢が蓮如の『御文章』を知ったのは中津藩時代にたまたま耳にした兄の談話からであったが、じっさいにその原文に接したのは江戸に留学してからのことで、「是れは面白しとて幾度も通覧熟読して一時は暗記したるものもあ」ったという。その教義はともかく、「仮名文章の風を学び得たるは蓮如上人の功徳」であったというのである。蓮如の『御文章』は、口語の活力をぞんぶんに生かした調子と張りを持つ一種独得な文体で、その単純な文章構造に宣伝文の基本的形態を畸型的な産物にほかならず、その実効は疑わしかったが、本来の目標が[3]民衆の「国民」化にあったことはまぎれもない。

一方、「日本にはただ政府ありて、未だ国民あらずといふも可なり」（『学問のすゝめ』）という辛辣な診断を明治初年の日本に下した福沢諭吉は、真の「ネーション」を創出するための欠くべからざる前提が、民衆の自主的な学習にあることを、同時代の何びとにもまして正当に認識していた人であった。彼が力説した「人間普通日用に近き実学」は、政府によって自在に操作される民衆をつくりだすためにではなく、政府の苛政に批判をおそれぬ人民の自主性を育成するために要請されたのである。しかも、福沢は自分の選びとった言葉の平俗さが、「日本国中の人民」すべての言葉に向けてひらかれていることに、ほとんど不動に近い確信を持っていたようにおもわれる。彼が新たにつくりだした言葉の形式が普遍性を獲得して行くことは、とりもなおさず「ネーション」の意識が着実に拡大して行くもっともたしかなしるしであった。この福沢が、教導職の「説教」という[4]後ろむきの民衆教化運動とほぼ時を同じくして、「演説」というあたらしいコミュニケーション形式の実験をはじめていることには、たんなる偶然の一致をこえた深い意味がある。

スピーチの訳語「演説」は、福沢の造語である。福沢は明治六年に門弟の小泉信吉から示された雄弁術の教本に興味を持ち、その大意を翻訳して『会議弁』という小冊子をつくった。このとき、福沢は旧中津藩で藩士が藩庁に呈出する一身上の弁明書を「演舌書」と呼んでいたことにヒントを得、「舌」の字面を「説」にあらためて「演説」の語をつくったのだという。この『会議弁』を手引きに福沢は機会あるごとに慶応義塾の社友ともども演説の稽古にはげんだ。「福沢全集緒言」に引用されている「明治七年六月七日集会の演説」は、こうした社中の学習ぶりを伝える数すくない資料のひとつであり、活字化された演説のもっともはやい記録のひとつでもある。この記録は、「口に弁ずる通りに予《あらかじ》め書に綴り、仮りに活字印刷に付して之を其まゝ述べんことを試みたるもの」であって、正確には演説の草稿と呼んだ方が適切だが（田鎖綱紀らの速記術はまだ考案されていなかった）、にもかかわらず福沢の肉声の印象はそれなりにのこされている。たとえば福沢は演説の効用をつぎのように要約する。「いったい学問の趣意はほんを読むばかりではなく、第一がはなし、次にはものごとを見たりきいたり、次には道理を考へ、其次に書を読むと云ふくらゐのことでござりますから、いま日本整理がつかず胸が一杯になった。

2

次の文章を読んで以下の問いに答えよ。

松陰をはじめとする幕末の志士たちは、「志」をともにするもののあいだに横断的なコミュニケーションの可能性をきりひらき、幕藩体制の身分秩序に対応するタテ型のコミュニケーションを掘りくずして行ったが、かれらの呼びかけは、とおく「草莽崛起の人」を志向していたにもせよ、藤田省三もいうように、「[1]下層武士以下の民衆に広がる面において弱かった」。

しかし、松陰らが構想した天皇への忠誠意識を基軸とする国家統合のプログラム（一君万民）が、「王政復古」のスローガンのもとにいちおう達成され、西欧列強をモデルに中央集権的な国家機構の整備に着手しはじめた明治新政府が、「四民平等」「廃藩置県」などタテの面では身分制度の枠組を撤去し、ヨコの面では藩体制の障壁を解体させる一連の改革を打ちだしたときに、封建的な隷属意識から脱却しきれずにいる民衆のあいだに、いかにして「国民」意識を涵養《かんよう》するかという課題が大きく浮びあがってくる。その試金石のひとつが、明治六年の徴兵令であったことはいうまでもない。この課題は、中央機関で製造されるさまざまな[2]シンボルの受け手である民衆の解読能力《リテラシィ》の向上にかかわっていた。明治初年における日本人の識字率は男子四〇ないし五〇パーセント、女子一五パーセントと推定されている（R・P・ドーア「徳川教育の遺産」―『日本における近代化の問題』）が、平がなはともかく漢字ずくめで記された新政府の布達・法令を解読しうる能力を基準に測定するならば、この数字はもっと低くなるだろう。事実、明治政府は「王政復古」のイデオロギーを民衆に浸透させるためには、まことに効率のわるい方法を採用しなければならなかった。全国の神官・僧侶を教導職に任命し、「三条の教憲」の趣意を民衆に説ききかせた「説教」がそれである。この「説教」は文字コミュニケーションに口話コミュニケーションが継ぎ足されたもので、学制が普及する以前の過渡的なコミュニケーション状況の不均衡を象徴する

(2) 熱気にあふれていること
(3) 息を合わせること
(4) 浮かれていること
(5) 人や物が集中してあること

問16 傍線部11の語義として最も適当なものを次から選べ。
(1) 転んだり下がったりしないこと
(2) 信念をもって屈しないこと
(3) 長い間がまんすること
(4) 同じことをし続けること
(5) 全く進歩がないこと

問17 傍線部12の説明として最も適当なものを次から選べ。
(1) 周囲から等閑視されながらも英語教育に打ち込んでいる毛利先生の熱心さがドン・キホーテのような悲喜劇の主人公に重ね合わされ感動した。
(2) 語り手が生徒であった当時と今も変わらない毛利先生の憐れみを乞う目に長い間の苦労と忍従を見てとって大きく心を動かされた。
(3) 教育者として職務を全うしようとしていた毛利先生に対する当時の扱いの悪さが眼前の景から思い出されて言うに言われぬ感にあふれた。
(4) 毛利先生を通じて以前はあるべき姿としてあったものが古く馬鹿らしいものとなると同時に失ってはいけないものなのではと胸に迫ってきた。
(5) 時代遅れであろうがなかろうが一所懸命に生きている人間を当代の人間があまりに冷淡に見ていることに気持ちの

(5)　肉体的優位を誇示する丹波先生の自意識は毛利先生に限らず語り手にとっても不愉快な感を催させるものだったから。

問11　傍線部6を言い換えた語として最も適当なものを次から選べ。

(1)　一念発起　(2)　一日千秋　(3)　一部始終　(4)　一期一会　(5)　一意専心

問12　傍線部7の理由として最も適当なものを次から選べ。

(1)　温まろうとして入った店で美しくも冷たく光っている調度品が自分を拒絶しているように思えたから。

(2)　冷たいからっ風が吹きすさぶ中で体が冷えたのでぬくもりを求めたのに店が閑散としていたから。

(3)　晩秋の夜気にあてられて冷え切った心身を癒やそうとしたが期待に反して店にひと気がなかったから。

(4)　寒い中で古書店を巡ったのに戦争のために本が入手難になっており世相の暗さを改めて感じたから。

(5)　ドイツ哲学の世界から抜け出して一息つこうと店に入ったがかえって孤独感を強く感じることになったから。

問13　傍線部8の語義として最も適当なものを次から選べ。

(1)　ぼんやりとしているさま

(2)　いらいらしているさま

(3)　ゆったりと動くさま

(4)　夢うつつなさま

(5)　がっかりしているさま

問14　傍線部9のようになった理由を表す語として最も適当なものを次から選べ。

(1)　復古　(2)　望郷　(3)　退行　(4)　懐旧　(5)　遡及

問15　傍線部10の語義として最も適当なものを次から選べ。

(1)　大勢が並んでいること

(2)　前代の遺物のように思える毛利先生と自分は違うということを古さの象徴である山高帽を指摘して明確化しようとした。

(3)　毛利先生の悪口を言い合っていたところに本人が現れてしまい行為が露見することを防ぐため話題を変えようとした。

(4)　毛利先生の服装や立ち居振る舞いがあまりにも古臭いので帽子を指摘することで改善させようとわざと聞こえるようにした。

(5)　生徒たちから次々に毛利先生の奇行が告げられたので自分も参加してそのとどめとなるようなことを言おうとした。

問9　傍線部4の理由として最も適当なものを次から選べ。

(1)　威儀を正した毛利先生に比べて得意の運動で放言をぼかそうとする丹波先生の行為が馬鹿馬鹿しく思えたから。

(2)　チョッキだけを身にまとった肥満体の丹波先生が鉄棒で回転している姿が道化師のようにおかしく見えたから。

(3)　くたびれているとはいえ様式に則った毛利先生の服装に比べて丹波先生のくだけた服装が軽々しく感じられたから。

(4)　生徒にきちんと礼を返している毛利先生と多弁な丹波先生との違いが教員としての経験の違いを表していたから。

(5)　失言をしたことを取り繕おうとする丹波先生の行動が回転して鉄棒の上に立つというもので虚を突かれて驚いたから。

問10　傍線部5の理由として最も適当なものを次から選べ。

(1)　老いている毛利先生に対して自身の肉体的な若さと運動能力を誇ろうとする丹波先生の態度が陳腐に見えたから。

(2)　自分は軽装なのに様式に従っている服装の毛利先生を馬鹿にする権利は丹波先生にはないと思ったから。

(3)　海老上りで鉄棒の上に立つことで喝采を浴びようとする丹波先生のやり方が生徒たちにこびているように見えたから。

(4)　規範意識を保持し続けている毛利先生を下に見る丹波先生の姿勢が大切な何かを傷つけることのように感じたから。

問5　オ　アイセキ

(1)　一瞬のスキを突かれて試合にセキハイした。

(2)　血液の成分から病因をカイセキする。

(3)　努力のチクセキが成果に結びつく。

(4)　最後まで任務を全うするセキムがある。

(5)　貿易赤字が累積して外国製品をハイセキする。

問6　傍線部1の理由として最も適当なものを次から選べ。

(1)　敬意を抱いて接している丹波先生から正論をもってやり込められてしまい気おくれしたから。

(2)　豪傑らしく勇ましいことを口にしたところ英語の出来のことで足をすくわれ鼻を折られたから。

(3)　同じ英語担当の丹波先生に毛利先生を悪く言うことでへつらおうとしたら拒絶されてしまったから。

(4)　指摘されてみると確かに自分は英語の成績が振るわないのでここは一歩引くべきだと感じたから。

(5)　ミットを手にはめたままに熱弁をふるっていた自分の姿に気づいて恥ずかしくなってしまったから。

問7　傍線部2の理由として最も適当なものを次から選べ。

(1)　自分の雄々しさが時々失敗を招くのを認識しているのに繰り返してしまったことをごまかすため。

(2)　臨時雇いの毛利先生に対する優越意識が生徒たちに知られてしまいそうになるのをごまかすため。

(3)　柔剣道の豪傑による鋭い指摘に面食らってしまいしどろもどろになるのをごまかすため。

(4)　生徒に知られなくてもよい職員室の内情を油断から漏らしてしまったのをごまかすため。

(5)　教員なのに英語の秀才が言ったことに対してまぜかえして答えてしまったことをごまかすため。

問8　傍線部3の説明として最も適当なものを次から選べ。

(1)　自分が毛利先生の古さを下に見ていることを示して自分こそ優秀な存在であることを生徒たちに伝えようとした。

(4) 血みどろのコウソウを繰り広げた。

(5) 上級裁判所にコウソした。

問2　イ　ユウソウ

(1) 会社の行く末は新入社員のソウケンにかかっている。

(2) 若年にしてソウダイな構想を抱く。

(3) ピアノのエンソウを楽しむ。

(4) 現段階で結論をだすのはソウケイだ。

(5) 彼の行動はセッソウがないように見える。

問3　ウ　シュウチ

(1) 計画がチミツに過ぎて実行不可能だ。

(2) このようなひどい扱いはチジョクに等しい。

(3) 全員に必要事項を即刻ツウチする。

(4) そのようなチセツなやり方では通用しない。

(5) 大規模な工場をユウチして地域の発展を願う。

問4　エ　キョシュウ

(1) トラックで古紙をカイシュウしてまわる。

(2) キリスト教から仏教にカイシュウする。

(3) おなじみの航路に新造船がシュウコウした。

(4) 彼は最大派閥のリョウシュウだ。

(5) 大会優勝の快挙によって悪評をイッシュウした。

「名に代る詞《ことば》だから、代名詞と云う。ね。代名詞。よろしいかね……」

（芥川龍之介「毛利先生」による）

注
○ヘル＝モヘル。羊毛を綾織にした洋服地。学生服や作業服に用いられる。
○十八貫＝六十七・五キログラム。「貫」は尺貫法の重さの単位。一貫は三・七五キログラム。
○専門学校＝旧制の専門学校。現在の単科大学に近く、実際現在の大学の前身にあたるものも多い。
○山高帽＝上部が丸くて高いフエルト製の礼服用帽子。
○雇傭＝雇用に同じ。
○戦争＝第一次世界大戦。欧洲は欧州に同じ。
○中西屋＝神田神保町にあった書店。
○マチ＝マッチに同じ。
○ハヴァナ＝ハバナ葉巻のこと。
○モオニング・コオト＝モーニング・コート。男子の昼間用礼服。
○容子＝様子に同じ。
○チョイス・リイダア＝当時の英語教科書。
○宛然＝そっくりそのままであるさま。
○久闊＝久しく会わないこと。無沙汰。
○匆々＝あわただしいさま。

二重傍線部ア〜オのカタカナを漢字に直した場合に同じ字になるものを選べ。

問1　ア　コウベン

(1)　地場産野菜の新しい料理法をコウアンした。

(2)　不祥事で役職からコウテツされた。

(3)　建設的な提案であるのでシュコウできる。

自分は金を払いながら、こう尋ねると、給仕頭は戸口の往来を眺めたまま、つまらなそうな顔をして、こんな答を聞かせてくれた。

「何、頼んだ訳《わけ》じゃありません。ただ、毎晩やって来ちゃ、ああやって、教えているんです。何でももう老朽《ろうきゅう》の英語の先生だそうで、どこでも傭《やと》ってくれないんだって云いますから、大方暇つぶしに来るんでしょう。珈琲一杯で一晩中、坐りこまれるんですから、こっちじゃあんまり難有《ありがた》くもありません。」

これを聞くと共に自分の想像には、咄嗟《とっさ》に我毛利先生の知られざる何物かを哀願している、あの眼つきが浮んで来た。ああ、毛利先生。今こそ自分は先生を――先生の健気《けなげ》な人格を始めて髣髴《ほうふつ》し得たような心もちがする。もし生れながらの教育家と云うものがあるとしたら、先生は実にそれであろう。先生にとって英語を教えると云う事は、空気を呼吸すると云う事と共に、寸刻といえども止《や》める事は出来ない。もし強《し》いて止めさせれば、丁度水分を失った植物か何かのように、先生の旺盛《おうせい》な活力も即座に萎微《いび》してしまうのであろう。だから先生は夜毎に英語を教えると云うその興味に促されて、わざわざ独りこのカッフェへ一杯の珈琲を啜《すす》りに来る。勿論それはあの給仕頭《きゅうじがしら》などに、暇つぶしを以て目《もく》さるべき悠長な性質のものではない。まして昔、自分たちが、先生の誠意を疑って、生活のためと嘲《あざけ》ったのも、今となっては心から赤面のほかはない誤謬《ごびゅう》であった。思えばこの暇つぶしと云い生活のためと云う、世間の俗悪な解釈のために、我毛利先生はどんなにか苦しんだ事であろう。元よりそう云う苦しみの中にも、先生は絶えず悠然たる態度を示しながら、あの紫の襟飾《ネクタイ》とあの山高帽《やまたかぼう》とに身を固めて、ドン・キホオテよりも勇ましく、11不退転の訳読を続けて行った。しかし先生の眼の中には、それでもなお時として、先生の教授を受ける生徒たちの――恐らくは先生が面しているこの世間全体の――同情を哀願する閃《ひらめ》きが、傷ましくも宿っていたではないか。

刹那《せつな》の間《あいだ》こんな事を考えた自分は、12泣いて好《い》いか笑って好いか、わからないような感動に圧せられながら、外套の襟に顔を埋めて、匆々《そうそう》カッフェの外へ出た。が、後《あと》では毛利先生が、明るすぎて寒い電燈の光の下で、客がいないのを幸《さいわ》いに、不相変《あいかわらず》金切声《かなきりごえ》をふり立て、熱心な給仕たちにまだ英語を教えている。

給仕の一人が吃《ども》りながら、こう答えた。

「何、関係名詞？ 関係名詞と云うものはない。関係――ええと――関係代名詞？ そうそう、関係代名詞だね。代名詞だから、そら、ナポレオンと云う名詞の代りになる。ね。代名詞とは名に代る詞《ことば》と書くだろう。」

話の具合では、毛利先生はこのカッフェの給仕たちに英語を教えてでもいるらしい。そこで自分は椅子《いす》をずらせて、違った位置からまた鏡を覗《のぞ》きこんだ。すると果してその卓《テエブル》の上には、読本らしいものが一冊開いてある。毛利先生はその頁を、頻《しきり》に指でつき立てながら、いつまでも説明に厭《あ》きる容子《ようす》がない。この点もまた先生は、依然として昔の通りであった。ただ、まわりに立っている給仕たちは、あの時の生徒と反対に、皆熱心な眼を輝かせて、目白押《めじろお》しに肩を合せながら、慌《あわただ》しい先生の説明におとなしく耳を傾けている。

自分は鏡の中のこの光景を、しばらく眺めている間に、毛利先生に対する温情が意識の表面へ浮んで来た。一そ自分もあすこへ行って、先生と久闊《きゅうかつ》を叙し合おうか。が、多分先生は、たった一学期の短い間、教室だけで顔を合せた自分なぞを覚えていまい。よしまた覚えているとしても――自分は卒然《そつぜん》として、当時自分たちが先生に浴びせかけた、悪意のある笑い声を思い出すと、結局名乗《なのり》なぞはあげない方が、遥《はるか》に先生を尊敬する所以《ゆえん》だと思い直した。そこで珈琲《コオヒイ》が尽きたのを機会《しお》にして、短くなった葉巻を捨てながら、そっと卓《テエブル》から立上ると、それが静にした心算《つもり》でも、やはり先生の注意を擾《みだ》したのであろう。自分が椅子を離れると同時に、先生はあの血色の悪い丸顔を、あのうすよごれた折襟を、あの紫の襟飾《ネクタイ》を、一度にこちらへふり向けた。家畜《かちく》のような先生の眼と自分の眼とが、鏡の中で刹那《せつな》の間《あいだ》出会ったのは正にこの時である。が、先生の眼の中には、さっき自分が予想した通り、果して故人に遇ったと云う気色《けしき》らしいものも浮んでいない。ただ、そこに閃いていたものは、例の如く何ものかを、常に哀願しているような、傷《いた》ましい目《ま》なざしだけであった。

自分は眼を伏せたまま、給仕の手から伝票を受けとると、黙ってカッフェの入口にある帳場《ちょうば》の前へ勘定に行った。帳場には自分も顔馴染《かおなじ》みの、髪を綺麗に分けた給仕頭《きゅうじがしら》が、退屈そうに控えている。

「あすこに英語を教えている人がいるだろう。あれはこのカッフェで頼んで教えて貰うのかね。」

一部でも見るように、はっきりと寒く映《うつ》っている。いや、まだそのほかにも、大理石の卓《テエブル》が見えた。大きな針葉樹の鉢も見えた。天井から下った電燈も見えた。大形な陶器の瓦斯煖炉《ガスだんろ》も見えた。その煖炉の前を囲んで、しきりに何か話している三四人の給仕の姿も見えた。そうして――こう自分が鏡の中の物象を順々に点検して、煖炉の前に集まっている給仕たちに及んだ時である。自分は彼等に囲まれながら、その卓に向っている一人の客の姿に驚かされた。それが、今まで自分の注意に上らなかったのは、恐らく周囲の給仕にまぎれて、無意識にカッフェの厨丁《コック》か何かと思いこんでいたからであろう。が、その時、自分が驚いたのは、何もいないと思った客が、いたと云うばかりではない。鏡の中に映っている客の姿が、こちらへは僅に横顔しか見せていないにも関らず、あの駝鳥《だちょう》の卵のような、禿《は》げ頭の恰好と云い、あの古色蒼然としたモオニング・コオトの容子《ようす》と云い、最後にあの永遠に紫な襟飾《ネクタイ》の色合いと云い、我毛利《わがもうり》先生だと云う事は、一目ですぐに知れたからである。

自分は先生を見ると同時に、先生と自分とを隔てていた七八年の歳月を、咄嗟《とっさ》に頭の中へ思い浮べた。チョイス・リイダアを習っていた中学の組長と、今ここで葉巻の煙を静に鼻から出している自分と――自分にとってその歳月は、決して短かかったとは思われない。が、すべてを押し流す「時」の流も、すでに時代を超越したこの毛利先生ばかりは、如何《いかん》ともする事が出来なかったからであろうか。現在この夜のカッフェで給仕と卓《テエブル》を分っている先生は、宛然《えんぜん》として昔、あの西日《にしび》もささない教室で読本を教えていた先生である。禿げ頭も変らない。紫の襟飾《ネクタイ》も同じであった。それからあの金切声《かなきりごえ》も――そういえば、先生は、今もあの金切声を張りあげて、忙《せわ》しそうに何か給仕たちへ、説明しているようではないか。

9自分は思わず微笑を浮べながら、いつかひき立たない気分も忘れて、じっと先生の声に耳を借した。

「そら、ここにある形容詞がこの名詞を支配する。ね、ナポレオンと云うのは人の名前だから、そこでこれを名詞と云う。よろしいかね。それからその名詞を見ると、すぐ後に――このすぐ後にあるのは、何だか知っているかね。え。お前はどうだい。」

「関係――関係名詞。」

《略》

こう云う次第だったから、一学期の雇傭《こよう》期間がすぎて、再び毛利《もうり》先生の姿を見る事が出来なくなってしまった時も、自分たちは喜びこそすれ、決して惜しいなどとは思わなかった。いや、その喜ぶと云う気さえ出なかったほど、先生のキョエシュウには冷淡だったと云えるかも知れない。殊に自分なぞはそれから七八年、中学から高等学校、高等学校から大学と、次第に成人《おとな》になるのに従って、そう云う先生の存在自身さえ、ほとんど忘れてしまうくらい、全然何のオアイセキも抱かなかったものである。

すると大学を卒業した年の秋——と云っても、日が暮れると、しばしば深い靄《もや》が下りる、十二月の初旬近くで、並木の柳や鈴懸《すずかけ》などが、とうに黄いろい葉をふるっていた、ある雨《あま》あがりの夜の事である。自分は神田の古本屋《ふるほんや》を根気よくあさりまわって、欧洲戦争が始まってから、めっきり少くなった独逸《ドイツ》書を一二冊手に入れた揚句《あげく》、動くともなく動いている晩秋の冷《つめた》い空気を、外套《がいとう》の襟に防ぎながら、ふと中西屋《なかにしや》の前を通りかかると、なぜか賑《にぎやか》な人声と、暖い飲料とが急に恋しくなったので、そこにあったカッフェの一つへ、何気《なにげ》なく独りではいって見た。ところが、はいって見るとカッフェの中は、狭いながらがらんとして、客の影は一人もない。置き並べた大理石の卓《テエブル》の上には、砂糖壺の鍍金《めっき》ばかりが、冷く電燈の光を反射している。自分はまるで誰かに欺《あざむ》かれたような、7寂しい心もちを味いながら、壁にはめこんだ鏡の前の、卓《テエブル》へ行って腰を下した。そうして、用を聞きに来た給仕に珈琲《コオヒイ》を云いつけると、思い出したように葉巻を出して、何本となくマチを摺《す》った揚句《あげく》、やっとそれに火をつけた。すると間もなく湯気の立つ珈琲茶碗が、自分の卓《テエブル》の上に現れたが、それでも一度沈んだ気は、外に下りている靄《もや》のように、容易な事では晴れそうもない。と云って今古本屋から買って来たのは、字の細《こまか》い哲学の書物だから、ここでは折角の名論文も、一頁と読むのは苦痛である。そこで自分は仕方がなく、椅子の背へ頭をもたせてブラジル珈琲とハヴァナと代る代る使いながら、すぐ鼻の先の鏡の中へ、8漫然と煮え切らない視線をさまよわせた。

鏡の中には、二階へ上る楷子段《はしごだん》の側面を始として、向うの壁、白塗りの扉《ドア》、壁にかけた音楽会の広告なぞが、舞台面のの紫の襟飾《ネクタイ》へ仔細《しさい》らしく手をやったまま、悠然として小さな体を現した。入口の前には一年生であろう、子供のような生徒が六七人、人馬《ひとうま》か何かして遊んでいたが、先生の姿を見ると、これは皆先を争って、丁寧に敬礼する。毛利先生もまた、入口の石段の上にさした日の光の中に佇《たたず》んで、山高帽をあげながら笑って礼を返しているらしい。この景色を見た自分たちは、さすがに皆一種のウシュウチを感じて、しばらくの間はひっそりと、賑《にぎやか》な笑い声を絶ってしまった。が、その中で丹波先生だけは、ただ、口を噤《つぐ》むべく余りに恐縮と狼狽《ろうばい》とを重ねたからでもあったろう。「あの帽子が古物だぜ」と、云いかけた舌をちょいと出して、素早く運動帽をかぶったと思うと、突然くるりと向きを変えて、「一――」と大きく喚《わめ》きながら、チョッキ一つの肥った体を、やにわに鉄棒へ抛りつけた。そうして「海《え》老《び》上《あが》り」の両足を遠く空ざまに伸しながら、「二――」と再び喚いた時には、もう冬の青空を鮮《あざやか》に切りぬいて、楽々とその上に上《あが》っていた。この丹波先生の滑稽なてれ隠しが、4自分たち一同を失笑させたのは無理もない。一瞬間声を呑んだ機械体操場の生徒たちは、鉄棒の上の丹波先生を仰ぎながら、まるで野球の応援でもする時のように、わっと囃《はや》し立てながら、拍手をした。

こう云う自分も皆と一しょに、喝采《かっさい》をしたのは勿論である。が、喝采している内に、5自分は鉄棒の上の丹波先生を、半ば本能的に憎み出した。と云ってもそれだけまた、毛利先生に同情を注いだと云う訳でもない。その証拠にはその時自分が、丹波先生へ浴びせた拍手は、同時に毛利先生へ、自分たちの悪意を示そうと云う、間接目的を含んでいたからである。今自分の頭で解剖すれば、その時の自分の心もちは、道徳の上で丹波先生を侮蔑《ぶべつ》すると共に、学力の上では毛利先生も併せて侮蔑していたとでも説明する事が出来るかも知れない。あるいはその毛利先生に対する侮蔑は、丹波先生の「あの帽子が古物《こぶつ》だぜ」によって、一層然るべき裏書きを施《ほどこ》されたような、ずうずうしさを加えていたとも考える事が出来るであろう。だから自分は喝采しながら、聳《そびや》かした肩越しに、昂然として校舎の入口を眺めやった。するとそこには依然として、我《わが》毛利先生が、まるで日の光を貪《むさぼ》っている冬蠅《ふゆばえ》か何かのように、じっと石段の上に佇《たたず》みながら、一年生の無邪気な遊戯を、6余念もなく独り見守っている。その山高帽子とその紫の襟飾《ネクタイ》と――自分は当時、むしろ、哂《わら》うべき対象として、一瞥の中《うち》に収めたこの光景が、なぜか今になって見ると、どうしてもまた忘れる事が出来ない。……

豪傑はミットをはめた手で頭を掻きながら、1意気地《いくじ》なくひっこんでしまった。が、今度は自分の級の英語の秀才が、度の強い近眼鏡をかけ直すと、年に似合わずませた調子で、

「でも先生、僕たちは大抵《たいてい》専門学校の入学試験を受ける心算《つもり》なんですから、出来る上にも出来る先生に教えて頂きたいと思っているんです。」と、アコウベンした。が、丹波先生は不相変《あいかわらず》イユウソウに笑いながら、

「何、たった一学期やそこいら、誰に教わったって同じ事さ。」

「じゃ毛利先生は一学期だけしか御教えにならないんですか。」

この質問には丹波先生も、いささか急所をつかれた感があったらしい。世故《せこ》に長けた先生はそれにはわざと答えずに、運動帽を脱《ぬ》ぎながら、五分刈《ごぶがり》の頭の埃《ほこり》を勢よく払い落すと、急に自分たち一同を見渡して、

「そりゃ毛利先生は、随分古い人だから、我々とは少し違っているさ。今朝も僕が電車へ乗ったら、先生は一番まん中にかけていたっけが、乗換えの近所になると、『車掌、車掌』って声をかけるんだ。僕は可笑《おか》しくって、弱ったがね。とにかく一風変《いっぷうかわ》った人には違いないさ。」と、2巧《たくみ》に話頭を一転させてしまった。が、毛利先生のそう云う方面に関してなら、何も丹波先生を待たなくとも、自分たちの眼を駭《おどろ》かせた事は、あり余るほど沢山ある。

「それから毛利先生は、雨が降ると、洋服へ下駄《げた》をはいて来られるそうです。」

「あのいつも腰に下っている、白い手巾《ハンカチ》へ包んだものは、毛利先生の御弁当じゃないんですか。」

「毛利先生が電車の吊皮《つりかわ》につかまっていられるのを見たら、毛糸の手袋が穴だらけだったって云う話です。」

自分たちは丹波先生を囲んで、こんな愚にもつかない事を、四方からやかましく饒舌《しゃべ》り立てた。ところがそれに釣りこまれたのか、自分たちの声が一しきり高くなると、丹波先生もいつか浮き浮きした声を出して、運動帽を指の先でまわしながら、

「それよりかさ、3あの帽子が古物《こぶつ》だぜ――」と、思わず口へ出して云いかけた、丁度その時である。機械体操場と向い合って、わずかに十歩ばかり隔っている二階建の校舎の入口へ、どう思ったか毛利《もうり》先生が、その古物の山高帽《やまたかぼう》を頂いて、例

国語

（六〇分）

1 次の文章を読んで以下の問いに答えよ。

それから三四日経《へ》たある午《ひる》の休憩時間である。自分たち五六人は、機械体操場の砂だまりに集まって、ヘルの制服の背を暖い冬の日向《ひなた》に曝《さら》しながら、遠からず来《きた》るべき学年試験の噂《うわさ》などを、口まめにしゃべり交していた。すると今まで生徒と一しょに鉄棒へぶら下っていた、体量十八貫と云う丹波《たんば》先生が、「一二、」と大きな声をかけながら、砂の上へ飛び下りると、チョッキばかりに運動帽をかぶった姿を、自分たちの中に現して、

「どうだね、今度来た毛利《もうり》先生は。」と云う。丹波先生はやはり自分たちの級に英語を教えていたが、有名な運動好きで、兼ねて詩吟《しぎん》が上手だと云う所から、英語そのものは嫌っていた柔剣道の選手などと云う豪傑連の間にも、大分《だいぶ》評判がよかったらしい。そこで先生がこう云うと、その豪傑連の一人がミットを弄《もてあそ》びながら、

「ええ、あんまり——何です。皆《みんな》あんまり、よく出来ないようだって云っています。」と、柄《がら》にもなくはにかんだ返事をした。すると丹波先生はズボンの砂を手巾《ハンケチ》ではたきながら、得意そうに笑って見せて、

「お前よりも出来ないか。」

「そりゃ僕より出来ます。」

「じゃ、文句を云う事はないじゃないか。」

がままにしておくしかないんです。だってあなたも、誰かに優しくされて、うれしいときもあるけど、たまにめんどくさいときもあるでしょう。

だから、何が起こるのかということに対してオープンでいること。評価することから離れることです。相手の反応に対して、なんの評価もせず、良いとも悪いとも思わず、それにのめり込みもせずに、「ああ、そうなんだ！なるほどねえ」って起きたことから学んでいくんです。

そこには失敗も成功もなくて、何が起きてもぜんぶ成長の糧《かて》になる。だから、失敗したらどうしようとか、何がなんでも成功しなきゃ、といった力みはいらないし、そうすれば、何が起きても傷つきようがないでしょう。

自分勝手な期待をしていないから、裏切られるとか落胆するということもない。ただそういうことが起こったんだなと受けとめる。

つながりの中で、互いが互いを侵《おか》し合わずに、一緒にいる。そのリアリティと折り合いながら生きていく。それをあなたの人生というフィールドで、あなただけのやり方でやっていくことが大事なのだと思います。

（藤田一照著『禅 心を休ませる練習』大和書房　二〇二一年）

設問　コミュニケーションについての著者の見解を要約し、それに対するあなたの考えを八〇〇字以内で述べなさい。

「co（コ）」というのは、自分のほうからだけじゃなく、向こうからも来なきゃいけない双方向的なものであるべきなのですが、それを恐れているから、あらゆる行為が一方的なものになっているんです。で、こういう感覚をもって生きている人ほど、虫がいいことに、「見返り」を期待しているんですよね。私がこんなにがんばって、我慢していることを、「わかってほしい」「褒《ほ》めてほしい」。あなたのために、こんなにやってるんだから、「もっと認めて」「もっと大事にして」っていう欲求がある。

でも、思い通りにならないのが人生の実相なのだから、わかって「くれない」、褒《ほ》めて「くれない」、大事にして「くれない」人がいずれ出てきて、苦しくなる。こんなにしてあげている「のに」って、拗《す》ねて、いじけて、イライラして、意地悪になっていくんです。

欲求と敵意が分かちがたく結び付いている。これ、自分を開いているふりをして閉じている、っていうやつです。つながっている「かのように」生きているけど、実際はつながってはいない。

つながりに向かう行為って、何がなんでもつながらなきゃいけないんだっていうふうに力むんじゃなくて、おのずと、うながされるようにして、自分のできる行いをシェアする、というもっとリラックスした心で為《な》されるものです。

つながりを引き起こそうって力んじゃうと、それこそ分離の方向にむかってしまいますからね。がつがつむさぼった形で結果を求めると、かえって遠ざかっていくんです。

すべてがつながっているといっても、決して単一的な世界じゃないんです。むしろ一つひとつの存在の「個性」がきちんと尊重されていて、しかもつながっているっていう世界です。

全体とのつながりの中でお互いを尊重し合う自由があるからこそ、本来的な「自分」を表現できるわけです。この自由がなければ、「自分」なんか表現できないですよ。「いい人」という借り物の自分を表現するだけになってしまいます。

世界はそういうふうになっているんだから、自分の行為によって相手がどう思おうと、それは仕方がないんです。

関係が良くなるかもしれないし、変わらないかもしれない。もしかしたら悪くなるかもしれない。それは、ただ起こる

▲技官候補看護学生▼

（九〇分　解答例省略）

次の文章は、藤田一照氏の著書の一部である。文章を読み設問に答えなさい。

人の顔色が気になって仕方ないことがしばしばありますよね。とくに、組織の中で動いていると、周りが自分をどう見ているか、を気にする人は少なくありません。

自分という存在を「世界」から独立した存在と見てしまう。「世界」を向こうに見てしまっていると、人間って「嫌われたらどうしよう」っていう恐怖を感じてしまうんですね。

この怖さをもっている人は、仲間外れにされないように、無能だと思われないように、無愛想な人だと思われないように、がんばって、我慢して「いい人でいよう」と努力します。自分を良く印象づけようといつも気を張っています。

他人に良く思ってもらうためだけに生きていれば、周りに迷惑をかけないように、困ったことがあっても、手伝ってと言えずに抱え込んでしまったり、自分を好きでいてほしいから、お願いされたことを全部引き受けてしまったり、「それは、やめてほしい」「もっと、こうしてほしい」って言葉をグッとのみこんだり。

人に尽くす、役に立つ、気が利く、媚《こ》びる、喜ばれるテクニックを苦労して身につけて、「いい人」のエキスパートになっていく。そんなふうに「他人中心に生きる」ことをしがちな人には、communication（コミュニケーション）がないといえます。

ってあげたい、とその人に寄り添う気持ちなのです。

（日野原重明著「いのちの使いかた　新版」。小学館文庫　二〇一七年）

設問　著者の考える「人に寄り添うこと」を簡単に要約し、「看護職者が患者に寄り添うこと」についてあなたの考えを八〇〇字以内で述べなさい。

私はあなたのことをひとりの人間として大切に思っていますよ、という気持ちが、なんとなく相手にも伝わるのだと思います。それが、患者さんと医師の間の信頼関係を育みます。

　患者さんの話にゆっくり合槌《あいづち》を打ちながら、「世間話」のような会話を交わしていると、その方やご家族が抱えている思わぬ悩みが明らかになることもあるし、また、その解決策がひょんなことでご自身の口から導き出されることもあります。

　先にも触れましたが、宗教哲学者、マルティン・ブーバーは、〝創《はじ》める〟ということだけでなく、僕の生きかたに多くの影響を与えてくれました。

「人間にふたつの自己があり、ひとつは〝私とあなた〟、もうひとつは〝私とそれ〟である」というのもブーバーのことばです。人間には、相手を〝あなた〟と思う関係と、物のように〝それ〟とみなす関係の、ふたつがあるというのですね。医療従事者と患者さんの関係が〝私とそれ〟であってはならない。〝それ〟ではなく、〝あなた〟と思う関係、つまり、親や子ども、夫や妻、恋人や友人に対するときのような気持ちで接し、自分は今、この患者さんに何ができるだろうか、と考えるべきなのです。

　これは医療従事者だけの話ではありません。だれもが、自分の身近にいる、苦しみを抱えた人、悩みを持つ人に寄り添い、〝私とあなた〟という関係で、静かな対話の時間を持つことができたら、と僕は思います。

　今現在、自分を苦しめる痛みや悩みにとらわれている人は、あなたが分け隔てない気持ちで接してくれるだけで、気持ちが鎮まることでしょう。あなたも、こうしなさい、ああしてみたら、と言うよりも、そっと傍らに寄り添い、その人のことばに耳を傾ける。悩みそのもの、つらい気持ちそのものを語ることばは、その人の口から洩《も》れることがないかもしれません。でも、それでもかまわないのです。饒舌《じょうぜつ》に声をかけるのではなく、ゆっくりとその人のことばを待つ。そして、その人の気持ちが和らぐような話題を見つけておしゃべりをする。そこには相手の心の動きを感じる、ちょっとした直感力も必要かもしれませんね。でも、なにより大切なのは、少しの間でも苦しみを忘れさせ、おだやかな笑顔の時間をつく

■小論文■

▲自衛官候補看護学生▼

（九〇分　解答例省略）

次の文章を読み、設問に答えなさい。

「人に寄り添うということ」

僕はこれまで、数え切れないほど多くの患者さんに接してきました。その一人ひとりが、僕を医師として成長させてくれたのだと感じています。

患者さんとの会話は、時に目の前の病気のことから離れ、その方の子ども時代や、趣味の話に及ぶこともあります。自分が好きなことや、懐かしい思い出について語るとき、だれもがいきいきとした表情になるものです。世間では医師の「3分診療」が問題になって久しいですが、僕は極力、こうした対話を大事にしています。患者さんと僕の間に、病気のこと以外の具体的な対話が生まれる。すると、そういうなにげない会話を通じて、単なる医師と患者という関係ではなく、

解答編

英語

Ⅰ

解答　問1．(2)　問2．(5)　問3．(1)　問4．(3)

◆全　訳◆

≪病院の受付にて≫

受付係：こんにちは。どうなさいましたか。

患者：　ええ，倦怠感がこの3日間続いているので，内科の先生に診てもらいたいのですが。そこの場所を教えていただけませんか。

受付係：承知しました。当院へは初めてでいらっしゃいますか。

患者：　はい，そうです。去年来日しましたが，ここへは初めてです。

受付係：でしたら，2番窓口の受付カウンターで，まず登録なさってください。登録がお済みになりましたら，またここにお戻りください。それから内科への行き方をご案内します。内科は2階循環器科の隣です。

患者：　どうもありがとうございます。

受付係：どういたしまして。ご不明な点は，どうぞお気軽にお尋ねください。喜んでお手伝いします。

◀解　説▶

問1．see a doctor で「医者の診察を受ける」の意なので，正解は(2)see となる。

問2．空所直後に副詞 first，前置詞句 at Registration Desk が続いていることから，空所には自動詞が入ることがわかる。(3)read の自動詞は「読書する」の意なので，この文脈には不適切。したがって，(5)register「(医者などに）氏名を登録する」が正解。

問3．空所直後に you，the way という2つの名詞が続いていることから，空所には第4文型の動詞が入ることがわかる。show *A B* で「*A*（人）に

B（道・場所など）を案内する」の意。したがって，正解は(1)showである。

問4．feel free to *do* は命令形で用いて「遠慮なく〜してください」の意の定型表現。したがって，正解は(3)feelである。

Ⅱ　解答　問5．(3)　問6．(1)　問7．(4)

◀解　説▶

問5．「菌類は，傷ついた免疫機構につけこむのだが，20世紀中期以前，免疫の弱い人は，あまり長生きをしなかった」

空所直前にある「弱った，損なわれた」の意の形容詞 impaired に修飾される名詞として適当なものは，(3)immunity「免疫」。他の選択肢はそれぞれ，(1)「ごみ」，(2)「免責」，(4)「衰弱」，(5)「病弱」の意。

問6．「あの企業には幅広い事業があるが，基本は，希少金属をリサイクルすることだ」

bread and butter で「根本をなすもの，生計の手段」の意のイディオム。正解は(1)butterである。

問7．「実のところ，誰が次期会長になるのかは宙に浮いたままだ」

be up in the air で「(問題・計画・事態などが) 未決定〔未解決〕で」の意のイディオム。正解は(4)airである。

Ⅲ　解答　問8．(1)　問9．(2)　問10．(4)　問11．(3)　問12．(2)　問13．(4)　問14．(5)

◆全　訳◆

≪菜食主義食は結腸がんにかかる危険性を減らすかもしれない≫

菜食主義者の食事，特に魚を含む食事は，結腸直腸のがんにかかる危険性を大幅に減らす，と大規模な新規調査が報告している。

研究者たちは，全国のセブンスデー＝アドベンチスト教会から男女77,659人を募集した。全員が200を超える食料品目を含み，妥当性を十分に認められたアンケートに記入した。

その人たちの肉の摂取は，1日につき平均で約2オンスと非常に少なかった。平均7年の追跡調査の間，科学者たちは490例の結腸直腸のがんを発見した。全体として，健康上，そして行動上の多くの不確定要素を調整すると，菜食主義者は非菜食主義者と比べてがんにかかる危険性が21パーセント低かった。この結果はJAMAインターナル・メディシン誌に掲載されている。

しかし，一部の菜食主義食は，ほかのものよりも優れていた。月に4回まで肉か魚を食べて菜食主義食を緩和した人々に対する結果は，ほとんど成果を見出さなかった。しかし，「ペスコ・ベジタリアン」という，魚を月に1回以上食べ，ほかの肉を月に1回未満しか食べなかった人は，非菜食主義者と比べると，罹患する危険性を42パーセント下げた。

「私たちは，肉の摂取範囲の下限に注目していますが，適度な肉の摂取と比べても，魚を摂ろうと摂るまいと，肉を全く摂取しないことのほうがよさそうに思えます」と，筆頭著者で，ロマ・リンダ大学公衆衛生学院准教授のMichael J. Orlich博士が述べた。

◀解　説▶

問8．fill outは「～（書式・用紙など）に記入する」の意。同意の語句は(1)fill inである。他の選択肢の意味は次のとおり。(2)「～を発達〔発展〕させる，成長させる」，(3)「(帆などが）ふくらむ」，(4)「(大きさ・数などの点で）ふくらむ，膨張する」，(5)「(タイヤが）パンクする」

問9．questionnaireは名詞で「アンケート，質問票」の意なので，同意語は名詞で「調査」の意の(2)surveyである。他の選択肢の意味は次のとおり。(1)「問題，課題」，(3)「(分配された）分け前，持ち分」，(4)「クイズ番組の司会者」，(5)「引用文〔句，語〕」

問10．下線部intakeは名詞で「(食べ物などの）摂取」の意。同意で用いられている選択肢は(4)「患者は全員，食物の摂取を毎日600カロリー減らすよう指示された」である。他の選択肢の意味は次のとおり。(1)「大学での学生の受け入れ人数は，2月と7月が最も多い」，(2)「嵐で砂がエンジンの吸気口に入り，燃料中継装置の機能を損なわせた」，(3)「息をのむ瞬間があった」，(5)「埋立地に新しい魚市場が建設される」

問11．pescovegetarian(s)を修飾する関係代名詞節（who ate… a month,）が「魚を月に1回以上食べ，ほかの肉を月に1回未満しか食べなかった人」の意なので，(3)が正解。

問12．空所直後に42 percentという百分率が続いていることから，空所には「差異，変化」を表す(2) by がふさわしい。

問13. 同博士の見解は最終段に述べられている。その後半の even 以下に「適度な肉の摂取と比べても，魚を摂ろうと摂るまいと，肉を全く摂取しないことのほうがよさそうに思えます」とあり，この部分の looks better は，結腸直腸がんにかかりにくくなるということなので，正解は(4)である。

問14. 本文の要点として注目する部分は次のとおり。第1段前半（A vegetarian diet, …）「菜食主義者の食事は結腸直腸のがんにかかる危険性を大幅に減らす」，第3段第3文後半（vegetarians had a …）「菜食主義者は非菜食主義者と比べてがんにかかる危険性が21パーセント低かった」，第4段第3文（But “pescovegetarians,” who …）「『ペスコ・ベジタリアン』は非菜食主義者と比べると，罹患する危険性を42パーセント下げた」，最終段後半（“but even compared …）「肉を全く摂取しないことのほうがよさそうに思えます」 これらの内容を踏まえると，正解は(5)「菜食主義食は結腸がんにかかる危険性を減らすかもしれない」。他の選択肢の意味は次のとおり。(1)「菜食主義食に関する疑念」，(2)「菜食主義者は結腸がんを克服する」，(3)「菜食主義食は結腸がんを発病させる」，(4)「非菜食主義者へのよい知らせ」

Ⅳ **解答**　問15. (1)　問16. (4)　問17. (2)　問18. (2)
問19. (5)　問20. (4)　問21. (5)　問22. (2)

◆全　訳◆

≪ドラキュラ伯爵，科学によって明らかにされる！≫

ドラキュラ伯爵がたまらなく魅力に感じる刺激性のある金属的なにおいを，血液の中のわずかひとつの化学成分が生み出している，ということを研究が明らかにした。ブラム＝ストーカーによる原作の吸血鬼小説では，客のジョナサン＝ハーカーがひげを剃っているときに血が出ると，鋭い歯の伯爵はまともに気持ちを抑えることができない。今では科学者たちは，その不死の貴族が反応していたもの，つまり，trans-4,5-epoxy-(E)-2-decenal と呼ばれる有機「アルデヒド」化合物を知っている。

動物園の動物を使った実験では，実験室で作られたその化学物質を染み込ませた木片が，リカオン，ドール，南アメリカヤブイヌ，アムールトラからの強い反応を引き起こした。単体では，その化合物は馬の血と同じく，においを嗅いだり，なめたり，かんだり，ひっかいたり，もてあそんだり，といった反応をもたらした。肉食動物は，果物のエキス，あるいはほぼ無臭の溶剤が塗られた丸太には関心を示さなかった。その血液の化合物にはトラが最も強くおびき寄せられたが，南アメリカヤブイヌは他の動物よりもすぐに興味を失った。

第一線の科学者である，スウェーデンにあるリンショーピング大学のマティアス＝ラスカ教授は，こう述べた。「捕食動物にとって，食べ物のにおいは特に興味をそそり，このことの大部分は，血と関係があります。私たちはどの化学成分が血のにおいを生み出しているのかを調べたかったのです」

この研究に先だって，血にそのにおいを与える物質に関する情報はほとんど存在しなかった。高度な化学分析技術によって，候補となる30の化合物がついに特定されたが，そのどれもがラスカ教授が探し求めていたものだった可能性がある。一般的に血を連想させる独特の金属的なにおいを放つとして知られている，捕らえにくいアルデヒドをひとつだけ選ぶには，においを専門とする人が持つ敏感な鼻が必要だった。

スウェーデンのコールモーデン動物園で行われた動物の実験で，肉食の捕食動物を引き寄せるのはまさにこれだと判明した。「このことが進化を通してどのように発展してきたのかは興味深い問題です。おそらく，すべての哺乳類の血に共通の特性があるのです」とラスカ教授は語った。

◀解　説▶

問15. 本文の contain の直後には再帰目的語の himself が続いている。contain *oneself* で「自制する」の意だが，contain は本来「～を抑える，抑制する」の意。正解は⑴control「～を抑制する」。他の選択肢はそれぞれ，⑵「(環境などに) 順応する」，⑶「～をはっきりと表現する」，⑷「～から構成される」，⑸「～を理解する」の意。

問16. 下線部が示す化合物は，第2段第1文（In tests with …）では the lab-made chemical「実験室で作られたその化学物質」，続く第2文（On its own, …）では the compound「その化合物」と示されている。そして同文の最後に as horse blood とあるように，下線部が示す化合物は馬の血液と同じような物質だと考えられる。同段最終文前半（Tigers were lured …）に「その血液の化合物にはトラが最も強くおびき寄せられた」と述べられていることから，正解は(4)。なお，(5)のサーベルタイガーは本文に登場していない種類のトラである。

問17. このimpregnatedは直前の名詞lumps of woodを修飾する過去分詞なので，元はimpregnate(V) lumps of wood(O) with the lab-made chemicalだったという構造を手がかりに考える。正解は(2)soaked「～に染み込ませる」。impregnateは「～を十分に湿らせる」の意。他の選択肢の他動詞としての意味はそれぞれ，(3)「～を脱水する」，(4)「～を締め出す」，(5)「～を弾劾する」。なお，(1)nakedは過去分詞ではなく，形容詞で「裸の」の意。

問18. 下線部に続く動詞以下（were not bothered …）に「果物のエキスが塗られた丸太には関心を示さなかった」と述べられていること，そして，下線部の語は複数形で，直前に定冠詞があるので，既出の複数名詞だということを踏まえると，この語は第2段第1文（In tests with …）の後半に列挙されている動物だと判断できる。したがって，正解は(2)「他の動物を常食とする動物」。carnivoreは「肉食動物」の意。他の選択肢の意味はそれぞれ次のとおり。(1)「植物を常食とする動物」，(3)「菜食主義者でない人」，(4)「ローマ＝カトリックの国々で一般的に受難節の前の週にある年中行事」，(5)「不要な繁茂をなくすのに使われる，植物にとっては有害な物質」

問19. 第2段最終文前半（Tigers were lured …）では，トラが血液の化合物におびき寄せられたという実験が紹介され，その内容からわかることを第3段第1文の引用文（"For predators, food …）では科学者の言葉で述べている。この流れを踏まえると，正解は(5)blood「血」。他の選択肢の意味はそれぞれ次のとおり。(1)「脂肪の多い肉」，(2)「腐った肉」，(3)「脂肪の少ない肉」，(4)「骨」

問20. 空所を含む関係代名詞節は，元はThey recognized the elusive aldehyde as emitting (　　).「彼らは捕らえにくいアルデヒドが（　　）を放つと知っていた」という文だったと考える。このthe elusive aldehydeは，第1段最終文（Now scientists know …）にあるan organic "aldehyde" compound「有機『アルデヒド』化合物」であり，同段第1文にあるA single chemical component of blood「血液の中のわずかひとつの化学成分」である。この成分が，the pungent metallic scent「刺激性のある金属的なにおい」を生み出していると同文に述べられていることから，(4)「一般的に血を連想させる独特の金属的なにおい」が正解。他の選択肢の意味は次のとおり。(1)「一般的にバナナを連想させる熱帯の果物のにおい」，(2)「一般的にチョコレートを連想させる甘いにおい」，(3)「一般的に汗を連想させるきついにおい」，(5)「一般的に直火で焼いた肉を連想させるいいにおい」

問 21. (1)「ブラム＝ストーカー著のドラキュラ伯爵がなぜ血のにおいを我慢できたのかが一連の実験を行ったことでわかった，と科学者たちは述べている」 第 1 段第 2 文（In Bram Stoker's …）で「鋭い歯の伯爵はまともに気持ちを抑えることができない」と，血のにおいを我慢できなかったことが述べられているので，この選択肢は本文の内容に合致しない。

(2)「スウェーデンにあるリンショーピング大学の科学者たちは，肉食動物の中で作られる trans-4,5-epoxy-(E)-2-decenal と呼ばれる化合物を発見するために，動物園の動物を使って実験を行った」 第 1 段最終文（Now scientists know …）にこの trans-4,5-epoxy-(E)-2-decenal が登場するが，この化合物は第 2 段第 1 文（In tests with …）では the lab-made chemical と呼ばれている。つまり，肉食動物の中で作られるものではなく，人工的なものだと判断できるので，この選択肢も本文の内容に合致しない。

(3)「trans-4,5-epoxy-(E)-2-decenal と呼ばれる化合物は，架空の伯爵を心地よく落ち着かせて寝かせることができる金属的なにおいを生み出している」 伯爵の話は第 1 段に述べられているが，彼が寝たという描写はなされていないので，この選択肢も本文の内容に合致しない。

(4)「吸血鬼や肉食性の動物を落ち着かせることができる『血のにおい』の化学物質は，たいへんな努力により，科学者たちによって特定された」 第 1 段第 2 文（In Bram Stoker's …）で「鋭い歯の伯爵はまともに気持ちを抑えることができない」，第 2 段第 1 文（In tests with …）の後半で「強い反応を引き起こした」と述べられている。どちらも血を目の当たりにした場合の反応であって，落ち着く様子は描写されていないので，この選択肢も本文の内容に合致しない。

(5)「リカオンやドールやトラは，血，もっと正確に言うと，trans-4,5-epoxy-(E)-2-decenal と呼ばれる有機『アルデヒド』化合物のにおいに対しては，ドラキュラ伯爵と同じ反応である」 ドラキュラ伯爵に関しては第 1 段第 2 文（In Bram Stoker's …）で「鋭い歯の伯爵はまともに気持ちを抑えることができない」，リカオンなどの肉食動物に関しては第 2 段第 1 文（In tests with …）の後半で「強い反応を引き起こした」と述べられている。どちらも血を目の当たりにして同じような反応を示しているので，この選択肢は本文の内容に合致する。

問 22. 第 1 段で小説ドラキュラの話題を提示し，第 2 段以降で血のにおいの原因となる物質について科学的な話をしている。この流れを踏まえると，正解は(2)「ドラキュラ伯爵，科学によって明らかにされる！」。他の選択肢の意味は次のとおり。(1)「小説としてのドラキュラ伯爵」，(3)「ブラム＝ストーカーの大好きなにおいが解明された」，(4)「残忍な者よ，汝の名はトラだ！」，(5)「どちらが強いか：ドラキュラ伯爵と肉食性の動物では？」

V　解答　問 23. (2)　問 24. (5)　問 25. (4)

◆全　訳◆

≪ロボットを用いた遠隔手術≫

長いアームのロボットから数フィート離れた腰掛けに座って，Danyal Fer 博士は胸の近くで 2 本の金属製の取っ手に自分の指をかぶせた。

彼がその取っ手を上下左右に動かすと，そのロボットはひとつひとつのわずかな動きを自身の 2 本のアームで模倣した。それから，彼が親指と人差し指をつまむと，そのロボットの小さなハサミのひとつがほぼ同じ動きをした。このようにして，Fer 博士のような外科医は患者に手術するときに，ロボットを長い間使用してきた。部屋の向こう側にあるコンピュータの操作板の前に座りながら，彼らは患者から前立腺を摘出することができる。

◀解　説▶

問 23. 空所直後の名詞 robot を修飾する形容詞，または過去分詞としてふさわしいものは(2)の形容詞 armed である。-armed のように複合語として用いて「～の腕のある，～の腕をした」の意。

問 24. 空所直後には名詞 each small motion が続いているので，空所には他動詞が入る。「ひとつひとつのわずかな動き」が目的語としてふさわしい他動詞は(5)mimicked「～をまねる，～を模倣する」である。

問 25. 空所直後には名詞 his thumb and forefinger が続いているので，空所には他動詞が入る。「親指と人差し指」が目的語としてふさわしい他動詞は(4)pinched である。pinch は「～をつねる」のほかに「～をつまむ」という意味もあり，ここでは親指と人差し指でものをつまむ動きを表している。

数学

1 解答

［1］問1．(1)　問2．(1)　問3．(3)

［2］問4．(4)　問5．(2)

◀解　説▶

≪小問5問≫

［1］問1．$\sin^2\theta_1+\cos^2\theta_1=1$ から

$$\cos^2\theta_1=1-\sin^2\theta_1$$
$$=1-\left(\frac{1}{3}\right)^2=\frac{8}{9}$$

$1+\tan^2\theta_1=\dfrac{1}{\cos^2\theta_1}$ から

$$\tan^2\theta_1=\frac{1}{\cos^2\theta_1}-1$$
$$=\frac{1}{\frac{8}{9}}-1=\frac{1}{8}$$

問2．$\theta_2-\theta_1>90°$ より，$0°<\theta_1<90°$，$90°<\theta_2<180°$ となる。

問1より　　$\cos^2\theta_1=\dfrac{8}{9}$

$\cos\theta_1>0$ であるから　　$\cos\theta_1=\dfrac{2\sqrt{2}}{3}$

同様に

$$\cos^2\theta_2=1-\sin^2\theta_2$$
$$=1-\left(\frac{2}{3}\right)^2=\frac{5}{9}$$

$\cos\theta_2<0$ であるから　　$\cos\theta_2=-\dfrac{\sqrt{5}}{3}$

ゆえに

$$\frac{\cos\theta_1}{\cos\theta_2}=\frac{\frac{2\sqrt{2}}{3}}{-\frac{\sqrt{5}}{3}}=-\frac{2\sqrt{2}}{\sqrt{5}}=-\frac{2\sqrt{10}}{5}$$

問3．$0° < \theta_2 - \theta_1 < 90°$ より

$0° < \theta_1 < 90°$

$\theta_1 < \theta_2 < 90° + \theta_1 < 180°$

問1・問2より $\cos\theta_1 = \dfrac{2\sqrt{2}}{3}$，$\cos\theta_2 = \pm\dfrac{\sqrt{5}}{3}$

$0° < \theta_2 - \theta_1 < 90°$ より，$\cos(\theta_2 - \theta_1) > 0$ である。

$\sin\theta_1 = \dfrac{1}{3}$，$\sin\theta_2 = \dfrac{2}{3}$ より，$\cos\theta_2 = -\dfrac{\sqrt{5}}{3}$ のとき

$$\cos(\theta_2 - \theta_1) = \cos\theta_2\cos\theta_1 + \sin\theta_2\sin\theta_1$$
$$= -\frac{2\sqrt{10}}{9} + \frac{2}{9} = \frac{2(1-\sqrt{10})}{9} < 0$$

となり適さない。

よって $\cos\theta_2 = \dfrac{\sqrt{5}}{3}$

$$\frac{\sin\theta_1 + \cos\theta_1}{\sin\theta_2 + \cos\theta_2} = \frac{1+2\sqrt{2}}{2+\sqrt{5}}$$
$$= \frac{(1+2\sqrt{2})(\sqrt{5}-2)}{(\sqrt{5}+2)(\sqrt{5}-2)}$$
$$= -2 - 4\sqrt{2} + \sqrt{5} + 2\sqrt{10}$$

［2］問4．$180 = 2^2 \times 3^2 \times 5$，$2646 = 2 \times 3^3 \times 7^2$ より，m が平方数であることから

$$m = 2^2 \times 3^4 \times 5^2 \times 7^2 = (2 \times 3^2 \times 5 \times 7)^2$$

180，2646，n の3つの数の最小公倍数が平方数になるような n のうち，最小のものが $n_{\min}$ であるから

$$n_{\min} = 3^4 \times 5^2 = 2025$$

問5．問4より $m = 2^2 \times 3^4 \times 5^2 \times 7^2$

約数の中で平方数になるものは，集合 $\{1,\ 2^2\}$，$\{1,\ 3^2,\ 3^4\}$，$\{1,\ 5^2\}$，$\{1,\ 7^2\}$ の要素の積で表される。

よって，その約数の個数は

$$2 \times 3 \times 2 \times 2 = 24 \text{ 個}$$

2　解答　問6．(3)　問7．(3)　問8．(4)　問9．(2)　問10．(2)

◀解　説▶

≪放物線と直線の共有点の個数≫

問6．$f(0)=6$，$g(0)=-10$ より，2点の座標はそれぞれ

$(0,\ 6)$，$(0,\ -10)$

よって，2点間の距離は　$|-10-6|=16$

問7．$f(x)=(x-2)^2+2>0$ より，x 軸との共有点はない。

$g(x)=\left(x-\dfrac{3}{2}\right)^2-\dfrac{49}{4}$ より，x 軸との共有点の数は2個。

よって，共有点の数は合わせて2個。

問8．$y=f(x)$ または $y=g(x)$ と $y=a$ が共有点を3個もつとき

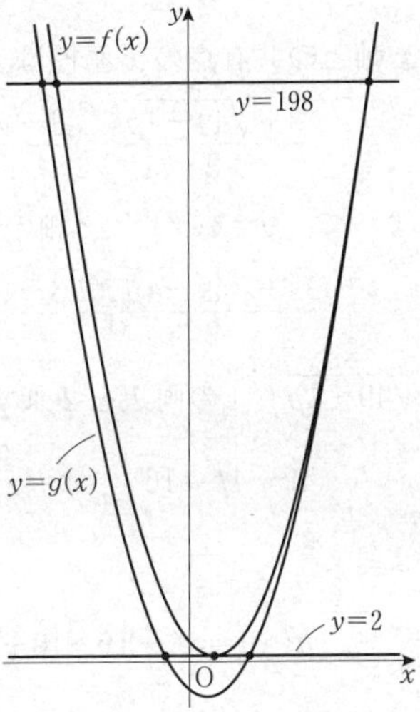

(i)　$y=f(x)$ と共有点を1つ，$y=g(x)$ と共有点を2つもつ場合

図より　$a=2$

(ii)　$y=f(x)$ と $y=g(x)$ の共有点で1つ，その他の点で各1つずつ共有点をもつ場合

$(x-2)^2+2=x^2-3x-10$ より

$x=16$

このとき　$f(16)=198$

ゆえに　$a=198$

(i)，(ii)より　$(2,\ 198)$

問9．$y=|x^2-3x-10|$ のグラフについて

(i)　$x^2-3x-10\geqq 0$ のとき，つまり

$(x-5)(x+2)\geqq 0$ より，$x\leqq -2$，$5\leqq x$ のとき

$$y=x^2-3x-10=\left(x-\frac{3}{2}\right)^2-\frac{49}{4}$$

(ii)　$x^2-3x-10<0$ のとき，つまり

$(x-5)(x+2)<0$ より，$-2<x<5$ のとき

$$y=-x^2+3x+10=-\left(x-\frac{3}{2}\right)^2+\frac{49}{4}$$

(i), (ii)より，グラフは右図のようになる。

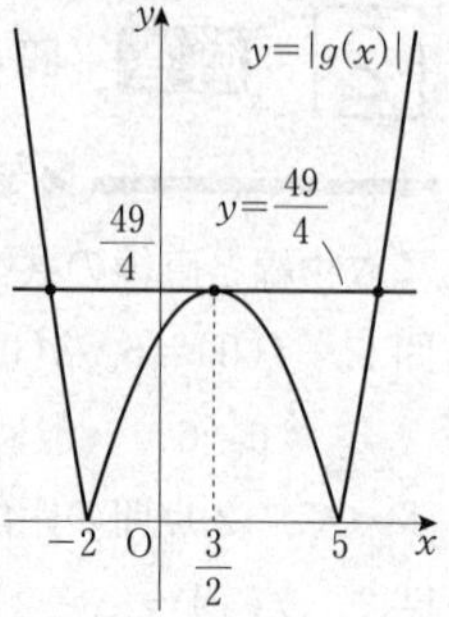

図より，$y=b$ との共有点が 3 つになるときは

$$b=\frac{49}{4}$$

問 10. $y=g(x)$ を y 軸方向に p だけ平行移動すると

$$y-p=x^2-3x-10$$

$x^2-3x-10+p=0$ より

$$x=\frac{3\pm\sqrt{9-4(-10+p)}}{2}$$

$$=\frac{3\pm\sqrt{49-4p}}{2}$$

x 軸との共有点の x 座標は

$$\frac{3+\sqrt{49-4p}}{2},\ \frac{3-\sqrt{49-4p}}{2}$$

よって，$y=h(x)$ と x 軸の 2 つの交点間の距離が 4 であるから

$$\frac{3+\sqrt{49-4p}}{2}-\frac{3-\sqrt{49-4p}}{2}=\sqrt{49-4p}=4$$

$\sqrt{49-4p}=4$ の両辺を 2 乗すると

$$49-4p=16 \qquad p=\frac{33}{4}$$

よって

$$h(x)=x^2-3x-10+\frac{33}{4}$$

$$=x^2-3x-\frac{7}{4}$$

$$=\left(x-\frac{3}{2}\right)^2-4$$

$y=|h(x)|$ と $y=f(x)$ のグラフは右図のようになる。

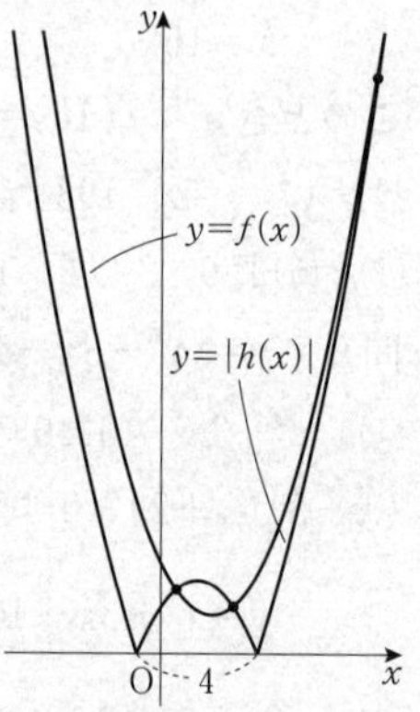

(i)　$x^2-3x-\frac{7}{4}\geqq 0$ のとき，つまり

$(2x-7)(2x+1)\geqq 0$ より，$x\leqq -\frac{1}{2}$，$\frac{7}{2}\leqq x$ のとき

$x^2-3x-\frac{7}{4}=(x-2)^2+2$ から

$$x=\frac{31}{4}$$

$x \leqq -\frac{1}{2}$，$\frac{7}{2} \leqq x$ より，共有点は1個。

(ii)　$x^2-3x-\frac{7}{4}<0$ のとき，つまり

$(2x-7)(2x+1)<0$ より，$-\frac{1}{2}<x<\frac{7}{2}$ のとき

$-x^2+3x+\frac{7}{4}=(x-2)^2+2$ から

$$x=\frac{7\pm\sqrt{15}}{4}$$

$-\frac{1}{2}<x<\frac{7}{2}$ より，共有点は2個。

(i)，(ii)から，共有点は3個。

参考　y 軸の平行移動の値 p は次のように求めることもできる。

$x^2-3x-10+p=0$ の2解の差が4であればよいから，この2解は α，$\alpha+4$ とおける。

解と係数の関係より

$$\begin{cases} \alpha+\alpha+4=3 \\ \alpha(\alpha+4)=-10+p \end{cases}$$

これより　　$\alpha=-\frac{1}{2}$

したがって

$$p=10-\frac{1}{2}\left(-\frac{1}{2}+4\right)$$

$$=10-\frac{7}{4}=\frac{33}{4}$$

3　解答

問11.（3）　問12.（3）　問13.（2）　問14.（4）
問15.（1）

◀解　説▶

≪正八角形の頂点を選んで三角形を作るときの確率≫

問 11.　8 個の頂点から 3 個を選ぶ選び方は

$${}_8C_3=\frac{8\cdot7\cdot6}{3\cdot2\cdot1}=56 \text{ 個}$$

問 12.　P_1 を二等辺の頂点とする二等辺三角形の点の組は

$(P_1,\ P_2,\ P_8)$，$(P_1,\ P_3,\ P_7)$，$(P_1,\ P_4,\ P_6)$

の 3 通り。

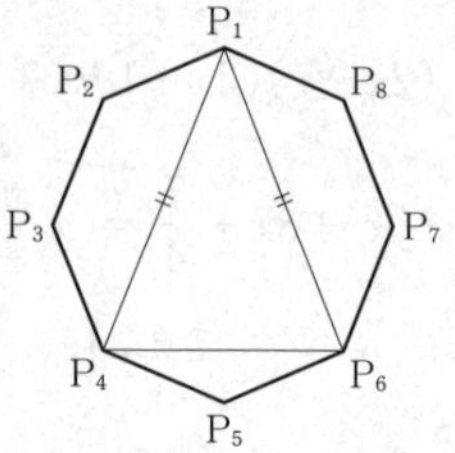

頂点の選び方は 8 通りあるので，二等辺三角形は $3\times8=24$ 個作ることができる。

よって，求める確率は

$$\frac{24}{{}_8C_3}=\frac{3}{7}$$

問 13.　P_1P_5 を 1 辺とする直角三角形の点の組は

$(P_1,\ P_2,\ P_5)$，$(P_1,\ P_3,\ P_5)$，$(P_1,\ P_4,\ P_5)$

$(P_1,\ P_6,\ P_5)$，$(P_1,\ P_7,\ P_5)$，$(P_1,\ P_8,\ P_5)$

の 6 通り。

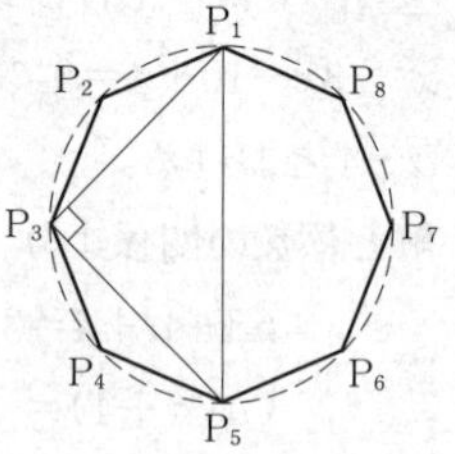

同様に，P_2P_6，P_3P_7，P_4P_8 を 1 辺とする直角三角形があるので，直角三角形は $6\times4=24$ 個作ることができる。

よって，求める確率は

$$\frac{24}{{}_8C_3}=\frac{3}{7}$$

問 14.　A さんが $(P_1,\ P_2,\ P_5)$ の点の組で直角三角形を作ったとき，B さんは A さんが選ばなかった 5 個の頂点から直角三角形を作る。

そのときの点の組は

$(P_3,\ P_4,\ P_7)$，$(P_3,\ P_6,\ P_7)$，

$(P_3,\ P_8,\ P_7)$，$(P_4,\ P_3,\ P_8)$，

$(P_4,\ P_6,\ P_8)$，$(P_4,\ P_7,\ P_8)$

の 6 通り。

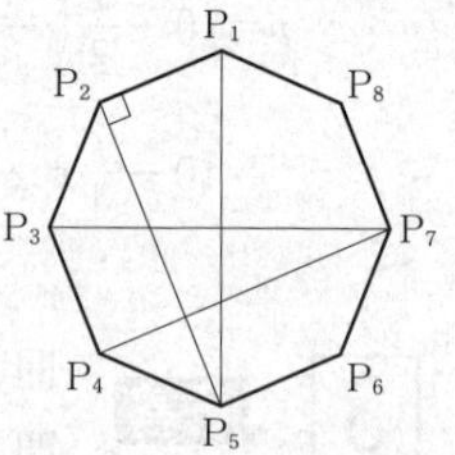

同様に考えると，A さん，B さんともに直角三角形を作るときの場合の数は

24×6 通り

よって，求める確率は

$$\frac{24\times6}{{}_8C_3\times{}_5C_3}=\frac{9}{35}$$

問 15. A さんが $(P_1,\ P_2,\ P_5)$ の点の組で直角三角形を作ったとき，B さんが作る三角形で A さんと共通する部分をもたない点の組は

$(P_6,\ P_7,\ P_8)$

の 1 通り。

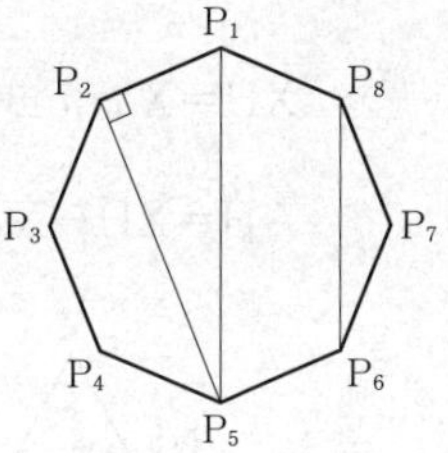

同様に考えると，A さんが直角三角形，B さんが A さんと共通する部分をもたない三角形を作る場合の数は

24×1 通り

よって，求める確率は

$$\frac{24\times1}{{}_8C_3\times{}_5C_3}=\frac{3}{70}$$

4　解答　問 16. (5)　問 17. (4)　問 18. (4)　問 19. (2)　問 20. (4)

◀解　説▶

≪互いに外接する 3 つの円で囲まれた部分の面積，3 つの円に接する三角形≫

問 16. 3 つの円は互いに外接している。よって，中心間の距離が 2 つの円の半径の和であるから，円の半径は

$4\div2=2$

問 17. △ABC は 1 辺が 4 の正三角形より，その面積は

$$\frac{1}{2}\cdot4\cdot4\cdot\sin60^\circ=4\sqrt{3}$$

また，△ABC 内にある 3 つのおうぎ形はすべて同じおうぎ形であり，その面積は

$$2\cdot2\cdot\pi\cdot\frac{60}{360}\cdot3=2\pi$$

ゆえに，斜線部分の面積は

$4\sqrt{3}-2\pi$

問 18.　図 1 より，XY の長さは

$$2\sqrt{3}\cdot 2+4=4\sqrt{3}+4$$

問 19.　図 2 より

$$\mathrm{XH}=\mathrm{XY}\sin 60^\circ=(4\sqrt{3}+4)\cdot\frac{\sqrt{3}}{2}=2\sqrt{3}+6$$

$$\mathrm{AH}=\mathrm{XH}-\mathrm{XA}=2\sqrt{3}+6-4=2\sqrt{3}+2$$

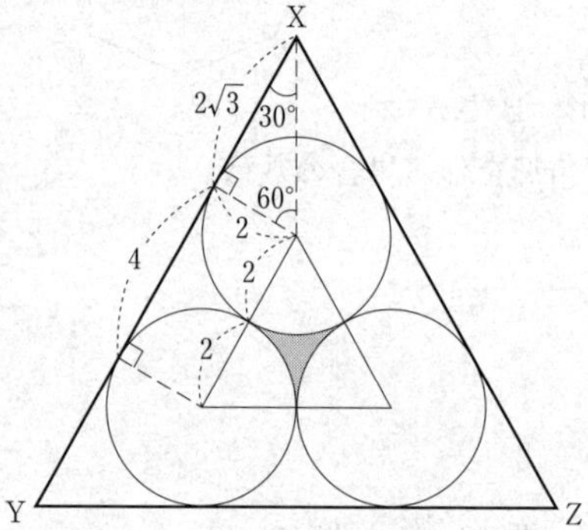

図　1

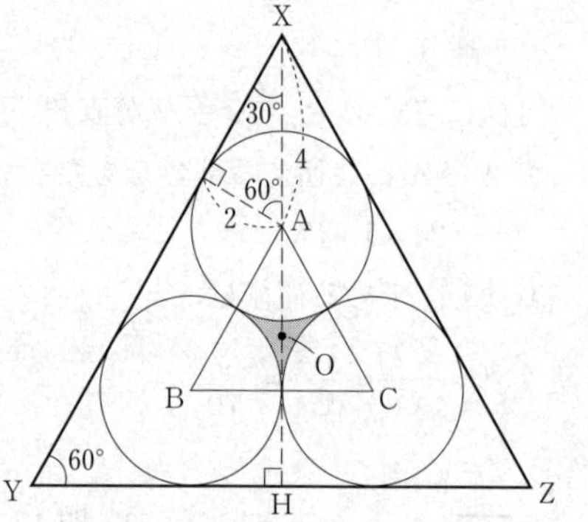

図　2

問 20.　$\mathrm{OA}=\mathrm{AB}\sin 60^\circ\cdot\frac{2}{3}=4\cdot\frac{\sqrt{3}}{2}\cdot\frac{2}{3}=\frac{4\sqrt{3}}{3}$

よって　　$\mathrm{OX}=\mathrm{OA}+\mathrm{AX}=\frac{4\sqrt{3}}{3}+4$

■物理■

1 解答

A．問1．(1)　問2．(5)　問3．(3)　問4．(3)
問5．(2)

B．問6．(3)　問7．(5)

◀解　説▶

≪直流回路，電力≫

A．問1．電流は0であるので，抵抗での電圧降下が生じない。

したがって，AB間の電位差 V_1〔V〕は

$$V_1=0〔V〕$$

問2．抵抗による電圧降下は0〔V〕であるので，CD間の電位差 V_2〔V〕は

$$V_2=6〔V〕$$

問3．AB間の合成抵抗の大きさは1Ωであるので，AB間の電位差 V_3〔V〕は

$$V_3=6\times\frac{1}{1+2}=2〔V〕$$

問4．AC間の合成抵抗の大きさ R〔Ω〕は

$$R=1+2=3〔Ω〕$$

問5．求める電流 I〔A〕は

$$I=\frac{6}{3}=2〔A〕$$

B．問6．求める抵抗値を r〔Ω〕とすると

$$500=100\times\frac{100}{r}$$

$$r=20.0〔Ω〕$$

問7．電気抵抗率が一様なので，長さが80.0%になると抵抗値は80.0%になる。求める電力 P〔W〕は

$$P=100\times\frac{100}{20.0\times0.800}=625〔W〕$$

2 **解答**　A．問8．(1)　問9．(3)　問10．(4)　問11．(5)
B．問12．(4)　問13．(3)

◀解　説▶

≪鉛直投げ上げ，糸で結ばれた2物体の運動≫

A．問8．求める時刻を t_1〔s〕とする。鉛直投げ上げの式より

$$15=20\times t_1-\frac{1}{2}\times10\times{t_1}^2$$

$$t_1=1.0,\ 3.0$$

題意より　　$t_1=1.0$〔s〕

問9．求める高さを h〔m〕とすると，最高点では小球の速度が0であるので

$$0^2-20^2=2\times(-10)\times(h-25)$$

$$h=45\text{〔m〕}$$

問10．求める時刻を t_2〔s〕とすると

$$0=20\times t_2-\frac{1}{2}\times10\times{t_2}^2$$

$$t_2=0.0,\ 4.0$$

題意より　　$t_2=4.0$〔s〕

問11．求める時刻を t_3〔s〕とすると

$$-25=20\times t_3-\frac{1}{2}\times10\times{t_3}^2$$

$$t_3=-1.0,\ 5.0$$

題意より　　$t_3=5.0$〔s〕

B．問12・問13．物体AとBの加速度はともに等しく，これを a，糸の張力の大きさを T とする。物体Aと物体Bの運動方程式は，それぞれ

$$ma=T-mg\sin\theta-\mu mg\cos\theta$$

$$Ma=Mg-T$$

2式を解いて

$$a=\frac{M-m(\sin\theta+\mu\cos\theta)}{m+M}g$$

$$T=Mg\frac{m(1+\sin\theta+\mu\cos\theta)}{m+M}$$

3 **解答**　A．問 14．(1)　問 15．(2)　問 16．(4)
B．問 17．(5)　問 18．(3)

◀解　説▶

≪閉管の共鳴，光の全反射≫

A．問 14．波長を λ とすると

$$\frac{\lambda}{2}=L_2-L_1$$

$$\lambda=2(L_2-L_1)$$

問 15．開口端補正を d とすると

$$d=\frac{\lambda}{4}-L_1=\frac{1}{2}(L_2-3L_1)$$

問 16．振動数を f とすると

$$f=\frac{v}{\lambda}=\frac{v}{2(L_2-L_1)}$$

B．問 17．屈折の法則より

$$n_1=\frac{\sin i}{\sin r}$$

$$\sin r=\frac{1}{n_1}\sin i$$

問 18．媒質Ⅰから媒質Ⅱに入射するときの臨界角を θ とすると，屈折の法則より

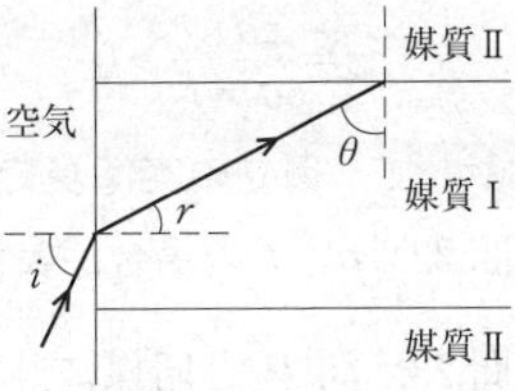

$$\frac{n_1}{n_2}=\frac{\sin 90^\circ}{\sin\theta}$$

$$\sin\theta=\frac{n_2}{n_1}$$

このとき

$$\sin r=\cos\theta=\sqrt{1-\sin^2\theta}$$

$$=\frac{\sqrt{{n_1}^2-{n_2}^2}}{n_1}$$

$$\sin i=n_1\sin r=\sqrt{{n_1}^2-{n_2}^2}$$

したがって，求める条件は

$$\sin i<\sqrt{{n_1}^2-{n_2}^2}$$

$$\sin^2 i<{n_1}^2-{n_2}^2$$

4 **解答** A．問19．(2) 問20．(4)
B．問21．(5) 問22．(1) 問23．(3)
C．問24．(3) 問25．(3)

◀解 説▶

≪比熱と熱容量，凸レンズによる像，電流間の力≫

A．問19．それぞれの熱容量は

銅：0.38×2000＝760〔J/K〕

鉄：0.45×1000＝450〔J/K〕

アルミニウム：0.90×1000＝900〔J/K〕

空気：1.0×300＝300〔J/K〕

水：4.2×150＝630〔J/K〕

したがって

$$Q_3>Q_1>Q_5>Q_2>Q_4$$

問20．熱容量の大小関係から

$$T_3<T_1<T_5<T_2<T_4$$

B．問21．求める位置を x とする。写像公式より

$$\frac{1}{a}\times\frac{1}{x}=\frac{1}{f}$$

$$x=\frac{af}{a-f}>0$$

よって，倒立の実像ができる。

問22．$a<f$ の場合，実像が生じる位置はない。

問23．問21と同様に計算をすると，$\dfrac{af}{a-f}$ の位置に正立の虚像が生じることがわかる。

C．問24．電流を I〔A〕とすると

$$I=\frac{2E}{lr_0}$$

求める力の大きさ F〔N〕は

$$F=I\times\left(4\pi\times10^{-7}\times\frac{I}{2\pi d}\right)\times l$$

$$=\frac{8E^2}{dl{r_0}^2}\times10^{-7}\text{〔N〕}$$

問 25.　強さが変化した電流を I'〔A〕とすると

$$I'=\frac{2E}{\frac{1}{2}lr_0}=2I$$

$\frac{1}{2}l$ の部分に作用する力の大きさ F'〔N〕は

$$F'=I'\times\left(4\pi\times10^{-7}\times\frac{I}{2\pi d}\right)\times\frac{l}{2}$$
$$=I\times\left(4\pi\times10^{-7}\times\frac{I}{2\pi d}\right)\times l$$
$$=F$$

化学

解答　問1．(2)　問2．(5)　問3．(5)　問4．(4)　問5．(1)
問6．(2)　問7．(1)　問8．(1)　問9．(4)　問10．(1)
問11．(3)　問12．(2)　問13．(4)　問14．(1)　問15．(3)　問16．(5)
問17．(4)　問18．(3)　問19．(5)　問20．(4)

◀解　説▶

≪小問集合≫

問1．単位格子中には4個の金属原子が含まれる。金属の原子量を M とすると，次式が成り立つ。

$$9.1=\frac{\dfrac{M}{6.02\times10^{23}}\times4}{(3.6\times10^{-8})^3}$$

$(3.6)^3=46.7$ より　　$M=63.9\fallingdotseq64$

与えられた原子量より，この金属は銅である。

問2．(d)　誤り。H原子と水素結合するのはF，O，Nの原子である。

(e)　誤り。モル凝固点降下の値は溶媒ごとに固有であり，溶質の種類や水素結合には無関係である。

問3．陰極では次の反応が起こり，電極の重量が増加する。

$$Ag^+ + e^- \longrightarrow Ag$$

$Ag=108$ より，ファラデー定数は

$$\frac{1.00\times180\times60}{\dfrac{12.0}{108}}=97200=9.72\times10^4〔C/mol〕$$

問4．触媒を用いても，反応熱や平衡状態には影響を与えない。反応物と均一に混合した状態で作用するかどうかで，均一系触媒と不均一系触媒に分類される。

問5．CH_3OH（液）の燃焼熱を Q_1〔kJ/mol〕，HCHO（気）の燃焼熱を Q_2〔kJ/mol〕，CH_3OH（液）の生成熱を Q_3〔kJ/mol〕，HCHO（気）の生成熱を Q_4〔kJ/mol〕，CH_3OH（液）の蒸発熱を Q_5〔kJ/mol〕とすると，

それぞれの熱化学方程式は次のようになる。

$$CH_3OH(液)+\frac{3}{2}O_2(気)=CO_2(気)+2H_2O(液)+Q_1[kJ]\quad\cdots\cdots①$$

$$HCHO(気)+O_2(気)=CO_2(気)+H_2O(液)+Q_2[kJ]\quad\cdots\cdots②$$

$$C(固)+2H_2(気)+\frac{1}{2}O_2(気)=CH_3OH(液)+Q_3[kJ]\quad\cdots\cdots③$$

$$C(固)+H_2(気)+\frac{1}{2}O_2(気)=HCHO(気)+Q_4[kJ]\quad\cdots\cdots④$$

$$CH_3OH(液)=CH_3OH(気)-Q_5[kJ]\quad\cdots\cdots⑤$$

①－② より問題の熱化学方程式が得られるので，$Q=Q_1-Q_2$ である。

問 6．飽和ヨウ化銀水溶液中では次の溶解平衡が成り立つ。

$$AgI(固) \rightleftarrows Ag^{+}+I^{-}$$

溶解したヨウ化銀のモル濃度は，AgI＝235 より

$$\frac{3.4\times10^{-2}\times10^{-3}}{235}=1.44\times10^{-7}[mol/L]$$

溶解度積は

$$[Ag^{+}][I^{-}]=(1.44\times10^{-7})^2$$
$$=2.07\times10^{-14}\fallingdotseq2.1\times10^{-14}[mol/L]^2$$

問 7．NO_2 は水によく溶けて強酸の HNO_3 を生じる。NO，CO は水にほとんど溶けず，SO_2 は水によく溶けて弱酸の H_2SO_3 を，CO_2 は水に少し溶けて弱酸の H_2CO_3 を生じる。

問 8．(1)　誤り。NO の気体が発生する。

$$3Ag+4HNO_3 \longrightarrow 3AgNO_3+2H_2O+NO$$

問 9．錯イオンは，金属イオンへの配位結合によって生じる。非共有電子対をもたない(4)は配位子とならない。

問 10．(a)　Ag^{+} を含む溶液は，塩酸を加えると沈殿が生じるので除かれる。

(b)　Ba^{2+} を含む溶液は，硫酸を加えると沈殿が生じるので除かれる。

(c)　ニッケルよりイオン化傾向が小さい Ag^{+}，Cu^{2+} を含む溶液は，ニッケル板を浸すと金属が析出するので除かれる。

(d)　Fe^{2+} を含む溶液は，アンモニア水を過剰量加えると沈殿が生じるので除かれる。

問11. (b)　誤り。塩化コバルト(Ⅱ)を含ませたものは，吸湿により赤く着色する。

(d)　誤り。十酸化四リンは酸性の乾燥剤なので，アンモニアと反応してしまい不適である。

問12. 接触法の化学反応式①～③より，1mol の硫黄から 1mol の硫酸が得られる。

必要な硫黄の質量は，S＝32，H_2SO_4＝98 より

$$32\times\frac{50\times0.98}{98}=16〔\mathrm{kg}〕$$

問13. リシンのカルボキシ基とグルタミン酸のアミノ基で脱水縮合して得られるものが 1 種類，リシンのアミノ基とグルタミン酸のカルボキシ基で脱水縮合して得られるものが $2\times2=4$ 種類存在する。

問14. (a)　H_2 を発生するのでアルコールである。よって，(5)は除かれる。

(b)　不斉炭素原子をもつ(3)は除かれる。

(c)　カルボン酸を生じないので第二級または第三級アルコールである。よって，(1)が該当する。

問15. DNA では，シトシンとグアニン，アデニンとチミンの塩基間で水素結合が生じている。

問16. 次の付加反応が起こる。

$$C_2H_2+2Br_2 \longrightarrow C_2H_2Br_4$$

与えられた原子量より，$C_2H_2Br_4$ の分子量は

$$12\times2+1.0\times2+80\times4=346$$

問17. 触媒は，可逆反応が平衡に達するまでの時間を短くするために用いられることがある。

問18. ヒドロキシ基をもつ芳香族化合物の数を調べればよい。次の 4 種類である。

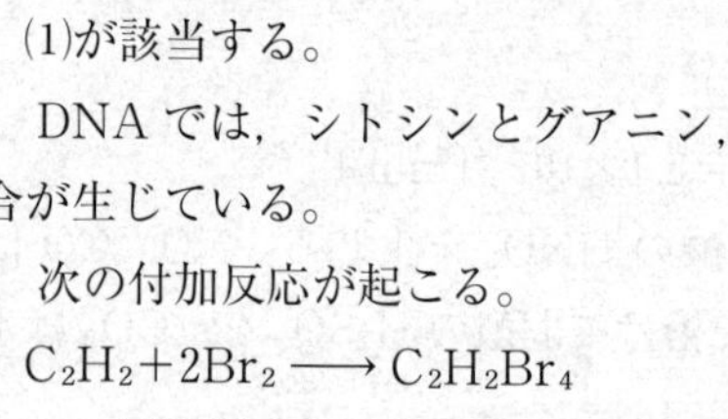

問19. キサントプロテイン反応と呼ばれる反応で，ベンゼン環のニトロ

化により呈色する。

問 20. (4)　誤り。縮合重合によりポリエチレンテレフタラートが生成する。

生物

1　解答

A．問1．(2)　問2．(3)　問3．(3)

B．問4．(4)　問5．(2)　問6．(5)　問7．(4)

◀解　説▶

≪DNAの複製≫

A．問1・問2．ア．シャルガフは，いろいろな生物からDNAを抽出し，塩基の数を比較した。その結果，生物の種類によって含まれているA，T，G，Cの数の割合は異なるが，どの生物でもAとT，GとCの数の比は，それぞれ1：1であることを発見した。イ．フランクリンとウィルキンスは，DNAの分子にX線を当てて撮影したX線回折像の結果から，その構造を詳しく調べた。その結果は，DNA分子がらせん構造をしている可能性を示唆した。このデータを基に，ワトソンとクリックは，DNAの分子が二重らせん構造であることを明らかにした。ウ．メセルソンとスタールは，ふつうの窒素^{14}Nよりも質量の大きい同位体^{15}Nのみを窒素源として含む培地（^{15}N培地）で何世代も培養した大腸菌を，^{14}Nのみを窒素源として含む培地（^{14}N培地）に移して増殖させ，分裂のたびに塩化セシウムによる密度勾配遠心法でその比重を調べた。その結果，^{14}N培地で1回目の分裂を終えた大腸菌のDNAは，^{15}N培地で何世代も培養した大腸菌がもつ重いDNAと，^{14}N培地で何世代も培養した大腸菌がもつ軽いDNAの中間の重さを示した。さらに，2回目の分裂を終えた大腸菌では，中間の重さのものと軽いものとが同量ずつであった。このことによって，DNAは2本のヌクレオチド鎖のそれぞれが鋳型となって，半保存的に複製されることが証明された。

問3．遺伝子の本体であるDNAのヌクレオチドは，糖としてデオキシリボースをもち，アデニン（A）・グアニン（G）・シトシン（C）・チミン（T）の4種類の塩基のいずれかをもつ。デオキシリボースに含まれる5つの炭素は1から5までの番号で呼ばれ，1番は塩基，3番は隣のヌクレオチドのリン酸，5番はリン酸と結合している。

問4．DNAポリメラーゼは，合成中のヌクレオチド鎖の3′末端に鋳型と相補的なヌクレオチドを付加する働きをもつ。また，DNAのヌクレオチド鎖の3′末端からヌクレオチドを除去する働きをもつことが知られており，この働きによって，間違って取り込まれたヌクレオチドが除去される。後者の働きは特に3′エキソヌクレアーゼ活性と呼ばれる。

問5．ヒトのゲノムサイズは3.0×10^9塩基対である。体細胞には2つのゲノムが含まれていること，複製の間違いの頻度は10億（1.0×10^9）ヌクレオチドに1回であることに留意すると，1個の母細胞から体細胞分裂によって2つの娘細胞が生じる過程において

$$3.0\times10^9\times2\times\frac{1}{1.0\times10^9}=6\text{回}$$

の間違いが生じると考えられる。

問6．図中のXが5′末端であることから，この上側のヌクレオチド鎖を鋳型として合成されるヌクレオチド鎖（新生鎖）は，図中のX側が3′末端側であるとわかる。したがって，この新生鎖は図中の左から右へと連続して合成されるリーディング鎖であると考えられる。また，DNAは逆向きの二重らせん構造であることに留意すると，図中の下側のヌクレオチド鎖を鋳型として合成される新生鎖は，先述のリーディング鎖と逆向きに合成され，かつ，ラギング鎖であると考えられる。

2　解答

A．問8．(3)　問9．(2)　問10．(4)

B．問11．(4)　問12．(2)　問13．(4)

◀解　説▶

≪動物の分類，ショウジョウバエの発生，形態形成のしくみ≫

A．問8．動物界に属する生物のうち，カイメンなどの海綿動物やヒドラ，クラゲ，イソギンチャクなどの刺胞動物以外は，すべて三胚葉動物に含まれる。

問9．ショウジョウバエの体軸を決める因子としてナノスmRNAやビコイドmRNAがある。これらは母性因子の一種であり，ショウジョウバエの前後軸の決定に関与する。

問10．分節遺伝子は，ギャップ遺伝子（群）→ペアルール遺伝子（群）→セグメントポラリティー遺伝子（群）の順に働く。

B．問 11．消去法で考えればよい。

⑴誤文。ヒトはゴリラと違って直立二足歩行であることから，移動時に脊柱が地面に対して水平になることはない。

⑵誤文。ヒトの骨盤は短く，幅広く横に広がっている。

⑶誤文。ヒトは尾が退化しているため，尾椎も発達していない。

⑸誤文。ヒトでは，頭骨と頸椎をつなぐ位置を示す大後頭孔は真下に開口し，アウストラロピテクスよりやや前方に位置している。

よって，⑷を選ぶ。なお，ヒトは肩関節の位置が背側に位置したことで，肩関節の自由度が上がったと考えられる。

問 12．図 2 の(C)より，マウスに Hox6 を人為的に導入したところ，本来肋骨が形成されない腰椎となる領域でも肋骨が形成されていることから，Hox6 は肋骨の形成を促進する働きをもつと考えられる。また，(B)より，マウスの Hox10 をノックアウトしたところ，本来肋骨が形成されない腰椎となる領域でも肋骨が形成されていることから，Hox10 は肋骨の形成を抑制する働きをもつと考えられる。よって，⑵を選ぶ。

3　解答

A．問 14．⑴　問 15．⑴　問 16．⑷

B．問 17．⑵　問 18．⑷

◀解　説▶

≪重複受精≫

A．問 14・問 16．2 個の精細胞のうち，1 個は中央細胞と融合して胚乳を形成し，残りの 1 個は卵細胞と受精して胚を形成する。

B．問 17．2 つの助細胞をいずれも破壊した場合に誘因率が 0 %となっていることから，花粉管誘引には助細胞が必要であることがわかる。よって，⑵を選ぶ。

問 18．(ア)誤文。花粉管はルアーが存在している領域に向かって伸びている。

(イ)正文。実験 B より，ルアーの濃度が 4 nmol/L のときに花粉管の誘引率が最も大きいことから，ルアーの花粉管誘引には適正な濃度があると考えられる。

(ウ)誤文。実験 B より，花粉管の誘引率は，ルアー濃度が 400 nmol/L のときよりも，4 nmol/L のときの方が高い。

㈤誤文。実験Cより，同じルアー濃度条件において，花粉管の誘引率は同種の花粉管よりも近縁他種の方が非常に低い。
㈥正文。実験Cより，同じルアー濃度条件において，花粉管の誘引率は花柱を通過していない花粉管よりも花柱を通過した花粉管の方がかなり高い。
よって，㈡と㈥が正しいことから，(4)を選ぶ。

4 **解答**　問19．(4)　問20．(4)　問21．(5)　問22．(2)
問23．(5)　問24．(4)　問25．(2)

◀解　説▶

≪生物の分類，免疫≫

問19．細菌は原核生物，カビと原生生物は真核生物に含まれる。

問20．図1のAは好中球，Bは樹状細胞，Cはマクロファージの働きである。これらの自然免疫の反応により，局所が赤く腫れて熱や痛みをもつことを，炎症（反応）という。

問22．獲得免疫が効果を現すには，抗原に特異的なリンパ球が十分に増殖する必要がある。このため，一次応答の発動にはある程度の時間がかかり，自然免疫より遅れて効果を発揮する。

問23．B細胞は，抗原認識分子として免疫グロブリンを用いる。免疫グロブリンのうち，B細胞の細胞膜に存在しているものをB細胞受容体(BCR）といい，B細胞から分化した形質細胞より分泌されるものが抗体である。B細胞は，BCRによって抗原を認識すると，活性化する。その後，同じ抗原を認識したヘルパーT細胞の働きによってさらに活性化し，形質細胞へと分化して抗体を産生するようになる。

問25．エイズ（AIDS）は，ヒト免疫不全ウイルス（HIV）が図1のEのヘルパーT細胞に感染することによって引き起こされる病気である。ヘルパーT細胞は免疫の中枢であるため，エイズを発病すると，免疫力が極端に低下する。免疫力の低下にともない，健康なヒトには問題にならない細菌などによる感染症（日和見感染症）やがんなどを発症しやすくなる。

(3)は「正しい翻訳」がポイントからずれており不適。(2)は「適塾の教育方針」を否定しており、〈肯定／否定の転倒〉で不適。(4)は重点を〈人民〉＝客体から「著者自身」＝主体に移し替えており、一種の〈主客転倒〉で不適。よって、(5)が正解。

問25　やはり当該段落から、「翻訳は原書を読み得ぬ人」に「伝達」するのが主旨であることを捉えておく。(1)は「家族」が対象となっており不適。(2)は散文と詩歌との対比の文脈に移行しており、ポイントからずれているため不適。(4)は、「伝達」の内実ではなく、「伝達という言葉の意味」に内容が移行しており不適。(5)は、ここでは「蓮如」は直接関係せず、また「思想」も「伝達」に直接関与しないので不適。

問26　「演説」を説明した第四段落の内容を、前段落の教導職の「説教」と対比して捉える。福沢は「演説」という言葉を創出し、慶應義塾の社友とその稽古に励んだ。それは雄弁からはほど遠いものであったが（マイナス）、「日常的な話しことば」で、「聴衆の心をひらいて行こう」とする（プラス）ものであった、という〈逆説＝矛盾を含むこと〉の構造をなす。(1)は、「演説」自体を説明しておらず不適。(2)は「説教」と「演説」を混同してしまっており不適。〈対比の混同〉。(4)は、「幕藩体制を想起させる」が文中になく不適。(5)は、「慶応義塾の内では時代に先んじて演説法を完成」が「稽古にはげんだ」に合わず不適。〈通時性＝時間的順序の転倒（ずれ）〉。よって(3)が正解。

問27　(1)は第二・六段落に合う。(2)は第五・七段落に合う。(3)は第一・三段落に合う。(5)は第三段落に合う。(4)は、第三段落に示されている、「平易な表現」→「スピーチ」の順序が、「スピーチ」→「平易な表現」のそれに転倒させられている。〈通時性（物事の時間的順序）の転倒〉である。よって(4)が正解。

問19　「中央機関で製造される」「民衆の解読能力の向上にかかわ」るものであることから、⑴が正解。「新政府の布達・法令」は「漢字ずくめ」であったため、解読能力向上が課題となったのである。⑵「図柄」、⑶「出来事」、⑷「成果」、⑸「考え」はいずれも「製造」されるものではない、もしくは「解読能力」とは無関係であり不適。

問20　当該段落から、明治新政府のもくろみが、「封建的な隷属意識から脱却しきれずにいる民衆」に「『国民』意識を涵養する」ことにあり、この課題の達成のために、「新政府の布達・法令を解読しうる」「能力」が要請されていたことを捉える。⑴は「人権」、⑵は「反体制的で国家を批判しうる」が文脈に合わない、もしくは反して不適。⑶は「高等教育」、⑸は〈コミュニケーションの連絡〉がポイントから外れており不適。よって⑷が正解。

問21　当該段落から、傍線部は、福沢が「政府の苛政に批判をおそれぬ人民の自主性を育成する」べく、〈平俗な言葉〉による「演説」を考案したこととは真逆の内容であることをつかむ。⑴は、宗教の要素は含むもののそれ自体が核心ではなく不適。⑶は「均質でない」、⑷は「特権階級による教育」がポイントからずれており不適。⑸は、福沢の側の内容で対比反対側であり不適。よって、福沢の企図した〈下から〉（民衆の側から）の対比の反対側の内容を含む⑵が正解。

問22　福沢が「俗語の表現力」に開眼するのに、蓮如上人の『御文章』からの啓発と同様に、蘭学の先師緒方洪庵による何があったのか、と考える。そこでは、教えられる〈受動性〉だけではなく、受けとる＝開眼するという〈能動性〉が含まれなくてはならない。ゆえに⑷が正解。⑴、⑵、⑶、⑸には〈能動性〉の入る余地がほとんどなく不適。

問23　訳書に難解な漢語の難文字を用いるのは、原書をどうしたからか、と考えればよい。もちろん原書にこだわって直訳しようとしたからである。よって⑵が正解。⑶の「がんじがらめ」では〝身動きが取れなくなる〟の意となり、「翻訳」さえ出来ないことになってしまう。

問24　当該段落から、福沢が「外国語　↓　漢語　↓　俗語」の二重の翻訳を必要としたのは、緒方洪庵の教えにあるように、「翻訳は原書を読み得ぬ人」＝「日本国中の人民」（三段落前）に向けたものであったからである。⑴は「技術」、人間〉の側の様態であって、対象である〈毛利先生〉の様態から転移してしまってもいる。一種の主客転倒。(1)は「悲喜劇の主人公に重ね合わされ」たわけではないので不適。よって(4)が正解。

2

出典　前田愛『幻景の明治』〈儒学の言葉、啓蒙の言葉　3〉（前田愛著作集　第四巻　筑摩書房）

解答

問18　(2)
問19　(1)
問20　(4)
問21　(2)
問22　(4)
問23　(2)
問24　(5)
問25　(3)
問26　(3)
問27　(4)

▲解　説▼

問18　当該文「が」前後の二条件、「タテ型のコミュニケーションを掘りくずして行った」と、傍線部「下層武士以下の民衆に広がる面において弱かった」を含むかを確認する。後の条件を言うためには前の条件への言及が必要となる。

(1)は、〈本質の無理解〉が文脈になく不適。(3)は「ほぼ同様の考え」は存在せず不適。(4)は、「種々のコミュニケーション」「対象の域が広すぎ」が文脈になく不適。(5)は、「バイタリティーに欠けた」が文脈になく不適。

問10　当該文から三文目の「道徳の上で丹波先生を侮蔑する」気持ちと、「学力の上では毛利先生も併せて侮蔑」する気持ちの同居の構造（一種の逆説）に着目する。⑴、⑵、⑶、⑸は共に、「丹波先生」への侮蔑の感情のみに言及しており不十分。⑸はさらに、毛利先生と語り手を同じ側において、主客混同で完全に不適。よって⑷が正解。

問11　〈余念がない〉とは〝あることに没頭する〟という意。よって⑸が正解。

問12　当該段落冒頭の「ところが」前後の心情の暗転が焦点。「賑な人声」と「暖い飲料」を求めて入ったのに、カッフェには「客の影は一人もない」状態だったのである。⑴、⑵はともに「賑な人声」の要素を欠いており不十分。⑷は「世相の暗さ」、⑸は、「哲学の世界」が傍線部に直接関係せず不適。よって⑶が正解。

問13　ここでの「漫然」とは、傍線部前「と云って」前後から、〈沈んだ気持ち〉で、〈何かを意欲的にする気力もわかない〉状態のことである。よって⑴が正解。⑸は〈気力を欠く〉という要素を欠いて不十分。

問14　当該段落冒頭から傍線部に至るまで、昔のままの毛利先生を眼前に見出している情景である。⑴の「復古」は〈主体〉である〈人間〉には使わない。一種の主客転倒。⑸の「遡及」は〈過去へと戻る〉ことであり、〈現在〉にポイントはなく、また〈時間（通時性）〉の方向が逆向きで不適。

問15　「給仕たち」は「肩を合せながら」いるのである。よって⑴が正解。⑵、⑸は傍線部前の「皆熱心な眼を輝かせて」の意に相当。

問16　「不退転」とは〝後退する気などない〟という意。よって⑵が正解。

問17　「泣いて好いか笑って好いか、わからないような感動」とは、〈矛盾〉する二要素を含む〈逆説〉の構造をなす感動の様態である。内容的には、前段落最終文の「しかし」前後にある、先生の「不退転の訳読」がもたらすプラスの感情（笑いに通ずる）と、〈先生の眼の中の、生徒たち、あるいは世間全体の同情を哀願する閃き〉の痛ましさがもたらすマイナスの感情（泣きに通ずる）である。⑵、⑶、⑸は、〈笑いに通ずる〉プラスの感情を欠いており、不適。⑶はまた、〈過去〉の想起であって時間の方向がずれてもいる（通時性＝時間的順序の転倒）。⑸はまた、〈見ている

問15　(1)
問16　(2)
問17　(4)

◀解　説▶

問6　直前の会話から、成績上「文句を云う」資格のないことを指摘されたことが原因。(2)は「勇ましいこと」が「はにかんだ返事」に合わない。(3)は、丹波先生に「へつらおう」とする要素はなく、あるのは毛利先生への批判なので不適。(4)は、「ここは一歩引くべき」という〈合理的な判断〉が傍線部の「意気地なく」に合わない。(5)は、〈自分の姿が恥ずかしい〉のニュアンスが〈毛利先生批判〉の文脈に合わない。主客転倒である。よって(1)が正解。

問7　〈毛利先生は一学期しか教えない〉という生徒には漏らすべきでない情報をつい口にしてしまい、そのミスを生徒につかれたのを隠蔽しようとするのが理由である。(1)は〈自分の雄々しさが招く失敗の繰り返し〉が文意に合わない。(2)は、「毛利先生に対する優越意識」は主観であり、客観的事情が問題であることに合わない。(3)は、「柔剣道の豪傑」が、「英語の秀才」という〈主体〉と合わない。(5)は、「まぜかえして」が〈つい口にしてしまった〉のニュアンスに合わない。よって(4)が正解。

問8　生徒たちが毛利先生への悪口を言いつのるので、ついついそれに乗っかって、自らの運動帽と毛利先生の山高帽を浮き浮きと比べてしまったという状況である。(1)は「自分こそ優秀な存在」だと伝えようとしたわけではないので不適。(3)は「話題を変えようとした」わけではないので不適。(4)は、「改善させよう」という意図はなく不適。(5)は、「とどめとなるようなこと」とはいえず、不適。よって(2)が正解。

問9　鉄棒の上に上がった丹波先生に対し、生徒たちは「滑稽なてれ隠し」だとして「失笑」しているのである。(2)は、「道化師のようにおかしく」が文脈に合わない。(3)は、「服装」が関係なく不適。(4)は、「鉄棒」に関わる行為の内容が「礼儀」のニュアンスに変じてしまっており不適。(5)は「驚いた」が「失笑」に合わない。よって(1)が正解。

1

出典　芥川龍之介「毛利先生」

解答

問1　(4)
問2　(2)
問3　(2)
問4　(3)
問5　(1)
問6　(1)
問7　(4)
問8　(2)
問9　(1)
問10　(4)
問11　(5)
問12　(3)
問13　(1)
問14　(4)

//////////////////// · memo · ////////////////////

//////////////////// · memo · ////////////////////

////////////////////// · memo · //////////////////////

////////////////////// · memo · //////////////////////

· memo ·

////////////////////// · memo · //////////////////////

////////////////////// · memo · //////////////////////

教学社　刊行一覧

2025年版　大学赤本シリーズ

374大学556点
全都道府県を網羅

国公立大学（都道府県順）

全国の書店で取り扱っています。店頭にない場合は，お取り寄せができます。

1 北海道大学（文系－前期日程）
2 北海道大学（理系－前期日程） 医
3 北海道大学（後期日程）
4 旭川医科大学（医学部〈医学科〉） 医
5 小樽商科大学
6 帯広畜産大学
7 北海道教育大学
8 室蘭工業大学／北見工業大学
9 釧路公立大学
10 公立千歳科学技術大学
11 公立はこだて未来大学 総推
12 札幌医科大学（医学部） 医
13 弘前大学 医
14 岩手大学
15 岩手県立大学・盛岡短期大学部・宮古短期大学部
16 東北大学（文系－前期日程）
17 東北大学（理系－前期日程） 医
18 東北大学（後期日程）
19 宮城教育大学
20 宮城大学
21 秋田大学 医
22 秋田県立大学
23 国際教養大学 総推
24 山形大学 医
25 福島大学
26 会津大学
27 福島県立医科大学（医・保健科学部） 医
28 茨城大学（文系）
29 茨城大学（理系）
30 筑波大学（推薦入試） 医 総推
31 筑波大学（文系－前期日程）
32 筑波大学（理系－前期日程） 医
33 筑波大学（後期日程）
34 宇都宮大学
35 群馬大学 医
36 群馬県立女子大学
37 高崎経済大学
38 前橋工科大学
39 埼玉大学（文系）
40 埼玉大学（理系）
41 千葉大学（文系－前期日程）
42 千葉大学（理系－前期日程） 医
43 千葉大学（後期日程） 医
44 東京大学（文科） DL
45 東京大学（理科） DL 医
46 お茶の水女子大学
47 電気通信大学
48 東京外国語大学 DL
49 東京海洋大学
50 東京科学大学（旧 東京工業大学）
51 東京科学大学（旧 東京医科歯科大学） 医
52 東京学芸大学
53 東京藝術大学
54 東京農工大学
55 一橋大学（前期日程）
56 一橋大学（後期日程）
57 東京都立大学（文系）
58 東京都立大学（理系）
59 横浜国立大学（文系）
60 横浜国立大学（理系）
61 横浜市立大学（国際教養・国際商・理・データサイエンス・医〈看護〉学部）
62 横浜市立大学（医学部〈医学科〉） 医
63 新潟大学（人文・教育〈文系〉・法・経済科・医〈看護〉・創生学部）
64 新潟大学（教育〈理系〉・理・医〈看護を除く〉・歯・工・農学部） 医
65 新潟県立大学
66 富山大学（文系）
67 富山大学（理系） 医
68 富山県立大学
69 金沢大学（文系）
70 金沢大学（理系） 医
71 福井大学（教育・医〈看護〉・工・国際地域学部）
72 福井大学（医学部〈医学科〉） 医
73 福井県立大学
74 山梨大学（教育・医〈看護〉・工・生命環境学部）
75 山梨大学（医学部〈医学科〉） 医
76 都留文科大学
77 信州大学（文系－前期日程）
78 信州大学（理系－前期日程） 医
79 信州大学（後期日程）
80 公立諏訪東京理科大学 総推
81 岐阜大学（前期日程） 医
82 岐阜大学（後期日程）
83 岐阜薬科大学
84 静岡大学（前期日程）
85 静岡大学（後期日程）
86 浜松医科大学（医学部〈医学科〉） 医
87 静岡県立大学
88 静岡文化芸術大学
89 名古屋大学（文系）
90 名古屋大学（理系） 医
91 愛知教育大学
92 名古屋工業大学
93 愛知県立大学
94 名古屋市立大学（経済・人文社会・芸術工・看護・総合生命理・データサイエンス学部）
95 名古屋市立大学（医学部〈医学科〉） 医
96 名古屋市立大学（薬学部）
97 三重大学（人文・教育・医〈看護〉学部）
98 三重大学（医〈医〉・工・生物資源学部） 医
99 滋賀大学
100 滋賀医科大学（医学部〈医学科〉） 医
101 滋賀県立大学
102 京都大学（文系）
103 京都大学（理系） 医
104 京都教育大学
105 京都工芸繊維大学
106 京都府立大学
107 京都府立医科大学（医学部〈医学科〉） 医
108 大阪大学（文系） DL
109 大阪大学（理系） 医
110 大阪教育大学
111 大阪公立大学（現代システム科学域〈文系〉・文・法・経済・商・看護・生活科〈居住環境・人間福祉〉学部－前期日程）
112 大阪公立大学（現代システム科学域〈理系〉・理・工・農・獣医・医・生活科〈食栄養〉学部－前期日程） 医
113 大阪公立大学（中期日程）
114 大阪公立大学（後期日程）
115 神戸大学（文系－前期日程）
116 神戸大学（理系－前期日程） 医
117 神戸大学（後期日程）
118 神戸市外国語大学 DL
119 兵庫県立大学（国際商経・社会情報科・看護学部）
120 兵庫県立大学（工・理・環境人間学部）
121 奈良教育大学／奈良県立大学
122 奈良女子大学
123 奈良県立医科大学（医学部〈医学科〉） 医
124 和歌山大学
125 和歌山県立医科大学（医・薬学部） 医
126 鳥取大学 医
127 公立鳥取環境大学
128 島根大学 医
129 岡山大学（文系）
130 岡山大学（理系） 医
131 岡山県立大学
132 広島大学（文系－前期日程）
133 広島大学（理系－前期日程） 医
134 広島大学（後期日程）
135 尾道市立大学 総推
136 県立広島大学
137 広島市立大学
138 福山市立大学 総推
139 山口大学（人文・教育〈文系〉・経済・医〈看護〉・国際総合科学部）
140 山口大学（教育〈理系〉・理・医〈看護を除く〉・工・農・共同獣医学部） 医
141 山陽小野田市立山口東京理科大学 総推
142 下関市立大学／山口県立大学
143 周南公立大学 新 総推
144 徳島大学 医
145 香川大学 医
146 愛媛大学 医
147 高知大学 医
148 高知工科大学
149 九州大学（文系－前期日程）
150 九州大学（理系－前期日程） 医
151 九州大学（後期日程）
152 九州工業大学
153 福岡教育大学
154 北九州市立大学
155 九州歯科大学
156 福岡県立大学／福岡女子大学
157 佐賀大学 医
158 長崎大学（多文化社会・教育〈文系〉・経済・医〈保健〉・環境科〈文系〉学部）
159 長崎大学（教育〈理系〉・医〈医〉・歯・薬・情報データ科・工・環境科〈理系〉・水産学部） 医
160 長崎県立大学 総推
161 熊本大学（文・教育・法・医〈看護〉学部・情報融合学環〈文系型〉）
162 熊本大学（理・医〈看護を除く〉・薬・工学部・情報融合学環〈理系型〉） 医
163 熊本県立大学
164 大分大学（教育・経済・医〈看護〉・理工・福祉健康科学部）
165 大分大学（医学部〈医・先進医療科学科〉） 医
166 宮崎大学（教育・医〈看護〉・工・農・地域資源創成学部）
167 宮崎大学（医学部〈医学科〉） 医
168 鹿児島大学（文系）
169 鹿児島大学（理系） 医
170 琉球大学 医

2025年版　大学赤本シリーズ

国公立大学 その他

171 〔国公立大〕医学部医学科 総合型選抜・学校推薦型選抜※ 医 総推
172 看護・医療系大学〈国公立 東日本〉※
173 看護・医療系大学〈国公立 中日本〉※
174 看護・医療系大学〈国公立 西日本〉※
175 海上保安大学校／気象大学校
176 航空保安大学校
177 国立看護大学校
178 防衛大学校 総推
179 防衛医科大学校（医学科） 医
180 防衛医科大学校（看護学科）

※No.171～174の収載大学は赤本ウェブサイト（http://akahon.net/）でご確認ください。

私立大学①

北海道の大学（50音順）

201 札幌大学
202 札幌学院大学
203 北星学園大学
204 北海学園大学
205 北海道医療大学
206 北海道科学大学
207 北海道武蔵女子大学・短期大学
208 酪農学園大学（獣医学群〈獣医学類〉）

東北の大学（50音順）

209 岩手医科大学（医・歯・薬学部） 医
210 仙台大学 総推
211 東北医科薬科大学（医・薬学部） 医
212 東北学院大学
213 東北工業大学
214 東北福祉大学
215 宮城学院女子大学 総推

関東の大学（50音順）

あ行（関東の大学）

216 青山学院大学（法・国際政治経済学部－個別学部日程）
217 青山学院大学（経済学部－個別学部日程）
218 青山学院大学（経営学部－個別学部日程）
219 青山学院大学（文・教育人間科学部－個別学部日程）
220 青山学院大学（総合文化政策・社会情報・地球社会共生・コミュニティ人間科学部－個別学部日程）
221 青山学院大学（理工学部－個別学部日程）
222 青山学院大学（全学部日程）
223 麻布大学（獣医、生命・環境科学部）
224 亜細亜大学
226 桜美林大学
227 大妻女子大学・短期大学部

か行（関東の大学）

228 学習院大学（法学部－コア試験）
229 学習院大学（経済学部－コア試験）
230 学習院大学（文学部－コア試験）
231 学習院大学（国際社会科学部－コア試験）
232 学習院大学（理学部－コア試験）
233 学習院女子大学
234 神奈川大学（給費生試験）
235 神奈川大学（一般入試）
236 神奈川工科大学
237 鎌倉女子大学・短期大学部
238 川村学園女子大学
239 神田外語大学
240 関東学院大学
241 北里大学（理学部）
242 北里大学（医学部） 医
243 北里大学（薬学部）
244 北里大学（看護・医療衛生学部）
245 北里大学（未来工・獣医・海洋生命科学部）
246 共立女子大学・短期大学
247 杏林大学（医学部） 医
248 杏林大学（保健学部）
249 群馬医療福祉大学・短期大学部
250 群馬パース大学 総推
251 慶應義塾大学（法学部）
252 慶應義塾大学（経済学部）
253 慶應義塾大学（商学部）
254 慶應義塾大学（文学部） 総推
255 慶應義塾大学（総合政策学部）
256 慶應義塾大学（環境情報学部）
257 慶應義塾大学（理工学部）
258 慶應義塾大学（医学部） 医
259 慶應義塾大学（薬学部）
260 慶應義塾大学（看護医療学部）
261 工学院大学
262 國學院大學
263 国際医療福祉大学 医
264 国際基督教大学
265 国士舘大学
266 駒澤大学（一般選抜T方式・S方式）
267 駒澤大学（全学部統一日程選抜）

さ行（関東の大学）

268 埼玉医科大学（医学部） 医
269 相模女子大学・短期大学部
270 産業能率大学
271 自治医科大学（医学部） 医
272 自治医科大学（看護学部）／東京慈恵会医科大学（医学部〈看護学科〉）
273 実践女子大学 総推
274 芝浦工業大学（前期日程）
275 芝浦工業大学（全学統一日程・後期日程）
276 十文字学園女子大学
277 淑徳大学
278 順天堂大学（医学部） 医
279 順天堂大学（スポーツ健康科・医療看護・保健看護・国際教養・保健医療・医療科・健康データサイエンス・薬学部） 総推
280 上智大学（神・文・総合人間科学部）
281 上智大学（法・経済学部）
282 上智大学（外国語・総合グローバル学部）
283 上智大学（理工学部）
284 上智大学（TEAPスコア利用方式）
285 湘南工科大学
286 昭和大学（医学部） 医
287 昭和大学（歯・薬・保健医療学部）
288 昭和女子大学
289 昭和薬科大学
290 女子栄養大学・短期大学部 総推
291 白百合女子大学
292 成蹊大学（法学部－A方式）
293 成蹊大学（経済・経営学部－A方式）
294 成蹊大学（文学部－A方式）
295 成蹊大学（理工学部－A方式）
296 成蹊大学（E方式・G方式・P方式）
297 成城大学（経済・社会イノベーション学部－A方式）
298 成城大学（文芸・法学部－A方式）
299 成城大学（S方式〈全学部統一選抜〉）
300 聖心女子大学
301 清泉女子大学
303 聖マリアンナ医科大学 医
304 聖路加国際大学（看護学部）
305 専修大学（スカラシップ・全国入試）
306 専修大学（前期入試〈学部個別入試〉）
307 専修大学（前期入試〈全学部入試・スカラシップ入試〉）

た行（関東の大学）

308 大正大学
309 大東文化大学
310 高崎健康福祉大学
311 拓殖大学
312 玉川大学
313 多摩美術大学
314 千葉工業大学
315 中央大学（法学部－学部別選抜）
316 中央大学（経済学部－学部別選抜）
317 中央大学（商学部－学部別選抜）
318 中央大学（文学部－学部別選抜）
319 中央大学（総合政策学部－学部別選抜）
320 中央大学（国際経営・国際情報学部－学部別選抜）
321 中央大学（理工学部－学部別選抜）
322 中央大学（5学部共通選抜）
323 中央学院大学
324 津田塾大学
325 帝京大学（薬・経済・法・文・外国語・教育・理工・医療技術・福岡医療技術学部）
326 帝京大学（医学部） 医
327 帝京科学大学 総推
328 帝京平成大学 総推
329 東海大学（医〈医〉学部を除く－一般選抜）
330 東海大学（文系・理系学部統一選抜）
331 東海大学（医学部〈医学科〉） 医
332 東京医科大学（医学部〈医学科〉） 医
333 東京家政大学・短期大学部 総推
334 東京経済大学
335 東京工科大学
336 東京工芸大学
337 東京国際大学
338 東京歯科大学
339 東京慈恵会医科大学（医学部〈医学科〉） 医
340 東京情報大学
341 東京女子大学
342 東京女子医科大学（医学部） 医
343 東京電機大学
344 東京都市大学
345 東京農業大学
346 東京薬科大学（薬学部） 総推
347 東京薬科大学（生命科学部） 総推
348 東京理科大学（理学部〈第一部〉－B方式）
349 東京理科大学（創域理工学部－B方式・S方式）
350 東京理科大学（工学部－B方式）
351 東京理科大学（先進工学部－B方式）
352 東京理科大学（薬学部－B方式）
353 東京理科大学（経営学部－B方式）
354 東京理科大学（C方式、グローバル方式、理学部〈第二部〉－B方式）
355 東邦大学（医学部） 医
356 東邦大学（薬学部）

2025年版　大学赤本シリーズ

私立大学②

357 東邦大学（理・看護・健康科学部）
358 東洋大学（文・経済・経営・法・社会・国際・国際観光学部）
359 東洋大学（情報連携・福祉社会デザイン・健康スポーツ科・理工・総合情報・生命科・食環境科学部）
360 東洋大学（英語〈3日程×3カ年〉）
361 東洋大学（国語〈3日程×3カ年〉）
362 東洋大学（日本史・世界史〈2日程×3カ年〉）
363 東洋英和女学院大学
364 常磐大学・短期大学　総推
365 獨協大学
366 獨協医科大学（医学部）　医

な行（関東の大学）

367 二松学舎大学
368 日本大学（法学部）
369 日本大学（経済学部）
370 日本大学（商学部）
371 日本大学（文理学部〈文系〉）
372 日本大学（文理学部〈理系〉）
373 日本大学（芸術学部〈専門試験併用型〉）
374 日本大学（国際関係学部）
375 日本大学（危機管理・スポーツ科学部）
376 日本大学（理工学部）
377 日本大学（生産工・工学部）
378 日本大学（生物資源科学部）
379 日本大学（医学部）　医
380 日本大学（歯・松戸歯学部）
381 日本大学（薬学部）
382 日本大学（N全学統一方式－医・芸術〈専門試験併用型〉学部を除く）
383 日本医科大学　医
384 日本工業大学
385 日本歯科大学
386 日本社会事業大学　総推
387 日本獣医生命科学大学
388 日本女子大学
389 日本体育大学

は行（関東の大学）

390 白鷗大学（学業特待選抜・一般選抜）
391 フェリス女学院大学
392 文教大学
393 法政大学（法〈Ⅰ日程〉・文〈Ⅱ日程〉・経営〈Ⅱ日程〉学部－A方式）
394 法政大学（法〈Ⅱ日程〉・国際文化・キャリアデザイン学部－A方式）
395 法政大学（文〈Ⅰ日程〉・経営〈Ⅰ日程〉・人間環境・グローバル教養学部－A方式）
396 法政大学（経済〈Ⅰ日程〉・社会〈Ⅰ日程〉・現代福祉学部－A方式）
397 法政大学（経済〈Ⅱ日程〉・社会〈Ⅱ日程〉・スポーツ健康学部－A方式）
398 法政大学（情報科・デザイン工・理工・生命科学部－A方式）
399 法政大学（T日程〈統一日程〉・英語外部試験利用入試）
400 星薬科大学　総推

ま行（関東の大学）

401 武蔵大学
402 武蔵野大学
403 武蔵野美術大学
404 明海大学
405 明治大学（法学部－学部別入試）
406 明治大学（政治経済学部－学部別入試）
407 明治大学（商学部－学部別入試）
408 明治大学（経営学部－学部別入試）
409 明治大学（文学部－学部別入試）
410 明治大学（国際日本学部－学部別入試）
411 明治大学（情報コミュニケーション学部－学部別入試）
412 明治大学（理工学部－学部別入試）
413 明治大学（総合数理学部－学部別入試）
414 明治大学（農学部－学部別入試）
415 明治大学（全学部統一入試）
416 明治学院大学（A日程）
417 明治学院大学（全学部日程）
418 明治薬科大学　総推
419 明星大学
420 目白大学・短期大学部

ら・わ行（関東の大学）

421 立教大学（文系学部－一般入試〈大学独自の英語を課さない日程〉）
422 立教大学（国語〈3日程×3カ年〉）
423 立教大学（日本史・世界史〈2日程×3カ年〉）
424 立教大学（文学部－一般入試〈大学独自の英語を課す日程〉）
425 立教大学（理学部－一般入試）
426 立正大学
427 早稲田大学（法学部）
428 早稲田大学（政治経済学部）
429 早稲田大学（商学部）
430 早稲田大学（社会科学部）
431 早稲田大学（文学部）
432 早稲田大学（文化構想学部）
433 早稲田大学（教育学部〈文科系〉）
434 早稲田大学（教育学部〈理科系〉）
435 早稲田大学（人間科・スポーツ科学部）
436 早稲田大学（国際教養学部）
437 早稲田大学（基幹理工・創造理工・先進理工学部）
438 和洋女子大学　総推

中部の大学（50音順）

439 愛知大学
440 愛知医科大学（医学部）　医
441 愛知学院大学・短期大学部
442 愛知工業大学　総推
443 愛知淑徳大学
444 朝日大学　総推
445 金沢医科大学（医学部）　医
446 金沢工業大学
447 岐阜聖徳学園大学　総推
448 金城学院大学
449 至学館大学　総推
450 静岡理工科大学
451 椙山女学園大学
452 大同大学
453 中京大学
454 中部大学
455 名古屋外国語大学　総推
456 名古屋学院大学　総推
457 名古屋学芸大学　総推
458 名古屋女子大学　総推
459 南山大学（外国語〈英米〉・法・総合政策・国際教養学部）
460 南山大学（人文・外国語〈英米を除く〉・経済・経営・理工学部）
461 新潟国際情報大学
462 日本福祉大学
463 福井工業大学
464 藤田医科大学（医学部）　医
465 藤田医科大学（医療科・保健衛生学部）
466 名城大学（法・経営・経済・外国語・人間・都市情報学部）
467 名城大学（情報工・理工・農・薬学部）
468 山梨学院大学

近畿の大学（50音順）

469 追手門学院大学　総推
470 大阪医科薬科大学（医学部）　医
471 大阪医科薬科大学（薬学部）　総推
472 大阪学院大学　総推
473 大阪経済大学　総推
474 大阪経済法科大学　総推
475 大阪工業大学　総推
476 大阪国際大学・短期大学部　総推
477 大阪産業大学　総推
478 大阪歯科大学（歯学部）
479 大阪商業大学　総推
480 大阪成蹊大学・短期大学　総推
481 大谷大学　総推
482 大手前大学・短期大学　総推
483 関西大学（文系）
484 関西大学（理系）
485 関西大学（英語〈3日程×3カ年〉）
486 関西大学（国語〈3日程×3カ年〉）
487 関西大学（日本史・世界史・文系数学〈3日程×3カ年〉）
488 関西医科大学（医学部）　医
489 関西医療大学　総推
490 関西外国語大学・短期大学部　総推
491 関西学院大学（文・法・商・人間福祉・総合政策学部－学部個別日程）
492 関西学院大学（神・社会・経済・国際・教育学部－学部個別日程）
493 関西学院大学（全学部日程〈文系型〉）
494 関西学院大学（全学部日程〈理系型〉）
495 関西学院大学（共通テスト併用日程〈数学〉・英数日程）
496 関西学院大学（英語〈3日程×3カ年〉）　新
497 関西学院大学（国語〈3日程×3カ年〉）　新
498 関西学院大学（日本史・世界史・文系数学〈3日程×3カ年〉）　新
499 畿央大学　総推
500 京都外国語大学・短期大学　総推
502 京都産業大学（公募推薦入試）　総推
503 京都産業大学（一般選抜入試〈前期日程〉）
504 京都女子大学　総推
505 京都先端科学大学　総推
506 京都橘大学　総推
507 京都ノートルダム女子大学　総推
508 京都薬科大学　総推
509 近畿大学・短期大学部（医学部を除く－推薦入試）　総推
510 近畿大学・短期大学部（医学部を除く－一般入試前期）
511 近畿大学（英語〈医学部を除く3日程×3カ年〉）
512 近畿大学（理系数学〈医学部を除く3日程×3カ年〉）
513 近畿大学（国語〈医学部を除く3日程×3カ年〉）
514 近畿大学（医学部－推薦入試・一般入試前期）　医　総推
515 近畿大学・短期大学部（一般入試後期）　医
516 皇學館大学　総推
517 甲南大学　総推
518 甲南女子大学（学校推薦型選抜）　新　総推
519 神戸学院大学　総推
520 神戸国際大学　総推
521 神戸女学院大学　総推
522 神戸女子大学・短期大学　総推
523 神戸薬科大学　総推
524 四天王寺大学・短期大学部　総推
525 摂南大学（公募制推薦入試）　総推
526 摂南大学（一般選抜前期日程）
527 帝塚山学院大学　総推
528 同志社大学（法、グローバル・コミュニケーション学部－学部個別日程）

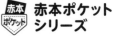

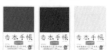

2025 年版　大学赤本シリーズ　No. 180

防衛医科大学校(看護学科)

2024 年 7 月 10 日　第 1 刷発行

ISBN978-4-325-26257-2

定価は裏表紙に表示しています

編　集　教学社編集部

発行者　上原 寿明

発行所　教学社

〒606-0031

京都市左京区岩倉南桑原町56

電話　075-721-6500

振替　01020-1-15695

印　刷　共同印刷工業